Dr Thomas Gordon

Parents efficaces

Les règles d'or de la communication entre parents et enfants

GW00580162

MARABOUT

Du même auteur

Éduquer sans punir, Marabout Poche, 2019.

Sommaire

Avant-propos 7

Préface 9

1. On fait beaucoup de reproches aux parents,
   mais personne ne leur apprend à être parents 13

2. Les parents sont des êtres humains, pas des dieux 27

3. Comment écouter vos enfants pour qu'ils vous parlent :
   le langage de l'acceptation 53

4. Mettre en pratique l'écoute active 95

5. Comment écouter des enfants trop jeunes pour
   s'exprimer avec aisance 137

6. Comment parler pour être écouté 147

7. Messages-Je : comment les mettre en pratique 175

8. Changer le comportement inacceptable
   en changeant l'environnement 201

9. Les inévitables conflits parent-enfant : qui doit
   en sortir gagnant ? 213

10. Le pouvoir parental : nécessaire et justifié ? 233

11. La méthode de résolution de conflit sans perdant 269

12. Méthode sans perdant : les craintes
   et les préoccupations des parents 297

13. Appliquer la méthode « sans perdant » 323

14. Comment éviter que vos enfants fassent une croix sur vous 361

15. Comment les parents peuvent éviter les conflits en changeant 381

16. Les autres parents de vos enfants 397

Annexes 409

Avant-propos

Cet ouvrage fait figure de grand classique dans le domaine de la parentalité. Il a été le premier à présenter les concepts et les compétences nécessaires pour être un parent efficace. La philosophie et les savoir-faire décrits par le Dr Gordon voici plus de 50 ans restent d'actualité et ont conservé toute leur validité, peut-être même davantage encore qu'alors. Pourtant, au cours des 50 dernières années, bien des choses ont changé, aux États-Unis et ailleurs. Notre objectif, en publiant la mise à jour de ce livre, a été de l'actualiser, en fournissant des exemples pertinents de problèmes et de difficultés rencontrés par les parents et les enfants de nos jours.

Les concepts et les compétences présentés dans le cadre de nos formations ont non seulement résisté à l'épreuve du temps aux États-Unis, mais ils sont désormais connus, enseignés et appliqués partout dans le monde. Publié dans plus de trente langues, ce livre a fait la preuve qu'il était applicable aux parents et aux enfants de toutes les cultures et de tous les pays dans lesquels il a été diffusé.

L'émergence du concept d'intelligence sociale et émotionnelle est venue renforcer la pertinence de notre méthode. De nombreux travaux de recherche ont montré combien il est important de savoir interagir efficacement avec les autres. En réalité, il a été démontré que ce type d'intelligence est même plus important que le QI dans la détermination de notre réussite, à la fois sur le plan individuel et dans nos relations aux autres.

Nos formations apportent aux parents les compétences relationnelles nécessaires pour interagir efficacement avec leurs enfants et les autres. Nous avons l'assurance que les compétences transmises dans nos formations ont précisément cet effet, car nous connaissons désormais de nombreux adultes qui ont été élevés par des parents formés à notre méthode. Ils nous disent combien ils en sont reconnaissants et comment cela les a aidés à devenir des individus heureux, productifs et jouissant d'une bonne santé émotionnelle.

En 2018, le Dr Gordon aurait eu 100 ans. Nous avons souhaité honorer sa mémoire et rendre hommage à ses idées fondatrices en publiant une mise à jour de son extraordinaire ouvrage, pour le rendre encore plus pertinent pour les parents d'aujourd'hui.

Linda Adams et Michelle Adams
Solana Beach, Californie

Préface

J'ai eu la chance de lire *Parents efficaces* et de me former à l'écoute active au cours de ma formation de psychothérapeute. C'était… il y a quarante ans, dans les années 1970. Et l'enseignement n'a pas pris une ride de ce livre. Élève de Carl Rogers, Thomas Gordon rend concrètes et pratiques ses idées fondamentales : le respect inconditionnel d'autrui, l'authenticité, le refus de prendre le pouvoir sur son interlocuteur et la non-directivité pour permettre à l'autre de se révéler. Il a synthétisé la méthode pour les parents, et a changé le regard de millions de parents sur leurs enfants. Grâce à lui, des parents ont compris que si leur enfant ne s'exprimait pas… c'est qu'ils ne savaient pas l'écouter. Ordres, conseils, leçons, etc., ils ont pu identifier les 12 obstacles qu'ils plaçaient sans avoir conscience d'empêcher la communication. Encore aujourd'hui, j'enseigne les 12 obstacles de Gordon dans mes stages.

J'éprouve une immense gratitude pour le travail de Thomas Gordon, particulièrement pour une clé qui permet d'ouvrir nombre de portes qui sans cela resteraient bloquées : identifier à qui appartient le problème. En effet, ça fait toute la différence. Nous faisons souvent (inconsciemment) de la compétition de problème ! Formuler un message insistant sur ses propres besoins quand le problème est celui de l'autre, c'est comme jeter de l'huile sur le feu. Chacun cherche à s'affirmer, à avoir raison. C'est un jeu de pouvoir. Trop souvent, notre communication échoue parce qu'on ne prend pas en compte cette simple dimension : à qui appartient le problème ? Avec nos enfants, cette attitude est particulièrement pernicieuse.

Nous pouvons insister sur une de nos attentes… sans succès. Tout simplement parce que l'enfant ne peut y répondre tant que son besoin à lui n'est pas satisfait. Quand un enfant ne fait pas ce qu'on lui demande, c'est très souvent parce qu'il est sous stress, qu'un de ses besoins n'est pas rempli. En se penchant d'abord sur son besoin, en l'écoutant, la situation s'éclaire et nous comprenons que ce n'était pas mauvaise volonté, mais impossibilité. En revanche, nous nous centrons parfois sur l'enfant, nous le culpabilisons en lui attribuant notre état émotionnel, alors que nous pourrions simplement exprimer nos besoins.

Les différentes formes d'écoute – écoute silencieuse, accusés de réception, invitations à poursuivre, écoute active, etc. – sont des compétences sociales que tout enfant devrait apprendre à l'école. Savoir écouter est gage de succès dans la vie professionnelle comme dans la vie de couple et familiale. L'écoute active est une compétence essentielle de ma profession de psychothérapeute, mais elle n'est pas utile qu'aux psys ! Elle sauve nombre de situations au quotidien. Je l'enseigne dans les ateliers de parents, elle est une étape incontournable de l'accueil des émotions des enfants. La méthode Gordon, c'est un ensemble de techniques permettant l'empathie, la responsabilité, la résolution de conflits gagnant gagnant. Elle permet aux enfants de se sentir entendus et reconnus, elle les aide à grandir et à développer leur conscience d'eux-mêmes. Elle permet aux parents de découvrir leurs enfants, leurs sentiments, leurs ressources, leur créativité. Elle fluidifie le quotidien de toute la famille. Elle n'a qu'un défaut, elle ne permet pas de jouer à «Je suis meilleur que toi». Cela peut frustrer certains… On a toujours le choix de vouloir être le plus fort ou de privilégier la relation.

Écouter vraiment, se montrer authentique, c'est oser l'intimité, c'est bon dans le couple, c'est bon avec nos enfants. Ça nous aide à grandir dans l'amour.

Merci Thomas !

Isabelle Filliozat

Préambule

Le modèle que j'ai développé et que je présente dans ce livre s'est imposé, au fil du temps, dans le discours général sur la communication et la résolution de conflit. Aujourd'hui, presque tout le monde a entendu parler de l'écoute active, des Messages-Je et de la résolution de conflit sans perdant. Très rapidement, nous avons constaté que ce modèle, appelé modèle Gordon, ne s'applique pas seulement aux relations entre parents et enfants, mais à l'ensemble des relations humaines, au sein de la famille, au travail, à l'école, en un mot partout. On retrouve sa terminologie dans des textes consacrés à la psychologie, dans des livres et dans des formations pour dirigeants d'entreprises, dans des cours pour adultes et là où la communication interpersonnelle et la résolution de conflit sont des enjeux importants.

Au fil des ans, j'ai constaté que, à mesure que les gens appliquent ces méthodes et ces compétences, leurs relations deviennent toujours plus démocratiques, ce qui profite à la santé et au bien-être. Lorsque les êtres humains se sentent acceptés, lorsqu'ils sont libres de s'exprimer et de participer aux processus de décision qui les concernent, ils jouissent d'une meilleure estime de soi, ils ont davantage confiance en eux et ils perdent ce sentiment d'impuissance qui caractérise les familles autocratiques.

Il s'agit, par ailleurs, de compétences nécessaires pour la paix dans le monde. Au sein des familles démocratiques règne la paix. Et lorsqu'il y aura suffisamment de familles apaisées, nous vivrons dans une société qui rejette la violence et qui juge les guerres inacceptables.

Une chose à laquelle je n'avais pas pensé en écrivant ce livre, c'est que la vie est un flux. Je ne m'étais pas projeté assez loin dans l'avenir pour anticiper que les enfants élevés avec notre méthode deviendraient non seulement des adultes plus heureux et en meilleure santé, mais qu'ils deviendraient à leur tour des parents démocratiques, portant le cycle de la non-violence vers une autre génération. Je trouve très gratifiant d'avoir pu vivre assez vieux pour rencontrer de nombreux jeunes issus de familles dans lesquelles ce sont les grands-parents qui ont introduit notre méthode.

Nous avons constaté que les concepts et les compé-tences fondamentaux de notre méthode ont la même vali-dité aujourd'hui qu'il y a presque quarante ans, lorsque j'ai organisé le premier Atelier Parents, avec 17 participants, dans une cafétéria de Pasadena, en Californie. Une seule chose a changé : c'est le besoin. Il est plus fort et plus fondamental aujourd'hui, de plus en plus d'études attestant que les fessées, les coups et toute autre forme de violence au sein de la famille provoquent de la violence dans la société. Le livre que vous tenez entre les mains propose des remèdes à la violence fami-liale, il est porteur de paix et de démocratie.

J'espère de tout cœur que la lecture de ce livre constituera pour vous une expérience gratifiante et enrichissante.

Dr Thomas Gordon
Solana Beach, Californie

1

On fait beaucoup de reproches aux parents, mais personne ne leur apprend à être parents

On rend volontiers les parents responsables des problèmes des jeunes et des maux que ceux-ci, dit-on, causent à la société. Tout est la faute des parents, décrètent les spécialistes de santé mentale, au vu des statistiques effrayantes portant sur le nombre croissant d'enfants et de jeunes souffrant de problèmes émotionnels plus ou moins graves, qui sombrent dans la drogue ou qui mettent fin à leurs jours. Les responsables politiques et les professionnels de la justice reprochent aux parents d'avoir donné naissance à une génération de voyous appartenant à des bandes, d'adolescents commettant des homicides, de lycéens violents et de criminels. Et lorsque les enfants sont en décrochage ou en échec scolaire, les enseignants et les personnels administratifs des écoles en attribuent la responsabilité aux parents.

Or qui aide les parents ? Que fait-on pour les accompagner et leur permettre d'être plus efficaces dans l'éducation de leurs enfants ? Où peuvent-ils prendre conscience des erreurs qu'ils commettent, où peuvent-ils apprendre comment s'y prendre différemment ?

On fait beaucoup de reproches aux parents. Mais personne ne leur apprend à être parents. Chaque année, des millions de jeunes pères et mères font leurs premiers pas dans le monde de la parentalité, débutant un nouveau job qui est l'un des plus difficiles qui soient : ils se voient confier un nourrisson, un minuscule être humain quasi démuni, et ils doivent assumer l'entière responsabilité de sa santé physique et psychologique, pour en faire un citoyen productif, sachant coopérer et apporter sa contribution à la société. Pourrait-on imaginer mission plus difficile et plus prenante ? Et pourtant, combien de parents sont formés à ce défi ? Ils sont bien plus nombreux aujourd'hui qu'en 1962, lorsqu'à Pasadena, en Californie, j'ai décidé de mettre au point un programme de formation destiné aux parents. Mon tout premier Atelier Parents ne comptait que 17 participants, qui étaient pour la plupart des parents déjà confrontés à des problèmes graves avec leurs enfants.

Aujourd'hui, bien des années plus tard, après avoir formé plus de deux millions de pères et de mères, à la fois aux États-Unis et dans divers pays du monde, nous avons fait la preuve que cette formation, les Ateliers Parents, permet à la plupart des participants d'acquérir les compétences nécessaires pour accomplir plus efficacement leur mission, l'éducation de leurs enfants.

Nous avons fait la preuve, par ce programme passionnant, que grâce à un enseignement dispensé par un formateur certifié spécialiste de notre méthode, de nombreux parents parviennent à améliorer considérablement leur efficacité pour accomplir leur mission. Ils acquièrent des compétences très spécifiques, qui permettent de maintenir ouverts les canaux de la communication entre les parents et les enfants – dans les deux sens. Et ils se forment à une nouvelle méthode de résolution des conflits entre les parents et les enfants, qui renforce la relation, au lieu de la détériorer.

Ce programme nous a donné la conviction que parents et enfants peuvent développer des relations chaleureuses et intimes, reposant sur l'amour et le respect mutuels. Il a aussi démontré que les conflits au sein de la famille ne sont pas une fatalité.

Lorsque j'exerçais comme psychologue clinicien, j'étais convaincu, comme la plupart des parents, que la rébellion de l'adolescence était à la fois normale et inévitable, qu'elle était le résultat du désir universel du jeune d'établir son indépendance et de se rebeller contre ses parents. J'étais persuadé aussi que l'adolescence, comme l'ont montré de nombreuses études, était immanquablement une période de conflit et de stress au sein des familles. L'expérience de nos Ateliers Parents m'a prouvé le contraire. Régulièrement, des parents formés à nos méthodes rapportent une absence surprenante de rébellion et de conflits au sein de leurs familles.

Aujourd'hui, j'ai la conviction que *les adolescents ne se rebellent pas contre leurs parents*. Ils se rebellent uniquement contre certaines méthodes éducatives destructrices reposant sur la discipline, presque universellement utilisées par les parents. Lorsque les pères et les mères apprennent à utiliser une nouvelle méthode de résolution des conflits, les dissensions et les disputes peuvent devenir l'exception, et non la règle dans les familles.

La méthode enseignée dans les Ateliers Parents a aussi apporté un éclairage nouveau sur les punitions dans l'éducation. Nombre de parents formés à notre méthode l'ont démontré : il est possible de bannir la punition à tout jamais de l'éducation d'un enfant – et je parle bien de *tout type de punition*, et pas seulement des châtiments corporels. Il est possible d'élever des enfants responsables, ayant de l'autodiscipline et coopératifs, sans recourir à l'arme de la peur. Les parents peuvent apprendre à influencer les enfants à adopter un comportement respectueux parce qu'ils prennent authentiquement en considération les besoins de leurs parents, et non parce qu'ils ont peur d'être punis ou privés de certains loisirs.

Cela vous paraît trop beau pour être vrai ? Je vous comprends. Avant d'avoir personnellement formé des parents à notre méthode, je pensais la même chose. Comme la plupart des professionnels, je sous-estimais les pères et les mères. Les participants à nos Ateliers m'ont appris combien ils sont capables de changer, dès lors qu'ils ont la possibilité de se former. J'ai désormais une confiance nouvelle dans la capacité des mères et des pères à assimiler de nouveaux savoirs et à acquérir de nouvelles compétences. Les parents qui ont suivi nos formations, à quelques exceptions près, étaient tous demandeurs d'une approche nouvelle en matière d'éducation et disposés à acquérir de nouvelles compétences. Mais au préalable, il fallait les convaincre que ces nouvelles méthodes allaient porter leurs fruits. La plupart des parents l'ont déjà constaté : leurs méthodes à l'ancienne sont inefficaces. Les parents d'aujourd'hui sont prêts à changer et notre approche a montré qu'ils en sont capables.

Nous avons constaté avec bonheur que la méthode avait une autre conséquence. L'un de nos premiers objectifs était d'enseigner aux parents diverses compétences utilisées par des thérapeutes et des psychologues ayant bénéficié d'une formation universitaire pour aider les enfants à surmonter des problèmes émotionnels et faire cesser des comportements mal adaptés. Cette aspiration peut paraître étrange, voire présomptueuse. Aussi absurde que cela puisse paraître à certains parents (et aussi à nombre de professionnels), nous savons désormais que même des personnes n'ayant jamais suivi le moindre cours d'initiation à la psychologie à l'université peuvent acquérir ces compétences éprouvées et apprendre comment et quand les employer efficacement, pour aider leurs enfants.

Au cours de la mise au point de notre formation, nous avons pris conscience d'une réalité, qui s'est parfois révélée décourageante mais qui, plus souvent, a rendu le défi plus exaltant encore : les parents d'aujourd'hui s'appuient quasiment tous sur les mêmes méthodes, pour élever leurs enfants et pour gérer les problèmes au sein de leur famille, que leurs parents, les parents de ceux-ci, les parents des grands-parents, etc. Contrairement à presque toutes les autres institutions de notre société, les relations entre parents et enfants sont, semble-t-il, restées inchangées. Les parents s'appuient sur des méthodes qui étaient déjà utilisées il y a deux mille ans !

Non pas que l'être humain n'ait pas acquis de nouvelles connaissances sur les relations humaines. Bien au contraire. La psychologie, les connaissances sur le développement de l'enfant et d'autres sciences du comportement ont fait des progrès, avec d'impressionnants savoirs nouveaux sur les enfants, les parents et les relations humaines, sur ce qu'il est possible de faire pour aider un autre individu à s'épanouir et pour créer un climat psychologique sain dans lequel il est agréable d'évoluer. On sait désormais beaucoup de choses sur la communication interpersonnelle efficace, les effets du pouvoir dans les relations humaines, la résolution de conflit constructive, etc.

Cet ouvrage présente une philosophie complète des éléments nécessaires pour créer et maintenir une *relation totale* efficace avec un enfant, en toutes circonstances. Les parents peuvent apprendre non seulement des méthodes et des compétences, mais aussi quand et pourquoi les appliquer, et dans quel but. Ils se verront présenter un *système complet* – des principes généraux ainsi que des techniques. J'ai la conviction qu'il faut livrer l'ensemble des clés aux parents, c'est-à-dire tout ce que nous savons sur l'établissement de relations parent-enfant efficaces, en commençant par quelques principes fondamentaux sur ce qui se joue dans toute relation entre deux individus. Ils comprendront ainsi pourquoi ils utilisent nos méthodes, quand celles-ci sont appropriées et quels résultats ils peuvent en escompter. Les parents pourront ainsi devenir *eux-mêmes* des experts de la gestion des problèmes qui surviennent inévitablement dans toute relation parent-enfant.

Dans ces pages, nous allons livrer aux parents *l'intégralité de notre savoir*, sans nous contenter d'une transmission parcellaire. Nous présenterons en détail un modèle complet de relations parent-enfant efficaces et nous l'illustrerons régulièrement, à l'aide de cas pratiques tirés de notre expérience. La plupart des parents trouvent notre méthode assez révolutionnaire, car elle se démarque de manière spectaculaire de l'éducation traditionnelle. De plus, elle convient à tous les parents, que leurs enfants soient très jeunes ou adolescents, handicapés ou «normaux».

La méthode sera expliquée en termes familiers pour tous, en évitant le jargon technique. Certains parents seront peut-être en désaccord, dans un premier temps, avec différents concepts, mais ils seront très rares à ne pas les comprendre. Comme les lecteurs ne pourront pas exprimer de vive voix leurs réserves face à un formateur, voici quelques questions et les réponses correspondantes qui pourront être utiles au début du processus.

Question. — *S'agit-il d'une énième approche permissive de l'éducation ?*

Réponse. — *Absolument pas. Les parents permissifs rencontrent autant de problèmes que les parents excessivement sévères, dans la mesure où leurs enfants deviennent souvent égoïstes, ingérables, non coopératifs et sans considération pour les besoins de leurs parents.*

Question. — *Un parent peut-il utiliser efficacement cette nouvelle approche si l'autre parent continue à employer des méthodes traditionnelles ?*

Réponse. — *Oui et non. Si un seul parent applique cette nouvelle méthode, il y aura définitivement une amélioration de la relation entre lui et ses enfants. En revanche, les relations entre l'autre parent et les enfants pourront se détériorer. Mieux vaut que l'un et l'autre se forment aux nouvelles méthodes. De plus, lorsqu'ils le font ensemble, ils peuvent s'entraider considérablement.*

Question. — *Les parents vont-ils perdre de leur influence sur leurs enfants avec cette nouvelle approche ? Vont-ils se défausser de leur responsabilité qui est de guider leurs enfants et de définir le cap de leurs vies ?*

Réponse. — *À la lecture des premiers chapitres, il se peut que les parents aient cette impression. Un livre présente forcément un système étape par étape. Les premiers chapitres traitent d'approches visant à aider les enfants à trouver eux-mêmes des solutions aux problèmes qu'ils rencontrent. Dans ces situations, le rôle d'un parent efficace peut paraître différent – beaucoup plus passif ou « non directif » – de ce que les parents ont l'habitude de faire. Les chapitres suivants, toutefois, expliquent comment modifier des comportements inacceptables de la part des* *enfants et comment influer sur eux pour qu'ils tiennent compte de vos besoins de parents. Dans ces situations, vous découvrirez des explications précises pour devenir un parent encore plus responsable, en acquérant encore plus d'influence que vous en avez maintenant. Il sera sans doute utile de parcourir le sommaire, pour connaître les thèmes abordés dans les derniers chapitres.*

Ce livre enseigne aux parents une méthode facile à apprendre, qui encourage les enfants à trouver leurs propres solutions à leurs problèmes, et il illustre la manière dont les parents peuvent mettre cette méthode en application immédiatement, chez eux. Les parents qui se forment à cette technique (appelée «écoute active») pourront vivre ce que des participants à nos formations ont décrit ainsi :

> *«Quel soulagement de ne plus considérer que je dois avoir toutes les réponses aux problèmes de mes enfants.»*
>
> *«Cette méthode m'a permis d'avoir beaucoup plus confiance en la capacité de mes enfants à résoudre eux-mêmes leurs problèmes.»*
>
> *«En découvrant à quel point l'écoute active porte ses fruits, j'étais sidérée. Mes enfants imaginent des solutions à leurs problèmes, qui sont souvent bien meilleures que ce que j'aurais pu leur proposer.»*
>
> *«Au fond, j'ai toujours été très mal à l'aise avec l'idée de devoir assumer le rôle de Dieu – de considérer qu'il faudrait que je sache ce que mes enfants doivent faire lorsqu'ils sont confrontés à des difficultés.»*

De nos jours, des milliers d'adolescents ont congédié leurs parents, et pour de bonnes raisons de leur point de vue.

« Ma mère ne comprend rien aux ados de mon âge. »

« Je déteste rentrer à la maison et qu'on me prenne la tête tous les soirs. »

« Je ne raconte jamais rien à mes parents. De toute façon, ils ne me comprendraient pas. »

« J'aimerais bien que mon père me lâche un peu. »

« Dès que possible, je quitte la maison ; je n'en peux plus qu'ils me critiquent tout le temps. »

Les parents de ces enfants ont généralement conscience d'avoir failli dans leur mission, comme en témoignent les déclarations faites dans nos Ateliers Parents :

« Je n'ai plus aucune influence sur mon fils de 16 ans. »

« En fait, on a baissé les bras, concernant Andrew. »

« Natalie ne prend jamais ses repas avec nous et elle ne nous adresse quasiment plus la parole. Elle est tout le temps dans sa chambre. »

« Mark n'est jamais à la maison. Et il ne me dit jamais où il va, ni ce qu'il fait. Quand je lui pose des questions, il me répond que ça ne me regarde pas. »

Je trouve tragique que les relations pouvant être parmi les plus intimes et les plus satisfaisantes dans l'existence génèrent si souvent des conflits. Pourquoi tant d'adolescents considèrent-ils leurs parents comme « des ennemis » ? Pourquoi y a-t-il un tel fossé entre les enfants et les parents ? Pourquoi, dans notre société, tant de parents et de jeunes sont-ils littéralement en guerre ?

Le chapitre 14 abordera ces questions et montrera pourquoi la rébellion et la révolte des enfants contre leurs parents ne sont pas une fatalité. Notre méthode est révolutionnaire, certes, mais pas au sens où elle inciterait à la révolution. C'est plutôt une méthode qui peut aider les parents à ne pas se faire « congédier », qui peut éviter le déclenchement d'une guerre à la maison et qui peut rapprocher parents et enfants, au lieu de les voir s'opposer, comme des antagonistes hostiles.

Les parents qui auront tendance, dans un premier temps, à rejeter nos méthodes, jugées trop révolutionnaires à leurs yeux, trouveront sans doute la motivation qui leur manque pour les étudier avec une ouverture d'esprit en lisant l'extrait suivant du témoignage d'un père et d'une mère qui ont suivi notre formation.

« Dean, 16 ans, était notre plus grande source de préoccupation. Il était devenu un étranger pour nous. Il avait complètement perdu les pédales, il était vraiment irresponsable. Au lycée, ses résultats étaient en chute libre. Le soir, il ne rentrait jamais à l'heure convenue, en fournissant toujours des excuses du type pneu crevé, montre arrêtée et autres pannes d'essence. Nous l'espionnions, il nous mentait. Nous l'avons privé de sorties, nous lui avons confisqué son permis de conduire, nous l'avons privé d'argent de poche. Nos conversations n'étaient que récriminations. Le tout sans résultat. Après une dispute particulièrement violente, il s'est retrouvé allongé par terre dans la cuisine, à donner des coups de pied dans tous les sens et à hurler qu'il était en train de devenir dingue. C'est là que nous avons décidé de nous inscrire à la formation du Dr Gordon pour les parents. Le changement ne s'est pas produit du jour au lendemain… Nous n'avions jamais eu le sentiment de former une unité, d'être une famille aimante et chaleureuse, dont les membres se préoccupaient du bien-être des autres. Cela ne s'est produit qu'après des changements majeurs dans nos attitudes et dans nos valeurs…

Cette idée nouvelle d'être une personne, un individu fort, dis-
tinct, qui exprime ses propres valeurs, sans toutefois les imposer
aux autres, tout en étant un bon modèle: c'est ça qui a été une
charnière. Nous avons considérablement gagné en influence…
De la rébellion et des colères, de l'échec scolaire, Dean a changé
pour devenir un individu ouvert, aimable, aimant, qui dit de
ses parents qu'ils sont "deux des personnes qu'il aime le plus au
monde"… Il est enfin de retour dans la famille… J'ai désor-
mais avec lui une relation que je n'aurais jamais crue possible,
une relation faite d'amour, de confiance et d'indépendance. Il
est très motivé, et comme nous le sommes tous, nous vivons et
grandissons vraiment comme une famille. »

Les parents qui apprennent à employer nos nouvelles
méthodes de communication pour exprimer leurs sentiments
ne risquent pas d'avoir un enfant comme cet ado de 16 ans
que j'ai reçu dans mon bureau, et qui m'a dit, en me regardant
droit dans les yeux :

« Moi, je ne fais rien à la maison. D'ailleurs, pourquoi je ferais
quoi que ce soit ? C'est à mes parents de s'occuper de moi. La loi
les y oblige. Moi, je n'ai pas demandé à venir au monde, pas
vrai ? »

En entendant ce jeune homme tenir ces propos, dont il
était manifestement convaincu, je n'ai pu m'empêcher de penser : « Quel type d'individus produisons-nous, si on laisse les
enfants grandir avec l'idée que le monde leur doit tant, même
s'ils donnent si peu en contrepartie ? Quel genre de citoyens
les parents forment-ils ? Quel type de société ces individus
égoïstes vont-ils créer ? »

En gros, les parents peuvent être classés en trois catégories : les gagnants, les perdants, et ceux qui alternent.

Ceux du premier groupe défendent bec et ongles et justifient, avec force arguments, leur droit à exercer une autorité ou un pouvoir sur l'enfant. Ils considèrent qu'il faut imposer des restrictions, fixer des limites, exiger certains comportements, donner des ordres et attendre de l'obéissance. Ils menacent de punir pour inciter l'enfant à obéir et mettent leurs menaces à exécution lorsqu'il n'obtempère pas. Lorsqu'un conflit surgit entre les besoins des parents et ceux de l'enfant, ces adultes résolvent systématiquement ce conflit de manière à ce que *le parent soit gagnant et l'enfant perdant*. En général, ces parents justifient leur « victoire » avec des idées stéréotypées du type : « C'est ainsi que j'ai été élevé par mon père et ma mère et ça a fait de moi quelqu'un de bien » ; « C'est pour leur bien » ; « En fait, les enfants sont demandeurs d'autorité parentale » ou simplement avec l'idée vague que « C'est la responsabilité des parents de recourir à l'autorité pour le bien de l'enfant, parce qu'ils sont les mieux placés pour savoir ce qui est bien et ce qui ne l'est pas. »

Le deuxième groupe de parents, un peu moins nombreux que les « gagnants », accordent la plupart du temps à leurs enfants une grande liberté. Ils évitent consciemment de fixer des limites et affirment avec fierté qu'ils n'approuvent pas les méthodes autoritaires. Lorsqu'un conflit surgit entre les besoins du parent et ceux de l'enfant, c'est quasiment toujours l'enfant qui gagne et le parent qui perd, car ces adultes ont la conviction qu'il n'est pas bon de frustrer l'enfant qui a des besoins.

Le plus grand groupe de parents réunit ceux qui ont du mal à se tenir de manière constante à l'une des deux approches décrites plus haut. Par conséquent, dans leur tentative de réussir «le juste milieu» entre ces deux approches, ils alternent entre sévérité et laxisme. Ils sont tantôt durs ou doux, restrictifs ou permissifs, gagnants ou perdants. Une mère l'a résumé ainsi :

> *«Je m'efforce d'être permissive avec mes enfants, jusqu'à ce qu'ils deviennent tellement turbulents que je ne les supporte plus. Là, je me dis qu'il faut que ça change et je me mets à user de mon mon autorité, jusqu'à ce que je devienne tellement sévère que je ne me supporte plus. »*

Les personnes qui ont exprimé ces sentiments dans un Atelier Parents ont parlé, sans le savoir, au nom des innombrables membres du groupe de ceux qui alternent. Ce sont sans doute ces parents-là qui sont les plus perdus et dont les enfants, comme nous allons le voir plus loin, sont souvent les plus perturbés.

Le dilemme principal des parents aujourd'hui, c'est qu'ils ne connaissent que deux approches pour la gestion des conflits à la maison – ces conflits inévitables entre parents et enfants. Ils ne voient que deux possibilités. Les uns choisissent l'approche «Je gagne - tu perds», les autres celle «Tu gagnes - je perds», tandis que ceux du troisième groupe, manifestement, n'arrivent pas à trancher.

Les participants de nos Ateliers Parents sont surpris de découvrir qu'il y a une alternative aux deux méthodes «gagnant-perdant». C'est ce que nous appelons la «méthode sans perdant» pour la résolution de conflit. Aider les parents à l'appliquer efficacement est l'un des principaux objectifs de nos formations. Alors que cette méthode est utilisée depuis des années dans la résolution d'autres conflits, peu de parents pensent à y recourir pour résoudre les problèmes avec leurs enfants. Beaucoup de couples règlent leurs conflits en trouvant une solution convenant à tous, les partenaires en affaires aussi. Syndicats et patronat négocient des accords qui lient les deux parties. Le partage des biens, lors des divorces, s'obtient souvent par consentement mutuel. Même les enfants entre eux règlent souvent leurs conflits par des accords ou des contrats informels acceptables pour tous (« Si tu fais ceci, alors je veux bien faire cela »). De plus en plus, les entreprises forment leurs dirigeants à recourir à la prise de décision participative dans la résolution de conflits.

Ni solution miracle, ni tour de passe-passe pour une parentalité efficace, la méthode sans perdant exige plutôt de la plupart des parents un changement fondamental d'attitude. Il faut du temps avant de pouvoir l'appliquer à la maison et cela demande de la part des parents qu'ils apprennent d'abord les compétences de l'écoute sans jugement et de la communication sincère de leurs propres sentiments. La méthode sans perdant est décrite et illustrée à l'aide d'exemples dans les derniers chapitres de cet ouvrage.

Sa place, à la fin de ce livre, ne reflète toutefois pas l'importance véritable de la méthode sans perdant dans notre approche globale de l'éducation. En réalité, cette méthode visant à faire entrer de la discipline dans la maison par le biais d'une gestion efficace des conflits occupe une place centrale dans notre philosophie, dont elle est à la fois le cœur et l'âme. C'est la clé de l'efficacité parentale. Les parents qui prennent le temps de la comprendre, puis de l'appliquer régulièrement au sein de la famille, comme alternative aux deux approches « gagnant-perdant », en sont amplement récompensés, généralement bien au-delà de ce qu'ils en attendaient et espéraient.

2

Les parents sont des êtres humains, pas des dieux

Lorsque les gens deviennent parents, un phénomène étrange et regrettable se produit : ils se mettent à endosser un rôle ou à jouer un jeu, oubliant qu'ils sont des individus. Ayant fait leur entrée dans le royaume sacré de la parentalité, ils considèrent qu'ils doivent mettre la casquette de «parents». Ils s'efforcent d'adopter certains comportements, fidèles à l'image qu'ils se font d'un père ou d'une mère. C'est ainsi que Heather et James Markinson, deux individus, se transforment soudain en M. et Mme Markinson, parents.

En réalité, cette métamorphose est malheureuse, car elle a souvent pour conséquence que les parents oublient qu'ils restent des êtres humains avec leurs défauts, des individus avec leurs limites, des vraies personnes avec de vrais sentiments. En oubliant la réalité de leur nature humaine, les individus, lorsqu'ils deviennent parents, cessent souvent d'être des humains. Ils ne s'estiment plus libres d'êtres eux-mêmes, quels que soient les sentiments qu'ils éprouvent à un moment donné. Devenus parents, ils se sentent désormais la responsabilité d'être meilleurs que de simples êtres humains.

Ce poids terrible de la responsabilité représente un défi pour ces êtres-humains-devenus-des-parents. Ils considèrent qu'ils sont tenus d'être constants dans leurs sentiments, d'être toujours aimants avec leurs enfants, de les accepter de manière inconditionnelle et d'être tolérants, de mettre de côté leurs propres besoins égoïstes et de se sacrifier pour les enfants, d'être justes en permanence et surtout, de ne pas répéter les erreurs de leurs parents en matière d'éducation.

Bien que compréhensibles et admirables, ces bonnes intentions rendent généralement les parents non pas plus efficaces, mais moins efficaces. Oublier qu'on est un être humain, voilà la première erreur grave que l'on peut commettre en devenant père ou mère. Un parent efficace s'autorise à être un individu – une vraie personne. Les enfants apprécient grandement cette qualité de l'humanité et de l'authenticité chez leurs parents. D'ailleurs, ils le disent souvent : « Mon père, il est *cash* » ou « Ma mère est *quelqu'un* de génial ». Lorsqu'ils deviennent adolescents, ils disent parfois : « Mes parents sont davantage des *amis* que des parents. Ils sont vraiment cool. Ils ont leurs défauts, comme tout le monde, mais je les aime tels qu'ils sont. »

Que disent ces enfants ? De toute évidence, ils apprécient que leurs parents soient des êtres humains, et non des dieux. Ils réagissent favorablement au fait que ceux-ci sont des êtres humains et non des acteurs qui jouent un rôle, prétendant être ce qu'ils ne sont pas.

Comment les parents peuvent-ils *être* de véritables personnes pour leurs enfants ? Comment peuvent-ils préserver leur qualité d'individus authentiques en devenant des pères et des mères ? Dans ce chapitre, nous souhaitons montrer que pour être un parent efficace, il n'est pas nécessaire de se défaire de sa nature humaine. Vous pouvez vous accepter comme un être humain, qui éprouve des sentiments positifs et négatifs pour ses enfants. *Il n'est même pas indispensable de faire preuve de constance pour être un parent efficace.* Vous n'êtes pas tenu de ressentir de l'acceptation ou de l'amour pour un enfant, si ce n'est pas ce que vous éprouvez. Et vous n'êtes pas tenu d'aimer et d'accepter tous vos enfants de la même manière. Enfin, l'autre parent et vous n'êtes pas tenus de faire front commun face à votre progéniture. En revanche, il est essentiel que vous appreniez à identifier ce que vous ressentez. Nous avons constaté que divers diagrammes aident les parents à déterminer ce qu'ils éprouvent et ce qui les incite à avoir des émotions différentes dans certaines situations.

Le concept d'acceptation

Tous les parents sont des individus qui ressentiront, selon le moment, deux sentiments différents vis-à-vis de leurs enfants : de l'acceptation ou de la non-acceptation (ou inacceptation). Les parents qui sont de « vraies personnes » perçoivent parfois des comportements de l'enfant comme acceptables, d'autres fois comme inacceptables.

Un comportement, c'est une chose que l'enfant fait ou dit. Ce n'est pas le jugement que vous portez sur ce comportement. Par exemple, laisser ses vêtements par terre est un comportement. Qualifier l'enfant de « désordonné » est un jugement de cette action.

Tous les comportements possibles de l'enfant – tout ce qu'il dit ou fait – peuvent être représentés par un rectangle appelé « Fenêtre des comportements ».

Tous les comportements possibles
de votre enfant

De toute évidence, il y a certains comportements que vous pourrez accepter d'emblée; d'autres que vous trouverez inacceptables. On peut matérialiser cela en divisant le rectangle en deux parties, avec une *zone d'acceptation* et une *zone d'inacceptation*. Tous les comportements acceptables sont placés dans la partie supérieure du rectangle, tous ceux qui sont inacceptables dans le bas.

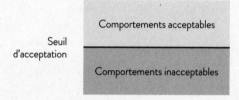

Si votre enfant regarde la télévision le samedi matin, en vous laissant libre de faire ce qui vous chante, vous jugerez probablement son comportement acceptable. Si le volume de la télévision est tellement fort que ça vous rend dingue, ce comportement sera inacceptable.

L'endroit où passe la ligne de démarcation entre les deux zones du rectangle diffère aussi d'un parent à l'autre. Telle mère trouvera que seuls très peu de comportements de son enfant sont inacceptables, ce qui l'amènera à ressentir fréquemment de l'acceptation et de l'affection pour cet enfant.

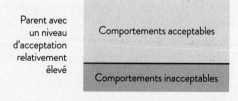

Telle autre mère trouvera de nombreux comportements de son enfant inacceptables et ne sera que rarement capable de ressentir de l'affection et de l'acceptation pour lui.

Parent avec un niveau d'acceptation relativement bas	Comportements acceptables
	Comportements inacceptables

Le degré d'acceptation d'un parent pour son enfant dépend en partie du type de personnalité de cette personne. Certains, du fait de leur caractère, sont capables d'avoir une acceptation très élevée vis-à-vis des enfants. Fait intéressant, ces parents sont pour la plupart des individus qui acceptent facilement les gens en général. Cette capacité à accepter autrui est inhérente à leur personnalité – ils sont également sereins, tolérants, à l'aise avec ce qu'ils sont, indépendamment de ce qui se passe autour d'eux, ce qui vient s'ajouter à quantité d'autres traits de personnalité. Nous connaissons tous des gens comme cela, qui ont un fort degré d'acceptation. On se sent à l'aise en leur présence, on peut leur parler ouvertement, on peut être soi-même.

D'autres parents ont un très faible degré d'acceptation pour autrui ; ils trouvent quantité de comportements d'autres gens inacceptables. En les observant avec leurs enfants, vous vous demandez, surpris, pourquoi tant de comportements qui vous semblent acceptables ne le sont pas pour eux. Et vous vous dites peut-être : « Enfin, laissez donc ces gamins tranquilles, ils ne dérangent personne ! »

Souvent, il s'agit de gens qui ont des idées très tranchées, rigides, sur la manière dont les autres « devraient » se comporter – pas simplement concernant les enfants, mais pour tout le monde. Sans doute vous sentez-vous quelque peu mal à l'aise en leur présence, ne sachant pas s'ils vous trouvent acceptable.

Si le seuil qui sépare la zone d'acceptation de la zone d'inacceptation est en partie déterminée par des *éléments exclusivement liés au parent*, **le degré d'acceptation est aussi fonction de l'enfant**. Certains enfants peuvent être très agressifs et remuants, ou posséder des caractéristiques qui déplaisent. Un petit qui est souvent malade dès sa naissance, qui a du mal à s'endormir, qui pleure souvent ou qui a des coliques sera plus difficile à accepter pour la plupart des parents, ce qui se comprend aisément.

L'idée prônée par bien des livres, blogs ou articles selon laquelle un parent devrait avoir le même degré d'acception pour chacun de ses enfants est non seulement irréaliste, mais elle suscite de la culpabilité chez bien des pères et des mères qui ont des degrés d'acceptation différents selon les enfants. La plupart des gens reconnaissent volontiers qu'ils ont des degrés d'acceptation différents pour les adultes de leur entourage. Pourquoi les choses seraient-elles autres avec les enfants ?

L'acceptation d'un parent pour l'un de ses enfants est liée aux caractéristiques de celui-ci :

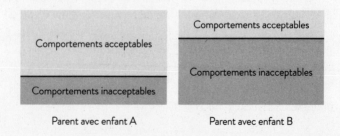

Comportements acceptables

Comportements inacceptables

Comportements acceptables

Comportements inacceptables

Parent avec enfant A   Parent avec enfant B

Certains parents trouvent plus facile d'accepter les filles que les garçons – pour d'autres, c'est l'inverse. Les enfants très remuants sont plus difficiles à accepter pour certaines personnes. Les curieux, qui aiment explorer leur environnement de manière indépendante, seront plus difficiles à accepter pour certains, que des enfants plus passifs et plus dépendants. J'ai connu des enfants qui avaient, à mes yeux, un tel charme et un tel attrait que j'aurais pu accepter quasiment tout ce qu'ils faisaient. J'ai aussi rencontré, malheureusement, quelques enfants dont la simple présence m'était désagréable et une grande partie de leur comportement me paraissait inacceptable.

Autre élément important: **le seuil de démarcation entre acceptation et inacceptation n'est pas statique.** Elle fluctue, en fonction de divers facteurs, comme l'état d'esprit du parent à un moment donné et le contexte dans lequel se trouvent l'adulte et l'enfant.

Un parent qui, à un moment donné, se sent plein d'énergie, qui est en bonne santé et en forme acceptera sans doute une grande partie des comportements de l'enfant. Rares sont les actes de l'enfant qui dérangeront le parent lorsque celui-ci se sent bien.

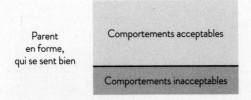

Parent en forme, qui se sent bien

Comportements acceptables

Comportements inacceptables

En revanche, lorsque le parent est épuisé parce qu'il manque de sommeil, qu'il a mal à la tête, ou qu'il est contrarié, quantité de comportements de l'enfant pourront l'agacer. Ce manque de constance peut se représenter ainsi :

| Parent qui n'est pas en en forme, qui ne se sent pas bien | Comportements acceptables |
| | Comportements inacceptables |

Le sentiment d'acceptation d'un parent change aussi en fonction du contexte. Tous les pères et les mères le reconnaissent bien volontiers : leur acceptation face au comportement de leur progéniture est généralement moins importante lorsque la famille est invitée chez des amis qu'à la maison. Sans parler du changement soudain du niveau de tolérance des parents lorsque les grands-parents viennent leur rendre visite !

Les enfants doivent souvent être déconcertés lorsqu'ils se font gronder par leurs parents parce qu'ils se tiennent mal à table lorsqu'il y a des visiteurs, alors que ces mêmes manières sont acceptables dans l'intimité familiale. Cette absence de constance peut se représenter ainsi :

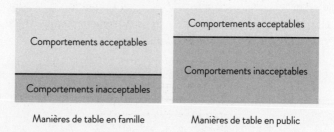

Manières de table en famille　　　　　Manières de table en public

La présence de deux parents ajoute encore à la complexité. Tout d'abord, un des parents a généralement un degré d'acceptation plus élevé que l'autre.

Jack, 5 ans, un garçon énergique et robuste, shoote dans un ballon de foot dans le salon pour l'envoyer à son frère. Leur mère se fâche et trouve cela inacceptable. Le père, lui, non seulement accepte ce comportement, mais il dit fièrement : « Regardez-moi Jack, de la graine de champion ! »

De plus, le seuil d'acceptation, chez chaque parent, monte ou descend, en fonction du contexte et de l'état d'esprit de chacun. Ainsi, il est impossible que le père et la mère ressentent toujours la même chose au sujet du comportement de leur enfant à un moment donné.

Les parents ont le droit de manquer de constance, et ils le feront !

Par conséquent, il est inévitable que les parents *manquent de constance*. Comment pourrait-il en être autrement, lorsque leurs sentiments changent d'un jour à l'autre, d'un enfant à l'autre, d'une situation à l'autre ?

Au sein de la Fenêtre des Comportements de chaque parent, le seuil qui sépare les comportements acceptables de ceux qui ne le sont pas va donc fluctuer :

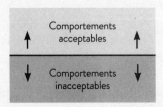

Si les parents tentaient d'être constants, ils ne pourraient être eux-mêmes et manqueraient d'authenticité. Selon un principe éducatif traditionnel, il faudrait que les parents soient constants à tout prix avec leurs enfants. Or ce principe ne tient pas compte du fait que les enfants sont tous différents, que papa et maman sont des êtres humains différents, que les situations sont différentes. De plus, ce type de conseil a pour conséquence délétère de pousser les parents à faire semblant et à jouer un rôle, celui d'une personne ayant des sentiments constants, en toutes circonstances.

Les parents n'ont pas à faire front commun

Plus important, cette injonction à la constance a conduit quantité de pères et de mères à penser qu'ils devaient avoir les mêmes sentiments que leur conjoint en toutes circonstances et présenter un front commun face aux enfants. Ce qui est absurde. Et pourtant, c'est l'une des idées reçues en matière d'éducation qui a la vie la plus dure. Les parents, selon cette idée traditionnelle, devraient toujours se soutenir mutuellement, pour que l'enfant ait la conviction que ses deux parents ressentent la même chose au sujet d'un comportement donné.

Cette stratégie est non seulement déloyale, parce qu'elle consiste à faire alliance face à l'enfant, dans une configuration de deux contre un, mais elle prône aussi souvent un manque d'authenticité de la part d'un des deux parents.

La chambre d'une ado n'est pas assez bien rangée pour satisfaire aux exigences de sa mère. Celle-ci trouve le comportement de sa fille inacceptable. Le père, lui, trouve que la chambre est suffisamment propre et rangée. Ce comportement se situe dans sa zone d'acceptation. La mère exerce une pression sur le père pour qu'il ressente la même chose qu'elle, afin qu'ils fassent front commun face à leur fille (et qu'ils aient donc davantage d'influence sur elle). Si le père s'exécute, il ne sera pas en accord avec ses véritables sentiments.

Un garçon de six ans joue avec sa console et fait plus de bruit que son père ne peut le supporter. Sa mère, elle, n'est pas gênée, au contraire. Elle est ravie que l'enfant joue enfin tout seul, au lieu d'être dans ses jupes comme il l'a été toute la journée. Le père demande à la mère : « Tu ne veux pas faire quelque chose pour l'empêcher de faire autant de bruit ? » Si la mère obtempère, elle sera en désaccord avec ce qu'elle ressent réellement.

L'acceptation feinte

Aucun parent n'accepte l'intégralité des comportements de son enfant. Il y aura toujours des comportements situés dans la « zone d'inacceptation ». Je connais des parents dont la « ligne d'acceptation » se situe très bas dans la Fenêtre des Comportements, mais je n'ai jamais rencontré de parent pratiquant une acceptation inconditionnelle. Certains font comme s'ils acceptaient la quasi-totalité des comportements de leur progéniture, mais eux aussi jouent un rôle, considérant que cela fera d'eux de bons parents. Une partie de leur acceptation est feinte. Ils donnent l'impression d'accepter les comportements de l'enfant, alors qu'en leur for intérieur, ce n'est pas le cas.

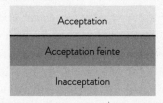

Acceptation

Acceptation feinte

Inacceptation

Imaginons une mère agacée parce que son enfant de cinq ans se couche trop tard. Elle a ses propres besoins – par exemple, lire un livre. Elle préférerait vraiment se plonger dans son livre plutôt que de consacrer du temps à l'enfant. De plus, elle s'inquiète car si le petit ne dort pas assez, il sera irritable le lendemain ou risquera de s'enrhumer. Pourtant cette mère, s'efforçant d'adopter une approche «permissive», hésite à imposer à l'enfant d'aller se coucher, craignant que cela ne soit en contradiction avec ses principes. Elle va faire preuve d'une fausse acceptation, ou «acceptation feinte». Elle fera semblant d'accepter le fait que son enfant ne va pas se coucher, alors qu'au fond, ce n'est pas le cas. Elle est irritée, voire en colère, et indéniablement frustrée que ses besoins à elle ne soient pas satisfaits.

Quel effet cette acceptation feinte a-t-elle sur l'enfant? On le sait, les enfants sont extraordinairement sensibles aux attitudes de leurs parents dont ils parviennent à percevoir les véritables sentiments. En effet, les pères et les mères émettent des «messages non verbaux» – autant de signaux perçus par les enfants, de manière consciente ou non. Un parent qui ressent, au fond de lui, de l'irritation ou de la colère émet immanquablement des signaux, parfois imperceptibles: regard sévère, sourcil levé, intonations spécifiques, posture, visage fermé. Même les très jeunes enfants perçoivent ces signaux, et leur expérience leur apprend qu'ils signifient généralement qu'en réalité, «maman n'accepte pas vraiment ce que je suis en train de faire». Par conséquent, l'enfant ressent la désapprobation, et à ce moment, il a le sentiment que son parent ne l'aime pas.

Que se passe-t-il lorsqu'une mère ne ressent pas d'acceptation, mais que son *comportement* donne à l'enfant le sentiment que c'est le cas? L'enfant perçoit le message véhiculé par le comportement de l'adulte. Et là, il est perdu, face à des messages ambivalents et des signaux contradictoires – le *comportement* de sa mère lui dit qu'il peut ne pas aller dormir, mais celle-ci émet aussi des signaux non verbaux indiquant qu'elle n'est pas contente qu'il ne dorme pas. L'enfant est face à un dilemme. Il a envie de rester éveillé, mais il a aussi envie d'être aimé et accepté. Le fait qu'il n'aille pas dormir paraît acceptable pour sa mère, pourtant elle a le visage fermé. Que faire?

Placer l'enfant dans ce type de dilemme peut sérieusement nuire à son équilibre psychologique. Tout le monde sait combien il est frustrant et désagréable de ne pas savoir quel comportement adopter face à un interlocuteur qui envoie des signaux ambigus. Imaginons que vous demandiez à un ami si vous pouvez fumer en sa présence et qu'il vous répond: «Vas-y, ça ne me dérange pas.» Et pourtant, lorsque vous allumez votre cigarette, ses yeux et son visage émettent des signaux non verbaux indiquant qu'en réalité, cela le dérange. Que faire? Vous pouvez lui demander: «Tu es sûr que ça ne te gêne pas?» Ou vous pouvez éteindre votre cigarette et lui en vouloir. Ou bien vous continuez à fumer, en sentant en permanence sa désapprobation.

Les enfants sont confrontés au même type de dilemme, face à une acceptation qui ne leur paraît pas sincère. Une exposition fréquente à ce type de situation peut amener l'enfant à se sentir mal-aimé et le conduire à «tester» fréquemment son entourage, susciter en lui une grande anxiété, faire naître un sentiment d'insécurité, etc.

Je suis arrivé à la conclusion que les parents les plus difficiles à gérer, pour un enfant, sont ceux qui sont tout miel, «permissifs», peu exigeants, qui en apparence acceptent le comportement de l'enfant, tout en émettant des signaux indiquant l'inverse.

Afficher une acceptation feinte a des conséquences graves et à long terme, cela peut même nuire davantage encore à la relation entre l'enfant et son parent. Un enfant qui reçoit des « messages ambigus » pourra se mettre à douter sérieusement de la sincérité ou de l'authenticité de son parent. De nombreuses expériences lui montrent que maman dit souvent une chose alors qu'elle ressent autre chose. À terme, il ne fera plus confiance à ce parent. Voici quelques confidences recueillies auprès d'adolescents :

> « Ma mère est hypocrite. Elle fait semblant d'être toute gentille, mais elle joue un rôle. »

> « Je pars du principe que mon père se moque de l'heure à laquelle je rentre. Mais quand je rentre trop tard, il ne m'adresse pas la parole le lendemain. »

> « Mes parents ne sont absolument pas sévères. Ils me laissent faire quasiment tout ce que je veux. Or je sais exactement ce qu'ils désapprouvent. »

> « À chaque fois que je m'installe à table avec mon anneau dans le nez, ma mère prend un air dégoûté. Pourtant, elle ne dit jamais rien. »

Lorsque les enfants éprouvent ce type de sentiments, c'est que leurs parents n'ont manifestement pas parfaitement caché leurs véritables sentiments ou attitudes, même s'ils pensaient le faire. *Dans une relation aussi intime et durable que celle qui unit un parent et un enfant, il est rare que les adultes puissent cacher à leurs enfants ce qu'ils ressentent réellement.*

Par conséquent, lorsque les parents, influencés par les partisans de la « permissivité », font semblant d'accepter l'enfant beaucoup plus que ce n'est réellement le cas, ils nuisent sérieusement à la qualité de la relation avec lui, qui subit aussi au passage des dommages psychologiques. Les parents doivent comprendre qu'il vaut mieux ne pas chercher à élargir leur zone d'acceptation au-delà de ce qu'ils ressentent véritablement. Mieux vaut comprendre qu'on se trouve dans la zone d'inacceptation, sans faire semblant.

Peut-on accepter l'enfant, sans accepter son comportement?

Je ne sais pas d'où vient cette idée, largement acceptée et attrayante pour bien des gens, notamment pour des parents influencés par les partisans de la permissivité, tout en étant assez lucides pour comprendre qu'ils n'acceptent pas toujours le comportement de leur enfant. J'en suis arrivé à me dire qu'il s'agit là encore d'une idée néfaste et fallacieuse – une idée qui empêche les parents d'être eux-mêmes. S'il est possible qu'elle soulage certaines personnes de la culpabilité ressentie lorsqu'elles n'acceptent pas le comportement de leur progéniture, cette idée nuit aussi à la qualité de nombreuses relations parent-enfant.

Certains professionnels ont ainsi incité les parents à recourir à leur autorité ou à leur pouvoir pour restreindre des comportements qu'ils ne peuvent pas accepter (ou «fixer des limites»). Les parents en ont déduit qu'on peut tout à fait contrôler, restreindre, interdire, exiger ou refuser, du moment qu'on le fait intelligemment, en faisant comprendre à l'enfant que ce n'est pas *lui* qu'on rejette, mais *son comportement*. Et c'est précisément là que se situe l'erreur.

Comment pourriez-vous accepter l'*enfant*, indépendamment de vos sentiments d'inacceptation quant à ce qu'il *fait ou dit*, en allant même à l'encontre de ces sentiments? Qu'est-ce que «l'enfant», si ce n'est un enfant adoptant un certain comportement à un moment donné ? C'est un *enfant avec un comportement*, pour lequel le parent ressent des sentiments, qu'il s'agisse d'acceptation ou d'inacceptation, et non une abstraction appelée «enfant».

Je suis certain que du point de votre fils ou de votre fille, c'est pareil. S'il a le sentiment que vous n'acceptez pas qu'il mette ses chaussures sales sur votre canapé tout neuf, je doute fort qu'il tienne alors le raisonnement complexe que bien que vous n'aimiez pas son comportement consistant à mettre les pieds sur le canapé, vous acceptez malgré tout l'individu qu'il est. Au contraire – il perçoit sans aucun doute qu'en raison de ce que lui, en tant que personne, est en train de *faire*, en cet instant précis, *vous ne l'acceptez pas du tout*.

Pour l'enfant, le sentiment d'acceptation, ou pas, de la *personne qu'il est* est déterminé par le nombre de comportements inacceptables qu'il adopte. Les parents qui jugent inacceptables quantité d'actes ou de propos de leurs enfants feront inévitablement naître chez ceux-ci le sentiment profond que l'être humain qu'ils sont est inacceptable. À l'inverse, les parents qui acceptent quantité de choses que font ou disent leurs enfants auront des enfants qui ont davantage de chances de se sentir acceptables en tant que personnes.

Mieux vaut reconnaître en votre for intérieur (et face à l'enfant) que vous ne l'acceptez pas, en tant que personne, lorsqu'il dit ou fait une chose donnée à un moment donné. Ainsi, l'enfant vous percevra comme quelqu'un de sincère et d'honnête, car vous exprimez ce que vous ressentez réellement.

Par ailleurs, si vous dites à un enfant «Je t'accepte, mais arrête de faire ce que tu es en train de faire», vous ne changerez pas d'un iota sa réaction à cette utilisation de votre autorité. Les enfants détestent que leurs parents leur interdisent

ou leur refusent des choses ou les restreignent, quelles que
soient les explications accompagnant le recours à l'autorité
et au pouvoir. Si les parents « fixent des limites », cela risque
fort de se retourner contre eux, sous la forme de résistance, de
rébellion, de mensonges et de ressentiments. De plus, il existe
des méthodes beaucoup plus efficaces que le recours au pouvoir parental pour « fixer des limites » ou pour restreindre, si
l'on souhaite inciter des enfants à modifier un comportement
inacceptable.

Notre définition des parents qui sont de vraies personnes

Notre Fenêtre des Comportements aide les parents à comprendre leurs sentiments irrépressibles et les conditions qui
amènent ces sentiments à changer perpétuellement. Les personnes authentiques ressentent tantôt de l'acceptation, tantôt
de l'inacceptation face à leurs enfants. Leur attitude vis-à-vis
d'un même comportement ne peut être constante, elle varie
immanquablement d'un jour à l'autre. Les parents ne doivent
pas (et d'ailleurs, ils ne le peuvent pas) cacher leurs véritables
sentiments, ils doivent au contraire accepter le fait que face
à un même comportement, un parent peut ressentir de l'acceptation et l'autre non. Ils doivent savoir aussi que chacun
ressentira inévitablement différents degrés d'acceptation vis-
à-vis de chaque enfant de la famille.

En bref, les parents sont des êtres humains, pas des dieux.
Ils ne sont pas tenus d'afficher une acceptation inconditionnelle, ni même une acceptation constante. Ils ne sont pas non
plus obligés de faire semblant d'accepter lorsque ce n'est pas
le cas. Certes, les enfants préfèrent, indubitablement, être
acceptés, mais ils savent gérer, de manière constructive, les

sentiments d'inacceptation de leurs parents lorsque ceux-ci émettent des messages clairs et sincères, en cohérence avec ce qu'ils ressentent réellement. Cela rend non seulement les plus choses plus faciles pour l'enfant, mais cela l'aide aussi à voir ses parents comme de vrais êtres humains – des personnes transparentes, humaines, avec qui il a envie d'entretenir une relation.

À qui appartient le problème?

Un concept clé du modèle Parents Efficaces est le principe de la propriété du problème. On ne saurait que trop souligner l'importance de cette question, car bien des parents tombent dans le piège suivant: ils considèrent qu'il est de leur responsabilité de résoudre les problèmes de leurs enfants, au lieu d'encourager ceux-ci à y trouver une solution par eux-mêmes. Voici ce que nous ont dit des parents:

> «Pour moi, le principal apport de ma participation aux Ateliers Parents a été d'apprendre à déterminer la propriété du problème. C'est vraiment cela qui a eu le plus de sens pour moi. Cela m'a fait l'effet d'une révélation: lorsque mes enfants ont un problème, c'est le leur, pas le mien, et je n'ai donc pas à considérer que c'est mon problème – ce que j'ai fait pendant des années.»

> «Quel soulagement de découvrir que je ne suis pas tenu de résoudre les problèmes de tout le monde.»

Lorsque les parents comprennent le principe de la propriété du problème, cela peut amener un changement de comportement fondamental face aux enfants. Cette notion est présentée à l'aide de la Fenêtre des Comportements que nous utilisons pour visualiser les comportements « acceptables » et « inacceptables ». Regardons ce rectangle plus en détail.

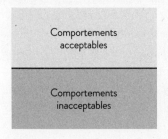

Lorsque le problème appartient à l'enfant

Dans la partie supérieure de la Fenêtre des Comportements, on trouve des comportements de l'enfant qui révèlent qu'il a un problème – ses besoins ne sont pas assouvis, l'enfant est malheureux, frustré ou dans une situation problématique. Quelques exemples :

- L'enfant est rejeté par l'un de ses amis.
- L'enfant a du mal à faire ses devoirs, qu'il trouve trop difficiles.
- L'enfant est en colère contre un professeur.
- L'adolescent est malheureux en raison d'un problème de surpoids.

Il s'agit là de difficultés auxquelles l'enfant est confronté dans son existence à lui, indépendamment de la vie de ses parents et en dehors de celle-ci. Dans ce type de situations, on dit que *le problème appartient à l'enfant*.

C'est lorsque le problème appartient à l'enfant que les parents ont si souvent la tentation d'intervenir, d'assumer la responsabilité de la résolution du problème, puis de s'en vouloir s'ils n'y parviennent pas.

Notre méthode propose aux parents une autre possibilité pour aider l'enfant: *le laisser trouver lui-même une solution, en considérant que c'est son problème.* Pour simplifier, on peut dire que cette approche repose sur les éléments suivants:

1. Tous les enfants rencontreront, inévitablement, des problèmes au cours de leur existence – des problèmes de diverses natures et de diverses gravités.

2. Les enfants portent en eux un potentiel extraordinaire, largement sous-exploité, pour inventer de bonnes solutions à leurs difficultés.

3. Si les parents leur apportent des solutions toutes faites, les enfants restent dans une situation de dépendance et ne développent pas leurs compétences en matière de résolution de problème. À chaque nouvelle difficulté, ils se tourneront vers leurs parents.

4. Lorsque les parents s'approprient ces problèmes et assument l'entière responsabilité de trouver de bonnes solutions, cela devient non seulement un poids terrible, mais aussi une mission impossible. Personne ne possède l'infinie sagesse nécessaire pour imaginer en toutes circonstances de bonnes solutions aux problèmes personnels d'autrui.

5. Lorsqu'un parent parvient à accepter le fait que le problème de l'enfant n'est pas le sien, il est dans une bien meilleure position pour servir de facilitateur, de catalyseur ou d'agent

d'aide pour aider l'enfant à accomplir lui-même le processus de résolution de problème.

6. Les enfants ont certes besoin d'aide face à certains types de problèmes, mais sur le long terme, la plus efficace est, paradoxalement, une forme d'absence d'aide. Plus précisément, c'est une aide qui laisse à l'enfant la responsabilité de chercher et de trouver ses propres solutions. C'est ce que nous appelons l'«**écoute active**».

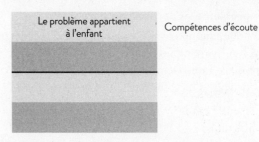

Le problème appartient à l'enfant

Compétences d'écoute

Absence de problème dans la relation

La zone centrale de la Fenêtre représente un comportement de l'enfant qui ne pose pas problème, ni au parent, ni à l'enfant. Le parent accepte le comportement de l'enfant et celui-ci n'a pas de problème. Ce sont ces moments de grâce, dans une relation parent-enfant, où l'on peut être ensemble, pour jouer, discuter, travailler ou partager une expérience. C'est la *zone sans problème*. L'objectif de notre méthode est d'aider les parents à maintenir leur relation avec l'enfant autant que possible dans cette zone. Pour cela, nous proposons des compétences de révélation de soi et d'écoute active.

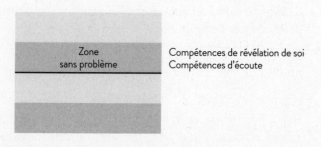

Lorsque le problème appartient au parent

Intéressons-nous maintenant à la troisième zone de la Fenêtre, qui matérialise les comportements inacceptables pour le parent parce qu'ils interfèrent avec ses droits ou parce qu'ils l'empêchent de voir ses besoins satisfaits. Quelques exemples :

- L'enfant qui traîne alors que le parent est pressé.
- L'enfant qui oublie de prévenir qu'il sera en retard pour le dîner.
- L'ado qui envoie des SMS sur son téléphone alors que le parent essaie de lui parler d'une chose importante.

Ces comportements indiquent que *le problème appartient au parent.*

Dans ce cas, c'est un ensemble de compétences différent qui devra être utilisé, à savoir des compétences qui vont permettre d'induire un changement dans le comportement inacceptable de l'enfant. C'est ce que nous appelons « les compétences de confrontation ».

Lorsque le problème appartient au parent, cela exige une posture qui va communiquer à l'enfant le message suivant : « Eh, j'ai un problème et j'ai besoin de ton aide » – une posture différente de celle où le problème appartient à l'enfant et où le parent veut lui communiquer le message suivant : « On dirait que tu as un problème. Est-ce que tu as besoin de mon aide ? »

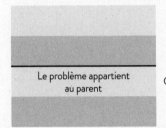

Le problème appartient   Compétences de confrontation
au parent

Lorsque le problème appartient au parent et à l'enfant

Les conflits sont une composante naturelle et inévitable de toute relation. Croire que parents et enfants pourraient vivre ensemble sans conflit est une chimère.

En bas de la Fenêtre des comportements, on trouve ceux qui révèlent que le parent et l'enfant sont en conflit – le problème appartient à la relation. Voici quelques exemples :

- Le jeune enfant ne cesse de se lever de son lit ; le parent a un travail à terminer.

- Le parent et le jeune adulte veulent utiliser la voiture familiale le même soir.

- Pendant des vacances en famille, les parents veulent aller rendre visite à des membres de la famille, les enfants ont envie d'aller à la plage.

Ce qui importe ici, c'est la manière dont les conflits vont être résolus. Notre méthode permet aux parents et aux enfants de coopérer pour trouver ensemble une solution acceptable pour tous. En cas de conflit entre le parent et l'enfant, la posture à adopter est la suivante : « Réfléchissons pour trouver une solution qui sera acceptable pour tout le monde. » Pour cela, on utilise des « compétences en résolution de conflit. »

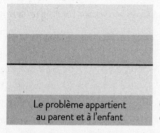

Le problème appartient au parent et à l'enfant

Compétences en résolution de conflit

Pour résumer, l'essence de notre méthode

1. Les parents apprennent des compétences qui vont permettre de réduire le nombre de problèmes qui appartiennent à l'enfant (ce qui va diminuer la taille de la partie supérieure de la Fenêtre des Comportements).

2. La méthode fournit aux parents des compétences efficaces pour que les relations avec leurs enfants restent exemptes de problèmes (ce qui va accroître la taille de la zone sans problème).

3. Elle enseigne aussi aux parents d'autres compétences qui seront efficaces pour réduire le nombre de problèmes que les enfants leur causent (ce qui va réduire la taille de la troisième zone de la Fenêtre des comportements).

4. Elle donne aux parents des compétences spécifiques de résolution des problèmes et des conflits (ce qui va réduire la taille de la partie inférieure du rectangle).

Il est essentiel que les parents identifient systématiquement la nature de chaque situation, pour savoir s'il faut pratiquer l'écoute active, pratiquer la confrontation ou résoudre un problème. C'est pourquoi je propose aux parents de **prendre l'habitude de se poser la question suivante : « À qui appartient ce problème ? »**

L'application réussie de ces trois ensembles de compétences – l'écoute active, le Message-Je et la résolution de conflit sans perdant – va permettre d'agrandir la zone sans problème, et d'assurer de nombreux moments dans la relation enfant-parent où ni l'un, ni l'autre n'a un problème et où tous deux verront leurs besoins satisfaits et pourront profiter du temps passé ensemble.

Dans les trois chapitres à venir, je m'intéresserai exclusivement aux compétences d'écoute – ces compétences auxquelles les parents doivent recourir lorsque l'enfant a un problème. Je parlerai ensuite des compétences permettant au parent de s'affirmer, nécessaires pour conserver la relation dans la zone sans problème. Enfin, je me concentrerai sur les compétences permettant de résoudre les problèmes et les conflits.

3

Comment écouter vos enfants pour qu'ils vous parlent : le langage de l'acceptation

À la fin d'une consultation dans mon cabinet, une adolescente de 15 ans, que je recevais toutes les semaines, a marqué une pause avant de se diriger vers la porte, pour me dire :

« Ça fait du bien de pouvoir parler de ce que je ressens vraiment. Je n'avais jamais parlé de ces choses-là avec personne avant. Jamais je ne pourrais avoir ce genre de discussion avec mes parents. »

Le père et la mère d'un jeune homme de 16 ans en échec scolaire m'ont posé la question suivante :

« Que pourrions-nous faire pour que Justin se confie à nous ? Nous ne savons jamais ce qu'il pense. Nous voyons qu'il est malheureux, mais nous n'avons pas la moindre idée de ce qui se passe dans sa tête. »

Une adolescente de 13 ans, que j'ai reçue juste après qu'elle a fugué de chez elle avec deux copines, a fait la remarque suivante, qui en dit long sur sa relation avec sa mère :

« On en est arrivées au point où on n'arrive plus à se parler. De rien. Même pas des choses les plus anodines, comme de l'école.

Si je lui dis que j'ai peur d'avoir raté un contrôle, qui ne s'est pas bien passé, elle va me répondre : "Ah oui, et pourquoi ça ne s'est pas bien passé ?", et elle va se fâcher. Alors j'ai commencé à lui mentir. Je n'aime pas mentir, mais je le fais quand même, et j'en suis arrivée au point où ça ne me dérange même plus... Au final, c'est comme si ce n'était plus elle et moi, mais deux personnes différentes qui se parlaient – aucune de nous ne montrant ses vrais sentiments... ce que nous pensons vraiment. »

Il s'agit là d'exemples courants d'enfants qui se coupent de leurs parents, qui refusent de partager avec eux leurs sentiments intimes. Ils considèrent que se confier à leurs parents n'est pas utile, voire qu'ils ne peuvent pas le faire en toute sécurité. Par conséquent, beaucoup de parents passent à côté de milliers de possibilités d'aider leurs enfants confrontés à des problèmes.

Pourquoi tant de parents sont-ils « grillés » auprès de leurs enfants, qui ne se tournent plus vers eux pour obtenir de l'aide ? Pourquoi ces enfants cessent-ils de parler à leurs pères et à leurs mères de choses qui les préoccupent vraiment ? Pourquoi si peu de parents parviennent-ils à préserver avec leurs enfants des relations permettant de leur venir en aide ?

Et pourquoi les jeunes trouvent-ils tellement plus facile de parler avec des psychologues professionnels compétents qu'avec leurs parents ? En quoi le psychologue s'y prend-il différemment, pour parvenir à nouer avec les jeunes une relation qui lui permet de leur venir en aide ?

Ces dernières années, les psychologues ont trouvé des débuts de réponses à ces questions. Grâce à la recherche et à l'expérience clinique, nous commençons à comprendre les éléments nécessaires à une relation d'aide efficace. Le plus essentiel de tous est sans doute le « *langage de l'acceptation* ».

Le pouvoir du langage de l'acceptation

Lorsqu'une personne est en mesure de ressentir une authentique acceptation pour une autre personne et de la lui communiquer, elle peut devenir un puissant agent d'aide pour cette personne. Son acceptation de l'autre, tel qu'il est, est un facteur important dans l'établissement d'une relation qui permettra à l'autre de grandir, de se développer, d'opérer des changements constructifs, d'apprendre à résoudre les problèmes, de progresser vers un équilibre psychologique, de devenir plus productif et plus créatif, et de déployer tout son potentiel. C'est l'un des paradoxes de la vie, simple et beau à la fois : lorsqu'un individu se sent pleinement accepté par l'autre, tel qu'il est, alors il devient libre d'évoluer, depuis ce point de départ, et de réfléchir à la manière dont il veut changer, dont il veut évoluer, dont il peut se transformer et devenir ce qu'il est capable d'être.

L'acceptation est le terreau fertile qui va permettre à une minuscule graine de donner naissance à la magnifique fleur dont elle porte le potentiel. Le terreau permet à la graine de devenir une fleur. Il libère sa capacité de croissance, qui reste toutefois entièrement le fait de la graine. À l'image de la graine, l'enfant porte en lui la capacité de se développer. L'acceptation est ce terreau, qui permet simplement à l'enfant de déployer son potentiel.

Pourquoi l'acceptation parentale a-t-elle une influence aussi positive sur l'enfant ? Souvent, les parents n'en ont pas conscience. La plupart des gens ont été élevés dans l'idée qu'accepter un enfant tel qu'il est l'incitera à ne pas changer ; que le meilleur moyen d'aider un enfant à devenir une meilleure personne est de lui expliquer ce que vous n'acceptez pas chez lui actuellement.

C'est pourquoi la plupart des parents recourent beaucoup au langage de l'inacceptation dans l'éducation de leurs enfants, estimant que c'est le meilleur moyen de les aider. Le terreau que fournissent bien des parents, pour le développement de leurs fils et de leurs filles, est riche en **évaluations**, **jugements, critiques, récriminations, leçons de morale, admonestations** et **ordres – autant de messages qui indiquent à l'enfant qu'il n'est pas accepté tel qu'il est**.

Je me souviens des mots d'une adolescente de 13 ans qui commençait à se rebeller contre les valeurs et les principes de ses parents :

> « *Ils n'arrêtent pas de me répéter que je suis nulle, que mes idées sont débiles et qu'on ne peut pas me faire confiance, parce que je ne fais que des trucs qui leur déplaisent. Alors puisque de toute façon, ils me trouvent nulle et idiote, autant y aller carrément et faire tout ce qu'ils me reprochent.* »

Cette jeune fille, très intelligente, avait compris que lorsqu'on répète à un enfant qu'il fait des bêtises, il y a de fortes chances pour qu'il les fasse. Les enfants deviennent souvent ce que les parents décrètent à leur sujet.

De plus, le langage de l'inacceptation rebute les enfants, qui cessent alors de parler à leurs parents. Ils découvrent qu'il est beaucoup plus confortable de garder leurs sentiments et leurs problèmes pour eux.

Le langage de l'acceptation, en revanche, incite les enfants à s'ouvrir. Il leur donne la liberté de partager leurs sentiments et leurs problèmes. Les psychothérapeutes et les psychologues ont montré combien cette acceptation peut être puissante. Les professionnels les plus efficaces sont ceux qui parviennent à faire comprendre aux patients qui les consultent, en demande d'aide, qu'ils sont totalement acceptés. C'est pourquoi on entend souvent des gens dire qu'en thérapie ou en entretien, ils ont le sentiment de ne pas être jugés et se sentent libres de confier à leur interlocuteur les pires choses les concernant, forts de la conviction que le psychothérapeute ou le psychologue les acceptera, quoi qu'ils disent et quoi qu'ils ressentent. Cette acceptation est l'un des éléments les plus importants contribuant au développement et au changement qui survient lorsque les gens entreprennent cette démarche.

Ces «agents professionnels du changement» nous ont aussi appris que l'inacceptation, trop souvent, pousse les individus à se refermer, les met sur la défensive, induit un malaise, ou suscite une peur de parler ou de pratiquer l'introspection. Par conséquent, la clé de la réussite, pour que le professionnel créé les conditions du changement et du développement chez le patient en difficulté, est l'absence d'inacceptation dans sa relation avec son patient et sa capacité à parler le langage de l'acceptation de manière à ce que son interlocuteur le ressente avec authenticité.

Dans le travail avec les parents qui suivent notre formation, nous avons fait la démonstration qu'il est possible d'enseigner aux parents ces compétences utilisées par les psychologues professionnels. La plupart des parents réduisent alors considérablement la fréquence de messages véhiculant de l'inacceptation, et acquièrent un niveau de compétences étonnamment élevé dans l'utilisation du langage de l'acceptation.

Lorsque les parents ont appris à manifester, par le biais de leurs mots, de l'acceptation face à l'enfant, ils possèdent un outil susceptible de produire des effets étonnants. Ils peuvent alors influer sur son apprentissage à s'accepter et à s'aimer lui-même et à acquérir le sens de sa valeur. Ils peuvent considérablement favoriser le développement et la réalisation du potentiel qui lui a été transmis par la génétique. Ils peuvent accélérer l'évolution qui le conduira de la dépendance vers l'indépendance et l'autonomie. Ils peuvent l'aider à apprendre à résoudre lui-même les problèmes qui surgiront immanquablement dans sa vie, et lui transmettre la force de faire face de manière constructive aux déceptions et aux souffrances habituelles de l'enfance et de l'adolescence.

De tous les effets de l'acceptation sur l'enfant, le plus important est la conviction d'être aimé. Car accepter l'autre « tel qu'il est » est un véritable acte d'amour. Se sentir accepté, c'est se sentir aimé. Et la psychologie commence seulement à prendre la mesure du pouvoir immense du sentiment d'être aimé : il peut favoriser le développement du corps et de l'esprit, et c'est sans doute la force thérapeutique la plus efficace connue à ce jour pour réparer des dommages psychologiques et physiques.

L'acceptation doit être manifestée

Ressentir de l'acceptation pour son enfant est une chose, la montrer en est une autre. Une acceptation parentale dont l'enfant n'aurait pas conscience n'aurait aucune influence sur lui. Le parent doit donc apprendre à manifester son acceptation, pour permettre à l'enfant de la ressentir.

Pour cela, des compétences spécifiques sont nécessaires. La plupart des parents, cependant, ont tendance à voir l'acceptation comme une chose passive – un état d'esprit, une attitude, un sentiment. Certes, l'acceptation vient de l'intérieur, mais pour devenir une force efficace influant sur autrui, elle doit être communiquée ou manifestée activement. Je ne peux avoir la certitude d'être accepté par l'autre s'il ne le manifeste pas activement.

Le psychologue ou psychothérapeute, dont l'efficacité comme agent de la relation d'aide dépend si fortement de sa capacité à manifester son acceptation à son patient, met des années à apprendre comment manifester cette attitude par ses moyens de communication. Grâce à leur formation et leur longue expérience, les psychologues acquièrent des compétences spécifiques pour communiquer leur acceptation. Ils apprennent que leurs mots sont déterminants pour aider leurs patients.

Les mots peuvent guérir, ils peuvent aussi induire des changements constructifs. Mais pour cela, il faut que ces mots soient bien choisis.

La même chose s'applique aux parents, qui peuvent tenir à leurs enfants des propos utiles ou destructeurs. Le parent efficace, comme le psychologue efficace, doit apprendre à communiquer son acceptation et acquérir les mêmes compétences en matière de communication.

Les participants à nos Ateliers Parents demandent, sceptiques : « Est-ce qu'un non professionnel, comme moi, peut acquérir les compétences d'un psychologue professionnel ? » Il y a trente ans, nous aurions répondu par la négative. Cependant, dans nos Ateliers Parents, nous avons fait la démonstration que la plupart des participants peuvent apprendre à devenir des agents d'aide efficaces pour leurs enfants. Nous savons désormais que ce ne sont pas les connaissances en psychologie ni les connaissances intellectuelles sur l'être humain qui font un bon psychologue. La clé, c'est d'apprendre à parler aux gens de manière « constructive ».

Les psychologues parlent de «communication thérapeutique», ce qui signifie que certains messages ont un effet
«thérapeutique» ou positif sur les gens. Ces messages leur
permettent de se sentir mieux, les encouragent à parler, les
aident à exprimer leurs émotions et leurs sentiments, induisent
l'assurance d'avoir de la valeur et de l'estime de soi, réduisent
les peurs et les angoisses, et facilitent le développement et le
changement constructif.

D'autres échanges, en revanche, sont «non thérapeutiques»
ou destructeurs. Ces messages donnent aux destinataires le
sentiment d'être jugés ou coupables. Ils entravent l'expression
sincère des sentiments, menacent l'individu, nourrissent le
sentiment de ne pas avoir de valeur et une mauvaise estime de
soi, nuisent au développement et au changement constructif,
en incitant la personne à défendre avec virulence ce qu'elle est.

Quelques très rares parents possèdent intuitivement cette
compétence thérapeutique et l'utilisent naturellement. La
plupart des parents, toutefois, doivent passer par un processus, en commençant par désapprendre leurs modes de communication destructeurs avant d'apprendre des modes plus
constructifs. Ce qui signifie que les parents doivent d'abord
prendre conscience de leurs habitudes en matière de communication, pour découvrir combien leurs propos sont destructeurs et non thérapeutiques. Ils doivent ensuite apprendre de
nouvelles façons de communiquer avec leurs enfants.

Communiquer l'acceptation par des moyens non verbaux

Nous envoyons des messages par l'intermédiaire de la parole
(ce que nous disons) et aussi par ce que les spécialistes en
sciences sociales appellent les «messages non verbaux» (sans

passer par la parole). Ces derniers sont transmis par nos gestes, nos postures, nos expressions faciales et d'autres comportements. Tendez la main devant vous, la paume dirigée vers l'enfant, et il est fort probable que celui-ci interprétera ce geste comme signifiant «Va-t'en», «Laisse-moi tranquille» ou «Je n'ai pas envie d'être dérangé». Tendez le bras devant vous puis ramenez la paume de votre main vers vous et l'enfant comprendra certainement «Viens par là», «Approche» ou «J'ai envie que tu sois près de moi». Le premier geste communique de l'inacceptation, le second de l'acceptation.

Manifester son acceptation par la non-intervention

Les parents peuvent manifester leur acceptation de l'enfant en s'abstenant d'intervenir dans ses activités. Imaginons un enfant qui construit un château de sable sur la plage. Le parent qui reste à l'écart et qui se livre à une activité de son côté, permettant à l'enfant de commettre des «erreurs» ou de concevoir un château à sa manière (qui ne sera sans doute pas celle du parent, ou qui ne produira peut-être même pas quelque chose qui ressemble à un château) – envoie à l'enfant un message non verbal d'acceptation.

L'enfant se dira: «Ce que je fais est bien», «Mon comportement en matière de construction de châteaux de sable est acceptable», «Maman m'accepte en train de faire ce que je fais».

Ne pas intervenir lorsqu'un enfant se livre à une activité donnée est un moyen non verbal fort de lui communiquer de l'acceptation. Beaucoup de parents ne se rendent pas compte que trop souvent, ils communiquent de l'inacceptation à leurs enfants, simplement en interférant, en se montrant intrusif, en intervenant, en vérifiant et en venant à l'aide. Trop souvent, les adultes ne laissent pas les enfants exister. Ils font irruption dans l'intimité de la chambre et s'immiscent dans leurs pensées personnelles, en leur *refusant ainsi le droit d'être un individu distinct du parent*. Souvent, ce comportement est dû à des peurs et à des anxiétés des parents, à leur propre manque d'assurance.

Leurs parents veulent que l'enfant apprenne (« Voilà à quoi devrait plutôt ressembler un château de sable »). Ils sont mal à l'aise lorsqu'il commet une erreur (« Construis ton château plus loin de l'eau, comme ça, les vagues ne viendront pas le détruire ».). Ils veulent pouvoir être fiers des réalisations de leur enfant (« Regarde le magnifique château que Cody a construit »). Ils lui imposent leurs conceptions rigides d'adulte de ce qui est bien et ce qui ne l'est pas (« Est-ce que ton château ne devrait pas avoir des douves ? »). Ils se préoccupent de manière excessive du regard d'autrui sur leur enfant (« Regarde ton château, tu peux faire beaucoup mieux »). Ils veulent sentir qu'il a besoin d'eux (« Laisse papa te donner un coup de main »), etc.

Par conséquent, *ne rien faire* lorsque l'enfant accomplit une activité communique de manière claire le message que ses parents l'acceptent. Mon expérience m'incite à dire que les parents n'autorisent pas assez souvent ce type de « vie autonome ». On le comprend, rester en retrait est difficile pour le parent.

Lors de la première soirée organisée par l'une de nos filles, qui était au lycée, je me souviens m'être senti rejeté lorsqu'elle a décrété que mes suggestions, pourtant très constructives et créatives, pour divertir ses invités n'étaient pas les bienvenues. Ce n'est qu'après avoir surmonté un moment de déprime dû à mon éviction que j'ai compris que je communiquais des messages non verbaux d'inacceptation – «Tu n'arrives pas à organiser une soirée réussie toute seule», «Tu as besoin de mon aide», «Je ne fais pas confiance à ton appréciation de la situation», «Tu ne te comportes pas en maîtresse de maison parfaite», «Tu pourrais commettre une erreur», «Je ne veux pas que cette soirée soit ratée», etc.

Montrer de l'acceptation par l'écoute passive

Ne rien dire peut aussi communiquer de manière claire de l'acceptation. Le silence – l'«écoute passive» – constitue un message non verbal puissant, qui peut être utilisé efficacement pour faire sentir à quelqu'un qu'il est pleinement accepté. Les agents d'aide professionnels le savent et ils y recourent abondamment lors de leurs entretiens. Les patients qui décrivent leur premier entretien avec un psychologue ou un psychiatre disent souvent: «Il n'a rien dit, c'est moi qui ai parlé tout le temps» ou «Je lui ai dit plein de choses horribles sur ma vie, mais il n'a pas formulé la moindre critique» ou «Je ne pensais pas pouvoir dire quoi que ce soit, mais j'ai parlé pendant une heure.»

Ce que décrivent ces personnes, c'est leur expérience – sans doute la première de cette nature – d'avoir parlé avec quelqu'un qui se contente de les écouter. Se sentir accepté grâce au silence de son interlocuteur peut être une expérience extraordinaire. En réalité, l'absence de communication, dans ce cas, communique quelque chose, comme l'illustre ce dialogue entre un parent et sa fille, qui rentre du lycée:

Enfant. — *J'ai été envoyée dans le bureau du proviseur adjoint aujourd'hui.*

Parent. — *Ah oui?*

Enfant. — *Oui. M. Frank trouvait que je bavardais trop pendant son cours.*

Parent. — *Je vois.*

Enfant. — *Je ne supporte pas ce prof. Il est là, à nous raconter ses week-ends qui sont à mourir d'ennui ou il parle de ses petits-enfants et il s'imagine que ça nous intéresse. C'est mortel…*

Parent. — *Mm-hmm.*

Enfant. — *C'est impossible de rester là à l'écouter ! On devient dingue. Mélanie et moi, on fait des blagues quand il parle. C'est le pire prof de la terre. C'est l'horreur, d'avoir un prof pareil.*

Parent. — *(Silence.)*

Enfant. — *Avec les bons profs, j'ai de bons résultats, mais quand je tombe sur quelqu'un comme M. Frank, ça me coupe toute envie de bosser. Comment est-ce qu'un type comme lui a pu devenir prof ?*

Parent. — *(Hausse les épaules.)*

Enfant. — *Bon, je ferais mieux de m'y habituer, parce que je n'aurai pas toujours de bons profs. De toute façon, il y a plus de mauvais profs que de bons. Et si je baisse les bras avec des profs nuls, je n'aurais jamais les notes nécessaires pour être prise dans la fac de mon choix. Et là, je serai bien avancée…*

Ce bref échange illustre à merveille la valeur du silence. L'écoute passive du parent a permis à l'enfant d'aller au-delà du compte rendu factuel initial. Cela lui a permis de reconnaître la raison pour laquelle elle a été punie, d'exprimer sa colère et son ressentiment vis-à-vis de l'enseignant, de regarder en face les conséquences que cela aurait si elle continuait à réagir ainsi à de mauvais enseignants et enfin, d'arriver elle-même, en toute indépendance, à la conclusion qu'elle se causait du tort en se comportant ainsi. Durant ces quelques minutes où l'enfant a été *acceptée*, elle a *grandi*. Elle a pu exprimer ses sentiments et elle a pu s'engager seule dans un processus de résolution de problème entrepris par elle-même. Il en est ressorti sa propre solution constructive, ce qui n'était pas acquis.

Le silence parental a servi de facilitateur à ce «moment de développement», ce petit «fragment de croissance», illustration d'un organisme accomplissant un processus de changement entrepris par lui-même. Il aurait été tragique pour le parent de passer à côté de cette possibilité de contribuer au développement de l'enfant, en intervenant avec des réponses «classiques» exprimant de l'inacceptation, comme:

> *« Quoi ? Tu as été envoyée dans le bureau du proviseur adjoint ? Génial… »*
>
> *« Eh bien ça t'apprendra ! »*
>
> *« Écoute, M. Frank n'est pas si horrible que ça… »*
>
> *« Ma chérie, il faut vraiment que tu apprennes à serrer les dents. »*
>
> *« Tu ferais mieux d'apprendre à t'adapter à tous types de profs. »*

Tous ces messages, ainsi que les nombreux autres que les parents envoient généralement dans ce type de situation, auraient non seulement exprimé une inacceptation de l'enfant, mais ils auraient aussi coupé court à la poursuite de la communication et auraient empêché l'enfant de trouver lui-même une solution.

Par conséquent, ne rien dire, ou ne rien faire, peut exprimer de l'acceptation. Et l'acceptation favorise le changement et le développement constructifs.

Communiquer l'acceptation par la parole

La plupart des parents ont bien conscience qu'on ne peut rester silencieux bien longtemps dans une interaction entre deux personnes. L'être humain aspire à avoir des interactions verbales. De toute évidence, les parents doivent parler à leurs enfants, et ceux-ci ont besoin qu'on leur parle, pour entretenir une relation intime et vivante.

Parler est essentiel. Cependant, c'est la manière dont les parents parlent aux enfants qui est primordiale. On peut en dire long sur une relation entre un parent et son enfant simplement en observant le type de communication verbale qui se déroule entre eux, et notamment la manière dont le parent réagit aux messages de l'enfant. Les parents doivent être attentifs à la façon dont ils répondent à l'enfant, car c'est là que se trouve la clé de l'efficacité parentale.

Dans nos Ateliers Parents, nous demandons aux participants de faire un exercice qui les aide à identifier le type de réponses verbales qu'ils font lorsque leur enfant s'adresse à eux pour évoquer ses sentiments ou leur soumettre un problème. Si vous souhaitez réaliser cet exercice, prenez une feuille de papier et un stylo. Maintenant, imaginez qu'un soir, au dîner, votre ado de 15 ans décrète ceci :

> *« Le lycée, c'est nul. On n'apprend que des trucs débiles qui ne servent à rien. Je n'ai pas l'intention de faire des études. On n'a pas besoin de diplômes pour réussir dans la vie. Il y a plein d'autres moyens. »*

Notez noir sur blanc les mots précis que vous prononceriez en entendant ce message. Écrivez mot pour mot ce que vous diriez.

Ensuite, imaginez une autre situation. Votre fille de 8 ans vous dit ceci :

> *« Je ne sais pas ce qui ne va pas avec moi. Avant, Emma m'aimait bien, mais là, elle ne m'aime plus. Elle ne vient plus jouer avec moi. Et quand je vais la voir, elle est tout le temps avec Sara, et elles jouent ensemble ; toutes les deux, elles s'amusent et moi je reste là, toute seule. Je les déteste. »*

Là aussi, notez précisément ce que vous diriez à votre fille en réponse à ce message.

Voici une autre situation. Votre enfant de 11 ans vous dit :

> *« Pourquoi est-ce qu'il faut que je tonde la pelouse et que je sorte les poubelles ? La mère de Michael ne lui demande jamais de faire ce genre de trucs. Tu es injuste. Les enfants ne devraient pas avoir à participer autant. Je ne connais personne qui est obligé de faire tous ces trucs débiles que vous m'obligez à faire. »*

Écrivez votre réponse.

Dernier cas pratique. Votre fils de 5 ans est frustré et s'énerve de plus en plus en voyant qu'il n'arrive pas à obtenir l'attention de ses parents et de leurs deux invités, après le dîner. Les quatre adultes, qui ne se sont pas vus depuis longtemps, ont une discussion animée. Soudain, vous entendez, choqué, votre fils crier :

> *« Vous êtes débiles. Je vous déteste. »*

Là aussi, notez exactement ce que vous direz en réaction à un message aussi virulent.

Les différentes réponses que vous avez apportées à ces messages peuvent se classer en différentes catégories. **Il n'existe qu'une douzaine de catégories de réponses parentales verbales, que vous trouverez ci-dessous.** Essayez de classer vos réponses dans l'une de ces catégories.

1. Donner des ordres, des instructions, commander

Dire à l'enfant de faire quelque chose, lui donner un ordre ou une consigne :

> *« Je me moque de ce que font les autres parents. Tu dois t'occuper du jardin ! »*
> *« Ne parle pas à ta mère sur ce ton ! »*
> *« Va jouer avec Emma et Sara ! »*
> *« Arrête de te plaindre ! »*

2. Avertir, mettre en garde, menacer

Annoncer à l'enfant les conséquences que cela aura s'il fait telle ou telle chose :

> *« Si tu fais ça, tu vas le regretter ! »*
> *« Encore une remarque de ce genre et tu quittes la pièce ! »*
> *« Je te déconseille de faire ça, tu risquerais de t'en mordre les doigts ! »*

3. Exhorter, sermonner, faire la morale

Dire à l'enfant ce qu'il doit ou devrait faire :

> *« Tu ne devrais pas te comporter ainsi. »*
> *« Voilà ce qu'il faudrait que tu fasses : _____ »*
> *« Il faut toujours respecter les adultes. »*

4. Conseiller, fournir des suggestions ou des solutions

Dire à l'enfant comment résoudre un problème, le conseiller ou lui fournir des suggestions. Apporter des réponses ou fournir des solutions à sa place.

> *« Pourquoi est-ce que tu n'inviterais pas Emma et Sara à venir jouer à la maison toutes les deux ? »*
>
> *« Attends encore un ou deux ans, il sera toujours temps de décider si tu veux aller à la fac. »*
>
> *« Je te conseille d'en parler à tes profs. »*
>
> *« Essaie de te faire d'autres copines. »*

5. Donner des leçons, persuader par la logique, argumenter

Essayer d'influencer l'enfant avec des faits, des contre-arguments, de la logique, des informations ou votre opinion personnelle.

> *« L'université, ça sera peut-être l'expérience la plus formidable de ta vie. »*
>
> *« Les enfants doivent apprendre à s'entendre. »*
>
> *« Regarde les statistiques sur les diplômés de l'enseignement supérieur. »*
>
> *« Les enfants qui apprennent à assumer des responsabilités dans la maison deviennent des adultes plus responsables. »*
>
> *« Essaie de voir les choses ainsi : nous avons besoin d'aide à la maison. »*
>
> *« À ton âge, je faisais deux fois plus de choses que toi. »*

6. Juger, critiquer, désapprouver, blâmer

Porter un jugement négatif sur l'enfant ou faire une évaluation négative :

« Tu ne réfléchis pas. »

« C'est très immature. »

« Tu te trompes complètement. »

« Je ne suis pas du tout d'accord avec toi. »

7. Complimenter, approuver

Faire une évaluation ou un jugement positif, approuver :

« Moi, je te trouve jolie. »

« Tu as les capacités pour avoir de bons résultats. »

« Je trouve que tu as raison. »

« Je suis d'accord avec toi. »

8. Humilier, ridiculiser, coller des étiquettes

Faire que l'enfant se sente mal, le mettre dans une catégorie, le dénigrer :

« Tu es gâté pourri. »

« Mais oui, Monsieur-je-sais-tout. »

« Tu te comportes comme une bête sauvage. »

« D'accord, mon petit bébé. »

9. Interpréter, diagnostiquer, psychanalyser

Expliquer à l'enfant quelles sont ses motivations ou analyser les raisons qui le poussent à dire ou à faire telle ou telle chose ; lui montrer que vous avez compris ses motivations ou faire un diagnostic de sa situation :

« Tu es juste jalouse d'Emma. »

« Tu dis cela pour m'énerver. »

« Tu ne crois pas vraiment ce que tu dis. »

« Tu penses cela parce que tu n'as pas de bons résultats scolaires. »

10. Rassurer, compatir, consoler, épauler

Essayer que l'enfant se sente mieux, lui parler pour faire évoluer ses émotions, tenter de faire disparaître ses émotions, nier la force de ses émotions :

> *«Demain, tu verras les choses autrement.»*
>
> *«Tous les enfants passent par là à un moment ou à un autre.»*
>
> *«Tu pourrais faire des études brillantes, avec tes capacités.»*
>
> *«Moi aussi, j'ai pensé la même chose.»*
>
> *«Je sais, l'école peut être assez casse-pieds, parfois.»*
>
> *«D'habitude, tu t'entends bien avec les autres.»*

11. Enquêter, questionner, interroger

Essayer de trouver des raisons, des motifs et des explications ; chercher à obtenir davantage d'informations pouvant contribuer à résoudre le problème :

> *«Quand as-tu commencé à ressentir cela ?»*
>
> *«À ton avis, pourquoi détestes-tu l'école ?»*
>
> *«Est-ce que les autres te disent pourquoi ils n'ont pas envie de jouer avec toi ?»*
>
> *«Avec combien de copains as-tu discuté des tâches que leurs parents leur demandent d'accomplir ?»*
>
> *«Qui t'a mis cette idée en tête ?»*
>
> *«Qu'est-ce que tu vas faire si tu ne vas pas à la fac ?»*

12. Se mettre en retrait, faire de l'humour, faire diversion

Essayer d'«éloigner» l'enfant du problème ; se mettre soi-même en retrait du problème ; faire diversion, plaisanter avec l'enfant pour qu'il pense à autre chose, minimiser le problème.

« Essaie de ne plus y penser. »

« Ne parlons pas de cela pendant le dîner. »

« Allez, passons à des choses plus drôles. »

« Quoi de neuf dans ton club de foot ? »

« J'imagine que le président de la République n'a pas des problèmes aussi compliqués à gérer que toi ! »

« Nous en avons déjà parlé en long et en large. »

Si chacune de vos réponses entre dans l'une de ces catégories, vous êtes un parent plutôt « typique ». Si certaines réponses ne correspondent à aucune de ces douze catégories, gardons-les pour plus tard, où nous verrons d'autres types de réponses aux messages des enfants. Peut-être pourront-elles être classées dans l'une d'elles.

Lorsque les parents font cet exercice dans nos Ateliers, plus de 90 % des réponses de la majorité d'entre eux entrent dans l'une de ces douze catégories, ce qui surprend beaucoup de participants. De plus, pour la plupart d'entre eux, personne n'a jamais attiré leur attention sur la manière dont ils s'adressent à leurs enfants, sur les modes de communication qu'ils utilisent pour réagir aux émotions et aux problèmes des enfants.

Immanquablement, l'un des parents présents demande : « Maintenant que nous savons comment nous leur parlons, qu'allons-nous faire de cette information ? En quoi est-ce que cela nous avance de savoir que nous communiquons tous de cette manière ? »

Les 12 obstacles à la communication

Pour comprendre les effets sur les enfants de ces obstacles à la communication et leur impact sur la relation parent-enfant, les parents doivent d'abord comprendre qu'en général, leurs réponses verbales ne véhiculent pas qu'un seul message ou qu'un seul contenu. Par exemple, lorsqu'on dit à un enfant qui vient de se plaindre que son amie ne l'aime pas ou ne veut plus jouer avec elle : «Je te conseille de mieux te comporter avec Emma. Peut-être qu'alors, elle aura envie de jouer avec toi.», l'enfant pourra «entendre» un ou plusieurs messages cachés suivants :

«Tu n'acceptes pas que j'éprouve ce que j'éprouve, alors tu veux que je change.»

«Tu ne me fais pas confiance pour résoudre ce problème moi-même.»

«Donc tu penses que c'est ma faute.»

«Tu penses que je ne suis pas aussi intelligente que toi.»

«Tu considères que j'ai fait quelque chose de mal ou qu'il ne fallait pas.»

Ou bien, si l'enfant dit : «Je déteste l'école et tout ce qui a un rapport avec l'école», et si vous répondez : «Oh tu sais, on a tous pensé cela à un moment donné. Tu verras, ça va te passer», l'enfant peut aussi comprendre :

«Donc tu considères que mes émotions ne sont pas importantes.»

«Tu ne m'acceptes pas, avec ce que je ressens.»

«Tu te dis que le problème, ce n'est pas l'école, mais c'est moi.»

«Tu ne me prends pas au sérieux.»

«Tu ne considères pas que mon avis sur l'école est légitime.»

«On dirait que tu te moques de ce que je ressens.»

Lorsque les parents disent quelque chose à l'enfant, ils disent souvent quelque chose *de l'enfant*. C'est pourquoi la communication en direction d'un enfant a un tel impact sur lui en tant qu'individu, et à terme aussi sur la relation entre lui et son parent. À chaque fois que vous parlez à l'enfant, vous ajoutez une brique à la relation qui se construit entre vous. Et chaque message dit à l'enfant quelque chose sur ce que vous pensez de lui. Progressivement, il se construit une image de la perception que vous avez de lui en tant qu'individu. Le dialogue peut être *constructif* pour l'enfant et pour votre relation, il peut aussi être *destructeur*.

Un moyen pour faire comprendre aux parents la manière dont les 12 obstacles à la communication peuvent être destructeurs est de leur demander de se souvenir de leurs propres réactions lorsqu'ils ont confié leurs émotions à un ami. Invariablement, les participants à nos Ateliers Parents disent que souvent, ces obstacles à la communication ont eu un effet destructeur sur eux ou sur leur relation avec leur confident. Voici quelques effets mentionnés par les parents :

« Cela m'a poussé à cesser de parler, à me refermer. »

« Cela m'a mis sur la défensive, j'ai opposé de la résistance. »

« Cela m'a incité à contester, à contre-attaquer. »

« Cela m'a donné un sentiment d'infériorité. »

« Cela m'a poussé à éprouver du ressentiment ou de la colère. »

« Cela m'a amené à me sentir coupable ou mal. »

« Cela m'a donné le sentiment qu'il fallait que je change, que je n'étais pas accepté tel que je suis. »

« Cela m'a donné l'impression que l'on ne me fait pas confiance pour résoudre moi-même mon problème. »

« Cela m'a donné le sentiment d'être infantilisé. »

« Cela m'a donné le sentiment d'être incompris. »

« Cela m'a donné le sentiment que mes émotions n'étaient pas justifiées. »

« Cela m'a donné le sentiment d'être d'interrompu.

« Cela a suscité de la frustration en moi. »

« Cela m'a donné le sentiment d'être en position d'accusé, devant un tribunal. »

« Cela m'a donné l'impression que mon interlocuteur ne s'intéressait pas à ce que je disais. »

Les participants de nos Ateliers Parents comprennent aussitôt que si les 12 obstacles à la communication ont cet effet sur eux dans leurs relations avec les autres, ils auront sans doute le même sur leurs enfants.

Et ils ont raison. Ces 12 catégories de réponses verbales sont précisément celles que les psychothérapeutes et psychologues ont appris à éviter lorsqu'ils travaillent avec des enfants, car ces réactions sont potentiellement « non thérapeutiques » ou « destructrices ». Les professionnels apprennent à recourir à d'autres façons de répondre aux messages de leurs patients, qui comportent beaucoup moins de risques d'inciter l'enfant à cesser de parler, de lui faire ressentir de la culpabilité ou un sentiment d'inadéquation, d'entamer son estime de soi, de le mettre sur la défensive, de susciter du ressentiment, de lui donner le sentiment qu'il n'est pas accepté, etc.

En annexe de ce livre, nous avons repris ces 12 obstacles à la communication en analysant plus en détail les effets destructeurs que chacun d'eux peut avoir.

Lorsqu'ils prennent conscience de leur recours massif aux obstacles à la communication, les parents posent invariablement la question suivante, avec une certaine impatience : « Comment pourrions-nous répondre autrement ? Quelles solutions reste-t-il ? Si je ne pose pas de questions, comment puis-je découvrir ce qui se passe ? » Voici quelques alternatives.

L'invitation

L'un des moyens les plus efficaces et les plus constructifs de répondre aux messages de l'enfant par lesquels il exprime une émotion ou un problème, c'est « l'invitation » ou « l'encouragement à en dire davantage ».

Il s'agit de réponses qui ne communiquent pas d'idées, de jugements ou de sentiments de la part de l'émetteur du message, mais qui invitent l'enfant à exposer ses idées, ses jugements ou ses sentiments. Ces réponses lui ouvrent la porte, ils l'invitent à parler. Voici quelques exemples des formes les plus simples de ces réponses « neutres » :

« Je vois. »   *« Sans rire. »*

« Vraiment ! »   *« Ça alors. »*

« Oh. »   *« Ah oui, tu as fait ça. »*

« Ah bon. »   *« Intéressant. »*

« Mm-hmmm. »   *« Dis donc… »*

D'autres invitent plus explicitement à en dire davantage :

« Raconte. »

« J'aimerais bien que tu m'en dises davantage. »

« Ça m'intéresserait de connaître ton point de vue. »

« Est-ce que tu as envie d'en parler ? »

« Parlons-en. »

« On peut en discuter, si tu veux. »

« Voyons ce que tu as à dire sur le sujet. »

« Vas-y, raconte, je t'écoute. »

« On dirait que tu as des choses à dire sur le sujet. »

« Manifestement, c'est un sujet qui te tient à cœur. »

Ces simples réceptions ou invitations à s'exprimer peuvent servir de facilitateur puissant à la communication. Ils incitent les personnes à commencer à parler ou de continuer à le faire. Ils « laissent la balle dans le camp de l'autre », pour lui laisser l'initiative. Ils ne donnent pas à votre interlocuteur l'impression que vous prenez la main, comme le feraient d'autres messages émanant de vous, comme poser des questions, donner des conseils, rassurer, faire la morale, etc. **Avec ces simples invitations, vos sentiments et vos pensées restent extérieurs au processus de communication**. La réaction des enfants et des adolescents à ces encouragements à en dire davantage surprendra les parents. Les enfants se sentent encouragés à parler, à s'ouvrir et à exprimer leurs sentiments et leurs idées. Et les ados sont comme les adultes, ils aiment parler. Lorsqu'on les invite à le faire, ils ne se font généralement pas prier.

Ces invitations à parler véhiculent aussi l'idée que l'enfant est accepté et respecté en tant qu'individu, car cela lui transmet les messages suivants :

« Tu as le droit d'exprimer ce que tu ressens. »

« Je te respecte en tant qu'individu, qui a des idées et des sentiments. »

« Tu pourras peut-être m'apprendre quelque chose. »

« J'ai vraiment envie d'entendre ton point de vue. »

« Tes idées méritent d'être écoutées. »

« Tu m'intéresses. »

« J'ai envie d'échanger avec toi, de mieux te connaître. »

Qui ne réagirait pas favorablement à de telles attitudes ?
Quel adulte ne se sent pas à l'aise lorsqu'on lui fait comprendre
qu'il est précieux, respecté, important, accepté, intéressant ?
Les enfants réagissent de la même manière. Alors invitez-les
à parler, et vous verrez comme ils s'exprimeront et s'extériori-
seront. Et au cours de ce processus, il se pourrait bien que vous
appreniez des choses à leur sujet, ou sur vous-même.

L'écoute active

Il existe une autre manière de réagir aux enfants, en cas de
problème qui leur appartient, qui est infiniment plus efficace
que les simples invitations, qui sont uniquement des encouragements à parler et qui se contentent «d'ouvrir la porte» au
dialogue. Ensuite, les parents doivent apprendre à *garder cette
porte ouverte.*

Bien plus efficace que *l'écoute passive* (le silence), *l'écoute
active* est un outil extraordinaire pour impliquer à la fois
«l'émetteur» et le «récepteur». Le *récepteur est actif* dans le
processus, tout comme l'émetteur. Cependant, pour apprendre
à pratiquer l'écoute active, les parents doivent pour la plupart
mieux comprendre le processus de communication entre deux
personnes. Voici quelques diagrammes utiles pour cela.

Lorsque l'enfant décide de communiquer avec un parent,
c'est parce qu'il a un *besoin*, parce qu'il se passe quelque chose
en lui. Il veut quelque chose ; quelque chose ne va pas ; quelque
chose suscite une émotion en lui ; quelque chose le contrarie ;
il a un problème – nous disons alors que l'organisme de l'enfant est dans un état de *déséquilibre*. Pour rétablir l'équilibre, il
décide de parler.

Imaginons que l'enfant ait faim.

ENFANT

Pour faire cesser la faim (état de déséquilibre), l'enfant devient «émetteur» d'un message dont il pense qu'il lui procurera de la nourriture. Il ne peut pas communiquer ce qui se passe concrètement en lui (sa faim), car il s'agit d'un ensemble complexe de processus physiologiques qui se déroulent *à l'intérieur de son organisme*, et qui ne peuvent être perçus par le monde extérieur. Par conséquent, pour *faire comprendre* qu'il a faim, il doit choisir un signal, dont il pense qu'il signifiera «J'ai faim» pour le destinataire. Ce processus de sélection s'appelle le «codage» – l'enfant choisit un code.

ENFANT

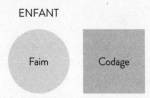

Imaginons que l'enfant choisisse le code: «Quand est-ce qu'on mange, papa?»

Ce code ou cette association de symboles verbaux est ensuite émis dans l'atmosphère, où le destinataire (le père) peut le recevoir.

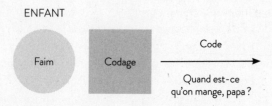

Lorsque le père reçoit le message codé, il doit procéder à un *décodage* pour comprendre sa signification, autrement dit ce qu'il se passe à l'intérieur de l'enfant.

Si le père décode correctement le message, il comprendra que l'enfant a faim. Cependant, il peut aussi décoder le message autrement, et comprendre que l'enfant est pressé de manger pour aller jouer dehors avant d'aller se coucher. Dans ce cas, il aura mal compris le message, le processus de communication aura échoué.

C'est là que se situe la difficulté : l'enfant ne saura pas qu'il y a eu échec de la communication, et le père non plus, car l'un ne peut pas connaître les pensées de l'autre.

C'est cela qui conduit souvent à l'échec du processus de communication entre deux personnes : **le récepteur ne comprend pas correctement le message de l'émetteur, et ni l'un ni l'autre n'ont conscience de ce malentendu.**

Imaginons, toutefois, que le père décide de vérifier qu'il a bien décodé le message, pour s'assurer de l'absence de malentendu. Il pourra dire à l'enfant ce qu'il a compris – le fruit de son processus de décodage : «Tu as envie de pouvoir aller jouer dehors avant d'aller te coucher?» Après avoir obtenu la reformulation de son père, l'enfant pourra lui dire qu'il n'a pas bien décodé le message.

> **Enfant.** — *Non, ce n'est pas ce que je voulais dire, papa. J'ai vraiment faim et j'aimerais bien dîner rapidement.*
>
> **Père.** — *Ah, d'accord. Tu as très faim. Et si tu mangeais un petit morceau en attendant l'heure du dîner ? On ne peut pas passer à table avant le retour de maman – d'ici une heure environ.*
>
> **Enfant.** — *Bonne idée. Je vais manger quelque chose.*

Lorsque le père a effectué la première reformulation sur le message initial de l'enfant, il a pratiqué l'écoute active.

Ici, il a mal compris le message de l'enfant, et son feedback lui a permis d'en prendre conscience. Il a donc émis une autre reformulation, qui a clarifié le message de l'enfant. S'il avait bien décodé le message la première fois, le processus aurait pu être représenté ainsi :

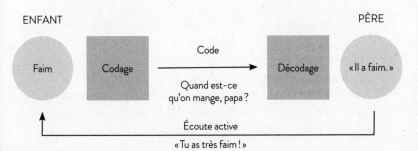

Exemple 1

Enfant. — *(En pleurant.) Dylan m'a pris mon camion.*
Parent. — *Je suis sûr que ça t'a contrarié, tu n'aimes pas ça.*
Enfant. —*Oui, c'est vrai.*

Exemple 2

Enfant. —*Depuis que Tyler est parti en vacances, je n'ai plus personne avec qui jouer. Je m'ennuie !*
Parent. — *Tyler te manque, tu aimerais jouer avec lui et tu demandes ce que tu pourrais faire pour t'amuser.*
Enfant. —*Oui. J'aimerais bien trouver quelque chose à faire.*

Exemple 3

Enfant. —*Je suis tombée sur une prof vraiment débile cette année. Je ne la supporte pas.*
Parent. — *On dirait que tu es vraiment déçue par cette prof.*
Enfant. —*Carrément.*

Exemple 4

Enfant. —*Tu sais quoi, papa ? J'ai été sélectionné pour le match de foot.*
Parent. — *Tu es super-content !*
Enfant. —*Oui !*

Exemple 5

> **Enfant.** —*Papa, quand tu avais mon âge, qu'est-ce qui te plaisait chez les filles ? Qu'est-ce qui faisait qu'une fille te plaisait plus que les autres ?*
>
> **Parent.** — *On dirait que tu te demandes ce qu'il faut faire pour plaire aux garçons, c'est ça ?*
>
> **Enfant.** —*Oui. J'ai l'impression que je ne leur plais pas et je ne sais pas pourquoi.*

Dans chacun de ces exemples, le parent a bien décodé les émotions de l'enfant – ce qu'il se passe en lui. L'enfant a ensuite validé le bon décodage du parent, en disant quelque chose signifiant « tu m'as bien compris ».

Dans l'écoute active, le récepteur s'efforce de comprendre ce que ressent l'émetteur ou ce que son message signifie. Il reformule ensuite ce qu'il a compris en utilisant ses propres mots (code) et le soumet à l'approbation de l'émetteur. Le récepteur *n'émet pas de message*, comme une évaluation, un avis, un conseil, un raisonnement logique, une analyse ou une question. Il se contente de reformuler ce *que, à son sens, le message de l'émetteur signifiait* – rien de plus, rien de moins.

Voici un échange plus long, dans lequel le parent recourt systématiquement à l'écoute active. Remarquez comme l'enfant valide à chaque fois la reformulation du parent. Remarquez aussi comme l'écoute active facilite les choses pour l'enfant qui va en dire davantage, approfondir la question, mieux développer sa pensée. Remarquez-vous l'évolution ? Voyez comme l'enfant se met à redéfinir lui-même son problème, puis s'efforce d'émettre des idées sur son comportement et fait un premier pas en direction de la résolution de son problème.

Maria. — *J'aimerais bien attraper un bon gros rhume de temps en temps, comme Tanya. Elle a trop de chance.*

Père. — *Tu as le sentiment d'être lésée.*

Maria. — *Oui. Parce qu'elle peut manquer l'école. Moi, ça ne m'arrive jamais.*

Père. — *Tu aimerais bien manquer quelques jours de classe.*

Maria. — *Oui. Je n'aime pas aller à l'école tous les jours, toute la semaine. Je n'en peux plus.*

Père. — *Tu en as vraiment assez des cours.*

Maria. — *Parfois, je déteste vraiment l'école.*

Père. — *C'est pire qu'en avoir assez alors. Parfois, tu détestes vraiment ça.*

Maria. — *Oui. Je déteste avoir des devoirs, je déteste les cours et je déteste les profs.*

Père. — *En fait, tu détestes tout, dans l'école.*

Maria. — *Je ne déteste pas vraiment tous les profs, juste deux d'entre eux. Il y en a une que je ne supporte vraiment pas. Elle est horrible.*

Père. — *Ah, il y a une prof que tu détestes tout particulièrement, hein?*

Maria. — *Oui. C'est cette Madame Barnes. Je ne peux pas la voir en peinture. Et en plus, ça fait la deuxième année que je l'ai.*

Père. — *Tu es coincée avec elle pour un bon bout de temps.*

Maria. — *Oui. Je ne sais pas comment je vais pouvoir supporter ça. Tu sais ce qu'elle fait? Tous les jours, elle nous fait un long sermon – elle est là, avec son grand sourire, comme ça* *(imite la prof) et elle nous explique comment un élève responsable devrait se comporter, et elle nous lit des consignes, tout ce qu'il faudrait faire pour avoir de bonnes notes dans son cours. C'est horrible.*

Père. — *Je suis sûr que tu détestes écouter cela.*

Maria. — *Oui. À l'entendre, on se dit que c'est impossible d'avoir des bonnes notes – sauf si on est un génie ou si on est le chouchou de la prof.*

Père. — *Tu te sens découragée avant même d'avoir commencé, parce que tu te dis que tu ne pourras jamais avoir de bonnes notes.*

Maria. — *Oui. Hors de question que je devienne une fayotte – tout le monde les déteste. Les autres les détestent. Déjà que je ne suis pas très populaire. J'ai l'impression que beaucoup de filles de la classe ne m'aiment pas. (Se met à pleurer.)*

Père. — *Tu as le sentiment de ne pas être très populaire et ça te contrarie.*

Maria. — *Oui. Et il y a ce groupe de filles, qui sont populaires. Elles connaissent tout le monde. J'aimerais bien être intégrée à leur groupe. Mais je ne sais pas comment faire.*

Père. — *Tu aimerais bien faire partie du groupe, mais tu ne sais pas comment t'y prendre.*

Maria. — *Oui. Vraiment, je ne sais pas comment les filles ont fait pour entrer dans ce groupe. Elles ne sont pas particulièrement jolies – en tout cas, pas toutes. Ce ne sont pas forcément les meilleures élèves. Certaines, dans le groupe, ont des bonnes notes, mais la plupart ont de moins bonnes notes que moi. Vraiment, je n'y comprends rien.*

Père. — *Tu es déconcertée parce que tu ne comprends pas les critères qui permettent d'être admise dans le groupe.*

Maria. — *En fait, le point commun, entre toutes ces filles, c'est qu'elles ont toutes le contact facile : elles parlent beaucoup, et elles sympathisent facilement avec les gens. Elles disent bonjour, elles vont vers les gens, elles discutent. Ça, moi je ne sais pas faire. Ce n'est pas mon truc.*

Père. — *Tu te dis que c'est peut-être ça, ce qu'elles ont de plus que toi ?*

Maria. — *Je sais que je ne suis pas douée pour faire la conversation. Je discute facilement avec une personne, mais pas avec tout un groupe. Dans un groupe, je me tais. J'ai du mal à trouver des choses à dire.*

Père. — *Tu es à l'aise face à une fille, mais quand tu es avec plusieurs d'entre elles, c'est différent.*

Maria. — *J'ai toujours peur de dire un truc débile, ou quelque chose que je n'aurais pas dû dire. Du coup, je reste là sans parler et je me sens exclue. C'est nul.*

Père. — *Tu dois détester ce sentiment.*

Maria. — *Je déteste être exclue, mais je n'ose pas participer à la conversation.*

Dans cet échange entre Maria et son père, celui-ci laisse de côté ses pensées et ses sentiments, pour écouter, décoder et comprendre les pensées et les sentiments de sa fille. Remarquez Remarquez comme la reformulation du père commence généralement par le pronom « tu ». Notez aussi que le père de Maria s'abstient d'utiliser les obstacles à la communication. En s'en tenant rigoureusement à l'écoute active, il montre qu'il comprend les sentiments de Maria et qu'il éprouve de l'empathie, tout en lui permettant de conserver la responsabilité de son problème.

Pourquoi apprendre l'écoute active ?

Voici ce que disent certains parents en découvrant cette compétence dans nos Ateliers Parents :

« Ça ne me paraît vraiment pas naturel. »

« Ce n'est pas ainsi que parlent les gens. »

« Quel est le but de l'écoute active ? »

« Je me sentirais bizarre de répondre ainsi à mon enfant. »

« Ma fille se dirait sans doute que j'ai fumé la moquette si je me mettais à pratiquer l'écoute active avec elle. »

Ces réactions sont compréhensibles, car les parents ont tellement l'habitude d'ordonner, de sermonner, d'interroger, de juger, de menacer, de réprimander et de rassurer… Il est donc parfaitement naturel qu'ils se demandent si cela vaut la peine de changer et d'apprendre l'écoute active.

Un père particulièrement sceptique, qui a participé à nos Ateliers, a été convaincu après avoir fait une expérience avec sa fille de 15 ans, dans la semaine qui a suivi la session où il a découvert cette nouvelle forme d'écoute.

« J'aimerais faire part au groupe d'une expérience incroyable que j'ai vécue cette semaine. Ma fille Roxanne et moi n'avions pas échangé de paroles polies depuis deux ans environ, à part peut-être des choses comme « Passe-moi le pain » et « Où est la télécommande ? » L'autre soir, quand je suis rentré, elle était à la table de la cuisine, avec son copain. J'ai entendu qu'elle lui disait à quel point elle détestait le lycée et que la plupart de ses camarades de classe étaient débiles. J'ai décidé, spontanément, de m'installer à la table avec eux et de pratiquer exclusivement de l'écoute active, quoi qu'il m'en coûte. Bon, je ne vais pas vous

*raconter que j'ai relevé le défi à la perfection, mais je me suis
moi-même surpris. Je m'en suis plutôt bien sorti ! Eh bien vous
n'allez pas me croire, mais ils se sont mis à me parler, et ils
n'ont pas arrêté pendant deux heures. J'en ai plus appris sur ma
fille au cours de ces deux heures qu'au cours des cinq dernières
années. Et en plus, le reste de la semaine, elle s'est montrée
aimable avec moi. Sacré changement ! »*

Ce père sidéré n'est pas un cas isolé. Beaucoup de parents
qui s'essaient à l'écoute active constatent que la réussite est
immédiate. Avant même d'avoir atteint un certain niveau de
compétence, ils font souvent état de résultats étonnants.

Beaucoup de gens croient qu'on peut se débarrasser de ses
émotions en les réprimant, en s'efforçant de les oublier ou en
pensant à autre chose, alors qu'en réalité, on se libère de ses
émotions négatives lorsqu'on est encouragé à les exprimer
librement. L'écoute active favorise ce type de catharsis, qui
permet aux enfants d'identifier avec précision ce qu'ils ressentent. Une fois ces émotions exprimées, elles disparaissent
souvent, presque comme par enchantement.

**L'écoute active aide les enfants à avoir moins peur des
émotions négatives.** « Nos émotions sont nos amies » est une
expression que nous utilisons dans nos ateliers, pour aider les
parents à comprendre que les émotions ne sont pas une mauvaise chose. Lorsqu'un parent montre, par le biais de l'écoute
active, qu'il accepte les émotions d'un enfant, cela aide celui-ci
à les accepter. La réaction du parent lui apprend que ses émotions sont ses amies.

**L'écoute active favorise une relation chaleureuse entre
le parent et l'enfant.** L'expérience d'être entendu et compris

apporte tellement de satisfaction que l'émetteur du message ressent immanquablement de l'affection pour celui qui l'écoute. Les enfants, en particulier, réagissent avec de l'affection. Des sentiments comparables naissent chez celui qui écoute, qui se sent progressivement plus proche de l'émetteur et ressent plus d'affection pour lui. Lorsqu'un individu en écoute un autre attentivement et avec empathie, il le comprend mieux et il découvre sa vision des choses – d'une certaine manière, *il devient l'autre* durant la période où il se met dans sa peau. Immanquablement, en s'autorisant à « se glisser dans la tête » de quelqu'un, on développe des sentiments de proximité, d'amour et d'attention pour cet individu. Ressentir de l'empathie, c'est envisager l'autre comme un individu distinct, tout en étant disposé à être à ses côtés ou avec lui. Cela signifie « devenir un compagnon de route » pour cette personne, pendant une courte période de son chemin de vie – un acte qui implique une profonde affection et de l'amour pour l'autre. Les parents qui apprennent l'écoute active empathique découvrent une forme nouvelle d'appréciation et de respect, un sentiment de sollicitude plus profond. L'enfant, lui, réagit avec des sentiments comparables vis-à-vis de son parent.

L'écoute active facilite la résolution de problèmes par l'enfant. On le sait : réfléchir à un problème et trouver une solution est plus facile lorsqu'on peut en discuter avec quelqu'un que lorsqu'on se contente de réfléchir tout seul dans son coin. Comme l'écoute active est si efficace pour faciliter la parole, elle aide l'individu dans sa recherche de solutions à ses problèmes. Tout le monde a déjà entendu des phrases comme « J'aimerais bien te soumettre tel ou tel problème », « Est-ce qu'on pourrait discuter de cette question ? » ou « Ça m'aiderait sûrement d'en parler avec toi. »

L'écoute active incite l'enfant à être plus disposé à écouter les idées et les pensées des parents. Nous en avons tous fait l'expérience : lorsque quelqu'un écoute notre point de vue, il nous est plus facile d'écouter le sien. Les enfants seront plus enclins à s'ouvrir aux messages de leurs parents si ceux-ci commencent par les écouter. Lorsque des pères et des mères se plaignent que leurs enfants ne les écoutent pas, il y a fort à parier que ces parents ne le font pas non plus avec leurs enfants.

L'écoute active laisse l'initiative à l'enfant. Lorsque les parents pratiquent cette écoute face à un enfant qui leur expose un problème, ils constatent souvent que l'enfant va se mettre à réfléchir. Il va analyser tout seul son problème, pour arriver à des solutions constructives. L'écoute active l'encourage à réfléchir par lui-même, à établir son propre diagnostic et à imaginer ses propres solutions. L'écoute active véhicule de la confiance, tandis que des messages contenant des conseils, des raisonnements logiques, des consignes, etc., expriment une absence de confiance, ôtant à l'enfant la responsabilité de résoudre le problème. C'est pourquoi l'écoute active constitue l'un des outils les plus efficaces pour aider l'enfant à devenir plus autonome, plus responsable et plus indépendant.

Les attitudes fondamentales pour pratiquer l'écoute active

L'écoute active n'est pas simplement une technique que les parents sortent de leur «boîte à outils» lorsque les enfants sont confrontés à des problèmes. C'est une méthode visant à mettre en œuvre un ensemble d'attitudes fondamentales. Sans ces attitudes, la méthode risque d'être peu efficace; elle paraîtra fausse, vide de sens, mécanique et manquant de sincérité. Voici quelques-unes des attitudes fondamentales que le parent doit avoir lorsqu'il recourt à l'écoute active. Sans elles, le parent ne pourra pratiquer efficacement l'écoute active.

1. Vous devez *avoir envie d'écouter* ce que l'enfant a à dire. Autrement dit, être disposé à prendre le temps de l'entendre. Si vous n'avez pas le temps, il suffit de le dire.

2. Vous devez authentiquement *avoir envie d'aider* l'enfant avec le problème particulier qui se pose à lui, en cet instant précis. Si vous n'en avez pas envie, attendez que ce soit le cas.

3. Vous devez réellement être en mesure d'*accepter ses sentiments*, quels qu'ils soient, même s'ils sont très différents des vôtres ou de ceux que vous pensez qu'un enfant « devrait » éprouver. Développer cette attitude demande du temps.

4. Vous devez avoir une profonde *confiance* dans la capacité de l'enfant à gérer ses émotions, à y voir plus clair et à trouver des solutions à ses problèmes. Vous acquerrez cette confiance en l'observant résoudre lui-même ses problèmes.

5. Vous devez avoir conscience que les émotions sont temporaires, et non permanentes. Et les sentiments changent – la haine peut se transformer en amour, le découragement peut rapidement céder la place à l'espoir. Par conséquent, n'ayez pas peur que les émotions et les sentiments s'expriment ; ils ne vont pas pour autant se fixer de manière permanente chez l'enfant. L'écoute active vous en fera prendre conscience.

6. Vous devez être capable d'envisager votre enfant comme un *individu distinct de vous* – une personne unique, qui n'est plus attachée à vous, un être humain séparé, à qui

vous avez donné sa propre vie et sa propre identité.
Cette existence distincte vous permettra « d'autoriser »
l'enfant à avoir ses *propres* sentiments, sa manière à lui
de percevoir les choses. Ce n'est qu'en sentant que votre
fils ou votre fille est un individu distinct de vous que
vous pourrez être un agent d'aide pour lui. Vous devrez
être « avec » lui pendant qu'il subit ses problèmes, mais
pas en fusion avec lui.

Le risque de l'écoute active

De toute évidence, l'écoute active exige de la part du récepteur qu'il mettre ses propres pensées et sentiments en suspens,
pour s'intéresser exclusivement au message de l'enfant. Cela
oblige à une réception adéquate ; pour comprendre le message de l'enfant et le sens que celui-ci a voulu lui donner, le
parent doit se mettre dans la peau de l'enfant (dans son cadre
de référence, dans sa perception de la réalité), et il pourra alors
comprendre le *sens* que voulait lui donner l'émetteur. La partie
« feed-back » de l'écoute active, en réalité, est le contrôle final
exercé par le parent pour s'assurer qu'il a bien compris le message. Au passage, il rassure aussi l'émetteur (l'enfant) sur le fait
qu'il a été compris, car il entend son propre « message » lui être
restitué correctement.

Lorsqu'une personne pratique l'écoute active, quelque
chose se produit en elle : elle comprend avec acuité ce que
l'autre pense ou ressent, de son point de vue. Elle se met temporairement dans la peau de l'autre, pour voir le monde *avec
ses yeux* – pour celui qui écoute, cela comporte un risque, celui
de voir ses opinions et ses attitudes changer. Autrement dit,
l'être humain est transformé par ce qu'il *comprend réellement*.
Être « ouvert à l'expérience » de l'autre fait naître la possibilité

de devoir réinterpréter sa propre expérience, ce qui peut être effrayant. Une personne sur la défensive ne pourra pas se permettre de s'exposer à des idées et à des opinions différentes des siennes. Une personne flexible, en revanche, ne craint pas autant de changer. Et l'enfant qui a des parents flexibles réagit positivement lorsqu'il voit que son père et sa mère sont disposés à évoluer, disposés à être humains.

4

Mettre en pratique
l'écoute active

En découvrant ce que permet l'écoute active, les parents sont souvent sidérés. Cependant, la maîtrise de cette compétence demande des efforts. Et aussi difficile que cela puisse paraître au début, elle doit être utilisée souvent.

« Comment saurai-je quand il faut y recourir ? » demandent les parents. « Pourrai-je maîtriser suffisamment l'écoute active pour devenir un conseiller efficace pour mes enfants, à la façon d'un psychologue ? »

Dans son Atelier Parents, Mme T., une femme intelligente qui a fait des études, mère de trois enfants, a confié aux autres parents du groupe : « Je me rends compte maintenant que je ne peux pas m'empêcher de donner des conseils à mes enfants ou de leur souffler mes solutions à leurs problèmes. Et que je me comporte de la même manière avec d'autres personnes – avec mes amis, avec mon mari. Vais-je réussir à ne plus être cette Madame Je-sais-tout ? »

Notre réponse à cette question est « oui », avec toutefois quelques réserves. Oui, la plupart des parents peuvent changer et apprendre dans quelles situations recourir efficacement à l'écoute active, à condition toutefois qu'ils se lancent et commencent à l'appliquer. C'est en forgeant qu'on devient forgeron, et **c'est la pratique qui permettra à la plupart des parents d'atteindre si ce n'est la perfection, du moins un niveau de**

compétence relativement opérationnel. Aux parents hésitants, que l'idée d'essayer cette nouvelle manière de s'adresser aux enfants met mal à l'aise, nous conseillons d'essayer malgré tout. Leurs efforts seront récompensés.

Dans ce chapitre, nous allons vous montrer comment les parents peuvent apprendre à pratiquer l'écoute active. Comme pour l'apprentissage de toute activité nouvelle, les difficultés, voire les échecs, sont inévitables. Mais nous le savons désormais : les parents qui s'attellent avec sérieux au développement de leurs compétences et de leur sensibilité constateront des progrès dans l'évolution de leurs enfants vers l'indépendance et la maturité, et pourront nouer avec eux des relations nouvelles, plus intimes et plus chaleureuses.

Quand le problème appartient-il à l'enfant ?

La situation la plus adaptée pour pratiquer l'écoute active est celle où l'enfant manifeste l'existence d'un problème. En général, le parent repère ces situations en entendant son fils ou sa fille exprimer des émotions. Tous les enfants sont confrontés à des situations qui suscitent déception, frustration, douleur ou bouleversement, liées à des problèmes avec leurs amis, leurs frères et sœurs, leurs parents, leurs enseignants, leur environnement ou des problèmes avec eux-mêmes. *Les enfants qui bénéficient d'une aide pour résoudre ces problèmes préservent leur équilibre psychologique et continuent à gagner en force et en confiance en soi. En revanche, ceux qui n'ont pas cette chance vont connaître des problèmes émotionnels.*

Pour déterminer s'il est approprié de recourir à l'écoute active, les parents doivent apprendre à identifier les sentiments révélant que l'enfant a un problème. C'est là qu'intervient le principe de la propriété du problème.

Souvenez-vous de ce que nous avons vu plus haut : **le problème appartient à l'enfant lorsque la satisfaction d'un de ses besoins est contrariée.** Ce n'est pas le problème du parent, car le comportement de l'enfant n'interfère aucunement sur la satisfaction des besoins du parent. Par conséquent, LE PROBLÈME APPARTIENT À L'ENFANT.

L'écoute active de la part du parent est particulièrement adaptée et utile lorsque le problème appartient à l'enfant, mais elle ne l'est souvent pas du tout lorsque le problème appartient au parent. En effet, cette écoute aide *l'enfant* à trouver des solutions *à ses problèmes*, mais il est rare qu'elle permette au parent de trouver des solutions lorsque le comportement de l'enfant le dérange. (Au chapitre 6, nous présenterons des méthodes permettant aux parents de résoudre ce qui leur pose problème, à eux.)

Voici quelques situations où le problème appartient à l'enfant :

- Alex se sent rejeté par un ami.

- Victor est déçu parce qu'il n'a pas été sélectionné dans l'équipe de baseball.

- Linda est effondrée parce qu'elle n'a pas de cavalier pour le bal de promo.

- Bonnie se sent seule parce qu'elle n'a pas beaucoup de « followers » ni de « likes » sur les réseaux sociaux.

- Daniel ne sait pas s'il doit s'inscrire à l'université.

- Steven est mal dans sa peau parce qu'il est en surpoids.

- Lisa est terrorisée parce qu'une fille de son lycée menace de la tabasser.

- Thomas se met en colère lorsqu'il perd au jeu face à son frère.

- Les camarades de classe de Lauren la harcèlent et se moquent d'elle, en raison de son extrême minceur.

- Heather a peur d'échouer à ses examens.

- Les copains de Mike le poussent à fumer.

Les enfants sont immanquablement confrontés à des problèmes de cette nature au cours de leur vie – qui est leur vie à eux. Les frustrations des enfants, leurs questionnements, leurs privations, leurs préoccupations et oui, même leurs échecs leur appartiennent, et ne sont pas ceux de leurs parents.

Au départ, les parents ont souvent du mal à accepter ce concept. La plupart des pères et mères ont tendance à trop s'approprier les problèmes de leurs enfants. Or ce faisant, ils s'infligent des souffrances inutiles, ils contribuent à la détérioration des relations avec l'enfant et ils passent à côté de quantité d'occasion d'être des conseillers efficaces pour leur enfant, comme nous le montrerons plus loin.

Accepter le fait que certains problèmes appartiennent à l'enfant ne signifie aucunement qu'on ne se sent pas *concerné*, qu'on ne se soucie pas du *bien-être* de l'enfant ou qu'on ne lui propose pas *d'aide*. Le psychologue professionnel est concerné, et il se soucie réellement du bien-être de chaque enfant qu'il s'efforce d'aider. Mais contrairement à la plupart des parents, il laisse *à l'enfant* la responsabilité de résoudre le problème. Il laisse à l'enfant la propriété du problème. Il accepte le fait que ce soit l'enfant qui a un problème. Il accepte l'enfant en tant que *personne distincte*. Et il s'appuie fortement sur les ressources propres de son patient pour résoudre le problème, il fait *confiance* à ces ressources. C'est uniquement parce que le psychologue laisse à l'enfant la propriété du problème qu'il peut utiliser l'écoute active.

L'écoute active est une méthode très efficace pour aider un individu à résoudre un problème qui lui appartient, à condition toutefois que l'écoutant puisse accepter le fait que le problème appartient à l'autre et qu'il laisse cet individu trouver ses propres solutions. L'écoute active peut considérablement accroître l'efficacité du parent dans son rôle d'agent d'aide pour l'enfant. Cependant, c'est une aide différente de celle que les parents s'efforcent généralement d'apporter.

Paradoxalement, cette méthode va *accroître* l'influence du parent sur l'enfant. Mais il s'agira, là aussi, d'une influence différente de celle que la plupart des parents essaient d'exercer. **L'écoute active est une méthode permettant d'influencer l'enfant pour qu'il trouve ses propres solutions à ses problèmes.** La plupart des parents, toutefois, cèdent à la tentation de s'approprier les problèmes des enfants, comme dans l'exemple qui suit.

Anthony. — *Matteo ne veut pas jouer avec moi aujourd'hui. Il ne veut jamais faire ce que j'ai envie de faire.*

Mère. — *Eh bien, pourquoi tu ne lui proposerais pas de faire ce qu'il a envie de faire ? Il faut que tu apprennes à t'entendre avec tes copains.* (DONNE DES CONSEILS, FAIT LA MORALE.)

Anthony. — *Je n'aime pas faire les trucs qu'il veut faire. En plus, je n'ai pas envie de m'entendre avec lui !*

Mère. — *Alors trouve quelqu'un d'autre avec qui t'amuser, si tu fais ta tête de mule.* (PROPOSE UNE SOLUTION ; INSULTE.)

Anthony. — *C'est lui qui fait sa tête de mule, pas moi! Et puis, je n'ai personne d'autre avec qui m'amuser.*

Mère. — *Tu es contrarié parce que tu es fatigué. Demain, ça ira mieux.* (INTERPRÈTE, RASSURE.)

Anthony. — *Je ne suis pas fatigué, et demain je penserai exactement la même chose. Tu n'as pas compris à quel point je le déteste.*

Mère. — *Bon ça suffit, arrête de dire des choses pareilles! Si je t'entends encore parler ainsi d'un de tes copains, tu vas le regretter!* (ORDONNE, MENACE.)

Anthony. — (S'en va en boudant.) *Je déteste cet endroit. Si seulement on pouvait déménager.*

Maintenant, voici comment le parent aurait pu aider son fils par l'écoute active :

Anthony. — *Matteo ne veut pas jouer avec moi aujourd'hui. Il ne veut jamais faire ce que j'ai envie de faire.*

Mère. — *Tu es fâché avec Matteo.* (ÉCOUTE ACTIVE.)

Anthony. — *Oui. Je ne jouerai plus jamais avec lui. Ce n'est plus mon copain.*

Mère. — *Tu es tellement fâché que tu te dis que tu n'as plus envie de le revoir.* (ÉCOUTE ACTIVE.)

Anthony. — *Oui. Mais si on n'est plus copains, je n'aurais plus personne avec qui jouer.*

Mère. — *Tu n'aimerais pas te retrouver sans personne avec qui t'amuser.* (ÉCOUTE ACTIVE.)

Anthony. — *Oui. J'imagine qu'il va falloir que je m'entende avec lui. Mais j'ai du mal à ne plus être fâché avec lui.*

Mère. — *Tu as envie de mieux t'entendre avec lui, mais tu as du mal à ne plus être fâché avec lui.* (ÉCOUTE ACTIVE.)

Anthony. — *Avant, je ne me fâchais jamais avec lui. Mais ça, c'était quand il faisait toujours ce que j'avais envie de faire. Il ne me laisse plus le commander.*

Mère. — *Matteo n'est plus toujours d'accord pour faire ce que tu veux.* (ÉCOUTE ACTIVE.)

Anthony. — *Non… Il n'est plus aussi bébé qu'avant. Mais c'est plus marrant de jouer avec lui maintenant.*

Mère. — *Tu le préfères ainsi.* (ÉCOUTE ACTIVE.)

Anthony. — *Ouais. Mais c'est difficile d'arrêter de le commander, j'ai tellement l'habitude de le faire. Peut-être qu'on ne se disputerait pas autant si je le laissais décider de temps en temps. Tu crois que ça marcherait ?*

Mère. — *Tu te demandes si en cédant de temps en temps, ça arrangerait les choses.* (ÉCOUTE ACTIVE.)

Anthony. — *Oui… Peut-être que ça arrangerait les choses. Je vais essayer ça.*

Dans la première version, la mère utilise 8 des 12 obstacles à la communication. Dans la seconde, elle recourt de façon constante à l'écoute active. Dans la première, la mère « s'approprie le problème » ; dans la seconde, son écoute active laisse à Anthony la propriété du problème. Dans la première, l'enfant oppose de la résistance aux suggestions de sa mère, sa colère et sa frustration ne se sont pas dissipées, le problème n'est pas résolu et Anthony n'a pas pu grandir. Dans la seconde, sa colère a disparu, il a amorcé la résolution du problème et il a pratiqué l'introspection. Il a imaginé sa propre solution et fait un pas en avant pour devenir un individu responsable, sachant régler ses problèmes lui-même.

Voici une autre situation qui illustre comment les parents essaient généralement d'aider leurs enfants :

Marissa. — *Je n'ai pas envie de dîner ce soir.*

Père. — *Allez, fais un effort. À ton âge, on a besoin de trois repas par jour.* (PERSUADE AVEC DES ARGUMENTS LOGIQUES.)

Marissa. — *En fait, j'ai beaucoup mangé à midi.*

Père. — *Viens quand même à table, pour voir ce qu'on mange.* (SUGGÈRE.)

Marissa. — *Je ne mangerai rien.*

Père. — *Qu'est-ce qui t'arrive ce soir ?* (CHERCHE À COMPRENDRE.)

Marissa. — *Rien du tout.*

Père. — *D'accord, alors viens à table.* (ORDONNE.)

Marissa. — *Je n'ai pas faim et je n'ai pas envie de venir à table.*

Voici maintenant comment on pourrait aider cette jeune fille avec l'écoute active :

Marissa. — *Je n'ai pas envie de dîner ce soir.*

Père. — *Tu ne veux pas manger.* (ÉCOUTE ACTIVE.)

Marissa. — *Non, rien du tout. Je suis trop stressée pour manger quoi que ce soit.*

Père. — *Quelque chose ne va pas, c'est ça ?* (ÉCOUTE ACTIVE.)

Marissa. — *C'est pire que ça. Je suis vraiment angoissée.*

Père. — *Il y a quelque chose qui t'angoisse vraiment.* (ÉCOUTE ACTIVE.)

Marissa. — *Oui. Lance m'a appelée aujourd'hui pour me dire qu'il fallait qu'on parle ce soir. Il avait un ton très sérieux, pas du tout comme d'habitude.*

Père. — *Tu te dis que quelque chose ne va pas, c'est ça?* (ÉCOUTE ACTIVE.)

Marissa. — *J'ai peur qu'il me quitte.*

Père. — *Ça te rendrait très triste.* (ÉCOUTE ACTIVE.)

Marissa. — *J'en mourrais! Surtout que je pense qu'il aimerait bien sortir avec Alex. C'est ça qui serait le pire!*

Père. — *C'est ça qui te fait vraiment peur — c'est qu'il sorte avec Alex.* (ÉCOUTE ACTIVE.)

Marissa. — *Ouais. Tous les mecs géniaux sont amoureux d'elle. Elle est énervante: elle est tout le temps en train de parler avec les garçons et elle les fait rire. Ils sont tous dingues d'elle. Il y a toujours trois ou quatre gars autour d'elle au lycée. Je ne sais pas comment elle s'y prend; moi, je ne sais jamais quoi dire quand je suis avec des garçons.*

Père. — *Tu aimerais bien être aussi à l'aise qu'Alex pour bavarder avec les garçons.* (ÉCOUTE ACTIVE.)

Marissa. — *Je crois que j'ai tellement envie qu'ils m'aiment bien que j'ai peur de dire un truc débile.*

Père. — *Tu as tellement envie d'être populaire que tu as peur de commettre une erreur.* (ÉCOUTE ACTIVE.)

Marissa. — *Oui. En même temps, ça ne serait pas pire que ce que je fais en ce moment, de rester là sans rien dire, comme une cruche.*

Père. — *Tu te dis que c'est peut-être pire de faire ce que tu fais là, que de te lancer et de leur parler.* (ÉCOUTE ACTIVE.)

Marissa. — *C'est sûr. J'en ai marre de ne pas ouvrir la bouche.*

Dans la première version, le père de Marissa n'a pas bien décodé son message au départ, la conversation s'est donc focalisée sur le problème du repas. Dans la seconde version, l'écoute active pleine de sensibilité du père a permis de mettre au jour le problème sous-jacent; il a encouragé Marissa à trouver elle-même une solution et il l'a aidée, à terme, à envisager un changement d'attitude.

Comment pratiquer efficacement l'écoute active

Voici quelques exemples qui vous permettront d'observer des parents qui ont pratiqué l'écoute active, face à divers problèmes. Veillez à ne pas vous laisser prendre par le contenu de ces cas pratiques réels, au point d'oublier la forme, et observez plutôt la manière dont les parents pratiquent l'écoute active!

Danny : l'enfant qui avait peur de dormir

Pour gérer cette situation, la maman de Danny, qui a suivi la formation de nos Ateliers Parents, a utilisé quelques-uns des 12 obstacles à la communication, mais elle aussi beaucoup pratiqué l'écoute active. Depuis l'âge de 5 ans, Danny, 8 ans, avait du mal à s'endormir et les choses étaient de pire en pire. Huit mois environ avant le dialogue qui suit, il s'est installé dans sa chambre à lui, alors qu'il dormait jusque-là avec deux frères plus jeunes que lui. Bien que ravi d'avoir son espace personnel, Danny a vu ses problèmes de sommeil empirer.

Mère. — *Il est tard. Éteins la lumière, il faut dormir.*
Danny. — *Je ne vais pas dormir.*

Mère. — *Il faut dormir, il est tard. Tu risques d'être fatigué demain.*

Danny. — *Je ne dormirai pas.*

Mère. — (Sèchement.) *Éteins tout de suite cette lumière.*

Danny. — (Catégorique.) *Jamais je ne dormirai.*

Mère. — (Comme une envie de l'étrangler… Je suis tellement fatiguée, je ne suis pas en état de supporter cela ce soir. Je vais dans la cuisine et je compte jusqu'à dix. Là, je décide de retourner dans sa chambre et d'essayer l'écoute active, même si c'est au prix d'un effort surhumain! J'entre dans la chambre de Danny.) *Écoute, il est tard, mais je vais m'asseoir sur ton lit et rester un peu avec toi et reposer mes jambes, avant d'aller faire la vaisselle.* (Elle lui prend le livre des mains, éteint la lumière, ferme la porte et s'assoit sur le lit à côté de lui, le dos appuyé au mur.)

Danny. — *Rends-moi mon livre! N'éteins pas la lumière. Et sors de ma chambre. Je ne veux pas de toi ici. De toute façon, je ne dormirai pas.*

Mère. — *Tu es très en colère.*

Danny. — *Oui, je déteste l'école, et je n'y retournerai pas. Plus jamais!*

Mère. — (Il adore l'école.) *Tu en as assez de l'école.*

Danny. — *C'est horrible. Je suis nul à l'école. Je ne sais rien. Je devrais être en CE1.* (Il est en CE2.) *En maths, je suis nul.* (Il est très bon en maths.) *On dirait que le prof pense qu'on est au lycée.*

Mère. — *Les maths, c'est difficile pour toi.*

Danny. — *Non! C'est facile. C'est juste que je n'ai pas envie d'en faire.*

Mère. — *Ah.*

Danny. — (Change soudain de sujet.) *J'aime bien le base-ball. Je préférerais jouer au baseball au lieu d'aller à l'école.*

Mère. — *Tu aimes vraiment le baseball.*

Danny. — *Est-ce qu'on est obligé d'aller à la fac ?* (Son frère aîné va bientôt entrer à l'université et de nombreuses discussions familiales portent sur ce sujet.)

Mère. — *Non.*

Danny. — *Jusqu'à quand on est obligé d'aller à l'école ?*

Mère. — *Il faut passer son bac.*

Danny. — *En tout cas, je n'irai pas à la fac. Je ne suis pas obligé d'y aller, hein ?*

Mère. — *Non.*

Danny. — *Tant mieux, je ferai du baseball.*

Mère. — *Le baseball c'est vraiment chouette.*

Danny. — *Oui.* (Complètement calmé, parle d'un ton posé, absence de colère.) *Bon, allez, bonne nuit.*

Mère. — *Bonne nuit.*

Danny. — *Tu restes encore un peu avec moi.*

Mère. — *D'accord.*

Danny. — (Remonte les couvertures qu'il avait fait tomber en donnant des coups de pieds ; couvre délicatement les genoux de sa mère, puis les tapote.) *Tu es bien installée, là ?*

Mère. — *Oui, merci.*

Danny. — *De rien.* (Moment de silence, puis Danny se met à se racler la gorge et à respirer exagérément fort pour se déboucher le nez. Il fait du bruit avec son nez. Danny a des allergies qui lui bouchent parfois le nez, mais les symptômes ne sont jamais très marqués. La mère n'a jamais entendu Danny faire ce type de bruits précédemment.)

Mère. — *Tu es gêné avec ton nez ?*

Danny. — *Oui. Tu crois qu'il faudrait que je prenne le médi-cament, là, pour déboucher le nez ?*

Mère. — *Tu penses que ça te ferait du bien ?*

Danny. — *Non.* (Respire fort pour se déboucher le nez.)

Mère. — *Tu es vraiment gêné par ton nez.*

Danny. — *Ouais.* (Renifle encore. Soupir angoissé.) *Oh, si seulement on n'était pas obligé de respirer par le nez en dormant.*

Mère. — (Très surprise par cette remarque, tentée de demander d'où sort cette idée.) *Tu penses qu'il faut obligatoi-rement respirer par le nez quand on dort ?*

Danny. — *Ah oui, c'est obligé.*

Mère. — *Tu as l'air d'en être certain.*

Danny. — *J'en suis sûr. C'est Tommy qui me l'a dit, il y a longtemps.* (Copain qu'il admire beaucoup. Plus âgé que Danny, de deux ans.) *Il a dit que c'est obligé. On ne peut pas respirer par la bouche quand on dort.*

Mère. — *Tu veux dire qu'il ne faut pas ?*

Danny. — *C'est juste qu'on ne peut pas.* (Il renifle.) *Maman, c'est vrai, non ? Je veux dire qu'on est obligé de respirer par le nez quand on dort, non ?* (Longue explication – beaucoup de questions de la part de Danny sur son ami qu'il admire tant. « Il ne me mentirait pas. »)

Mère. — (Explique que le copain essaie certainement de l'aider, mais que les enfants ont parfois de fausses informa-tions. La mère insiste beaucoup sur le fait que tout le monde respire par la bouche en dormant.)

Danny. — (Très soulagé.) *Bon, ben bonne nuit.*

Mère. — *Bonne nuit.* (Danny respire facilement par la bouche.)

Danny. — (Tout à coup.) *Renifle.*

Mère. — *Ça t'angoisse toujours.*

Danny. — *Oui. Maman, qu'est-ce qui se passe si je m'endors en respirant par la bouche et que j'ai le nez bouché, et si en plein milieu de la nuit, quand je dors, je ferme la bouche?*

Mère. — (Comprend que cela fait des années qu'il a peur de dormir parce qu'il craint de s'étouffer; pense «Oh mon pauvre chéri».) *Est-ce que peut-être, tu as peur de t'étouffer?*

Danny. — *Oui. On est obligé de respirer.* (Il n'a pas réussi à dire «Je pourrais mourir».)

Mère. — (Explique davantage.) *C'est impossible, ça ne peut pas arriver. Ta bouche s'ouvrirait toute seule. Comme ton cœur qui fait circuler le sang tout seul ou tes yeux qui clignent automatiquement.*

Danny. — *Tu en es sûre?*

Mère. — *Oui, sûre et certaine.*

Danny. — *D'accord, bonne nuit.*

Mère. — *Bonne nuit, mon chéri.* (Bisou. Danny s'endort en quelques minutes.)

L'exemple de Danny n'est pas un cas isolé où l'écoute active du parent a permis de résoudre de manière spectaculaire un problème émotionnel. Des témoignages tels que celui-ci, livrés par des parents lors de nos Ateliers, viennent confirmer notre conviction que la plupart des pères et des mères peuvent acquérir suffisamment de compétences utilisées par des psychologues professionnels pour aider leurs enfants à résoudre des problèmes profondément ancrés en eux, qui étaient autrefois considérés comme étant du ressort exclusif des professionnels.

Parfois, ce type d'écoute thérapeutique permet uniquement l'expression cathartique des sentiments de l'enfant; tout ce dont l'enfant semble alors avoir besoin, c'est d'une oreille empathique, comme dans le cas de Kim, une fillette de 10 ans très intelligente. La mère de Kim a suggéré que l'entretien soit enregistré, pour qu'elle puisse le faire écouter lors de son Atelier Parents. Dans nos Ateliers, nous encourageons les parents à le faire : cela permet d'utiliser l'enregistrement pour coacher la mère et en faire profiter les autres participants. En lisant la retranscription *verbatim* du dialogue, essayez d'imaginer ce qu'auraient répondu la plupart des parents qui n'ont pas été formés à l'écoute active, en utilisant les obstacles à la communication pour réagir aux sentiments de Kim concernant son enseignante.

Mère. — *Kim, on dirait que tu n'as pas envie d'aller à l'école demain, dis donc...*

Kim. — *Il n'y a rien qui me donne envie d'y aller.*

Mère. — *Tu veux dire que ça t'ennuie...*

Kim. — *Oui. Il n'y a rien à faire, à part regarder Madame Débile. Elle est tellement grosse et molle et elle a l'air tellement débile !*

Mère. — *Donc les choses qu'elle fait t'ennuient...*

Kim. — *Oui. Et puis elle nous dit : « Bon, je vous distribuerai ça demain ». Et le lendemain, elle dit : « Oh, j'ai oublié. Je vous donnerai ça une autre fois. »*

Mère. — *Donc elle promet qu'elle va faire des choses...*

Kim. — *Qu'elle ne fait jamais...*

Mère. — *Elle ne tient pas parole, et ça te contrarie vraiment...*

Kim. — *Oui, elle ne m'a toujours pas donné ce cahier qu'elle avait promis de m'apporter en septembre.*

Mère. — *Elle dit qu'elle va faire des choses et tu comptes dessus, et puis elle ne le fait pas.*

Kim. — *Et toutes les sorties qu'on devait faire… Elle dit aussi qu'un jour, on ira faire une excursion. Et ensuite, il ne se passe rien. Elle en parle, c'est tout. Et elle passe à la promesse suivante.*

Mère. — *Donc elle te donne des espoirs et tu crois que ça va aller mieux, qu'il va y avoir des activités sympas. Mais en fait, ça n'arrive jamais.*

Kim. — *Exactement, c'est ridicule.*

Mère. — *Et ensuite, tu es déçue du déroulement de la journée.*

Kim. — *Oui, la seule activité que j'aime bien, c'est les cours d'arts plastiques, parce qu'au moins, elle ne me harcèle pas au sujet de mon écriture ou d'autre chose. Elle est tout le temps sur mon dos : « Oh mon Dieu, ton écriture est vraiment atroce ! Tu ne peux pas essayer d'écrire un peu mieux ? Pourquoi est-ce que tu ne t'appliques pas un peu ? »*

Mère. — *Elle est tout le temps sur ton dos…*

Kim. — *Oui. En cours d'arts plastiques, elle me dit quelles couleurs utiliser. Et moi, j'en choisis d'autres… Je fais quelque chose qui est vraiment beau, et elle, elle veut absolument me montrer comment ajouter des ombres…*

Mère. — *Mais sinon, elle te laisse plutôt tranquille pendant le cours d'arts plastiques.*

Kim. — *Oui, à part pour les toits en tuiles…*

Mère. — *Elle veut que tu les dessines d'une certaine manière…*

Kim. — *Ouais. Mais moi, je ne les fais pas comme elle le dit…*

Mère. — *Ça te dérange vraiment qu'elle t'impose ses idées et qu'elle attende de toi que tu les mettes en pratique…*

Kim. — *Je ne le fais pas, je ne tiens pas compte de ses idées. Mais ensuite, ça m'attire des ennuis…*

Mère. — *Quand tu ignores ses suggestions, tu as peur d'avoir des problèmes.*

Kim. — *Oui. Mais la plupart du temps, je ne peux pas le faire. Je suis obligée de faire ce qu'elle veut. Par exemple, la manière dont elle me fait écrire les formules mathématiques, avec un A comme ci, un B comme ça, etc.*

Mère. — *Tu aimerais vraiment ne pas tenir compte de ce qu'elle dit, mais tu fais ce qu'elle dit de faire, et ça te met en colère…*

Kim. — *Avec elle, tout dure une éternité. Elle se sent obligée de tout expliquer, et elle fait un ou deux exercices avec nous, et elle nous dit comment il faut s'y prendre. Elle nous prend pour des bébés – «Les enfants, maintenant on va aborder quelque chose de totalement nouveau» –, on se croirait à la maternelle.*

Les parents ont parfois du mal à laisser un dialogue de ce type s'achever ainsi, sans conclusion ou sans résultat concret. Or une fois qu'ils savent que c'est souvent le cas dans les entretiens réalisés par les psychologues, ils parviennent mieux à laisser l'enfant s'interrompre, car ils lui font confiance pour trouver sa propre solution plus tard. Les professionnels savent d'expérience que l'on peut faire confiance à la capacité des enfants à gérer de manière constructive les problèmes auxquels ils sont confrontés. Les parents, eux, sous-estiment cette capacité.

L'illustration suivante, tirée d'un entretien que j'ai eu avec une adolescente, montre que *l'écoute active n'amène pas toujours un changement immédiat*. Souvent, elle amorce simplement un enchaînement d'événements, dont la conclusion n'est pas toujours connue du parent, ou qui n'est pas visible avant un certain temps. Les enfants trouvent souvent des solutions par la suite, tout seul. Les psychologues professionnels le constatent en permanence. Il se peut qu'au moment où une séance se termine, l'enfant soit en pleine discussion d'un problème, puis qu'une semaine plus tard, lorsqu'il revient, il explique qu'il a résolu le problème.

C'est ce qu'il s'est passé pour Nigel, un ado de 16 ans qui est venu me voir en consultation car ses parents étaient inquiets : il se désintéressait complètement de sa scolarité, il était en pleine rébellion contre les adultes, il consommait des stupéfiants et ne donnait jamais un coup de main à la maison. Pendant plusieurs semaines, Nigel a passé toute la durée de la consultation à défendre sa consommation de marijuana et à critiquer les adultes qui, eux, consomment alcool et tabac. Lui ne voyait rien de mal à fumer de l'herbe. Il disait que tout le monde devrait essayer, car pour lui, c'était une expérience vraiment extraordinaire. Il remettait aussi énergiquement en question l'intérêt de l'école. À ses yeux, cette institution ne servait qu'à préparer les gens au monde du travail, pour gagner de l'argent et tomber dans le même piège que tout le monde dans la société. Ses résultats scolaires étaient désastreux. Pour Nigel, faire quoi que ce soit de constructif n'avait aucun intérêt. Puis un jour, il est venu à notre rendez-vous et lors de la consultation, il a annoncé qu'il avait décidé d'arrêter de fumer de l'herbe : il en avait assez de « gâcher sa vie ». Il ne savait toujours pas ce qu'il avait envie de faire, mais il a déclaré qu'il était certain de ne pas vouloir gâcher sa vie, en étant un loser. Il a aussi annoncé qu'il prenait des cours de rattrapage, pendant les grandes vacances, et qu'il travaillait d'arrache-pied, après une année scolaire ratée. L'année suivante, il a passé son bac, puis il est allé à l'université. Je ne sais pas ce qui l'a incité à changer, mais je pense que le fait d'avoir été écouté – activement – lui a permis de mobiliser son bon sens.

Parfois, *l'écoute active aide simplement l'enfant à accepter une situation qu'il sait ne pas pouvoir changer.* Elle lui permet d'exprimer ses sentiments concernant une situation donnée, de les évacuer et de se sentir accepté, avec ces sentiments, par quelqu'un. C'est sans doute le même phénomène qui se produit lorsqu'on râle, en sachant que cela ne changera rien. Pourtant, cela fait du bien de pouvoir exprimer des sentiments négatifs en présence de quelqu'un qui les accepte et qui les comprend. L'échange suivant, entre Alyssa, 12 ans, et sa maman, illustre ce phénomène :

Alyssa. — *Je n'aime pas Mrs. Johnson, la nouvelle prof d'anglais ! Je crois qu'elle déteste les ados.*

Mère. — *Tu es vraiment tombée sur une mauvaise prof cette année, hein ?*

Alyssa. — *Carrément ! Elle est là, à nous raconter sa vie, et moi, pendant ce temps, je meurs d'ennui. J'ai envie de lui dire de se la boucler.*

Mère. — *Tu es vraiment en colère contre elle.*

Alyssa. — *Comme tout le monde. Personne ne l'aime. Pourquoi est-ce qu'on embauche des profs comme elle ? Comment des gens comme elle font pour garder leur boulot ?*

Mère. — *Tu te demandes comment c'est possible qu'un aussi mauvais prof ait le droit d'enseigner.*

Alyssa. — *Oui, mais je suis tombée sur elle et c'est trop tard pour changer de classe. Donc je suis coincée. Bon, je dois appeler Stacy pour qu'on s'organise pour ce week-end. À toute !*

De toute évidence, aucune solution concrète n'a été trouvée, et Alyssa ne peut pas faire grand-chose pour que son professeur change. Cependant, le fait de pouvoir exprimer ses sentiments et de voir qu'ils sont acceptés et compris a libéré Alyssa, qui a pu passer à autre chose. Ce parent a aussi montré à sa fille que lorsqu'elle est confrontée à des difficultés, elle peut les partager avec quelqu'un qui l'acceptera.

Quand décider de recourir à l'écoute active ?

Pour recourir à l'écoute active, faut-il que le parent attende qu'un problème sérieux survienne, comme dans le cas de Danny, qui avait peur de dormir ? Pas du tout. Tous les jours, vos enfants vous envoient des messages qui permettent de comprendre qu'ils sont en proie à des émotions difficiles.

Le petit Nate vient de se brûler le doigt sur le fer à boucler de sa mère.

Nate. — *Oh, je me suis brûlé le doigt ! Maman, je me suis brûlé le doigt. Aïe, ça fait mal, ça fait mal !* (Il pleure.) *Mon doigt est brûlé. Aïe, aïe !*

Mère. — *Ooooh, ça fait mal. Ça fait horriblement mal.*

Nate. — *Oui, regarde comme je me suis brûlé.*

Mère. — *Ah oui, tu t'es vraiment brûlé. Et les brûlures, ça fait très mal.*

Nate. — (Il arrête de pleurer.) *Viens, on met quelque chose dessus, tout de suite.*

Mère. — *D'accord, je vais chercher de la glace. Et après, on mettra de la crème.*

En réagissant à cet incident domestique, la mère s'est abstenue de rassurer Nate en décrétant «Ce n'est pas grave», «Ça va aller» ou «C'est juste une petite brûlure». Elle a respecté le sentiment de Nate qui a considéré que c'était une vilaine brûlure, très douloureuse. Elle a aussi évité les réponses «classiques» que font la plupart des parents dans ces cas-là:

> «*Allez, Nate, arrête de faire le bébé. Cesse donc de pleurer maintenant.*» (ÉVALUER et DONNER DES ORDRES.)

L'écoute active de la mère révèle plusieurs attitudes importantes vis-à-vis de l'enfant:

- Il a connu un moment douloureux de son existence. C'est son problème et il a le droit d'avoir sa réaction à lui.

- Je ne nie pas ses sentiments – pour lui, ils sont bien réels.

- Je suis en mesure d'accepter qu'il trouve la brûlure grave et très douloureuse.

- Je ne veux pas prendre le risque qu'il se sente coupable ou mal à l'aise en raison de ses émotions.

Les parents le confirment: lorsqu'un enfant a mal et qu'il pleure, l'écoute active permet souvent de faire cesser instantanément les pleurs, de manière spectaculaire, dès lors que l'enfant a la certitude que son parent sait et comprend combien il se sent mal ou combien il a peur. Ce dont l'enfant a le plus besoin, c'est qu'on *comprenne son ressenti.*

Les parents sont parfois très contrariés de voir leurs enfants angoissés, apeurés ou perdus lorsque les parents partent travailler ou sortent le soir, ou lorsqu'ils n'ont pas leur poupée préférée ou leur couverture, ou lorsqu'ils doivent dormir dans un environnement qui ne leur est pas familier, etc. Dans ces situations, rassurer l'enfant ne sert souvent à rien, et les parents, on les comprend, s'impatientent lorsque l'enfant ne cesse de pleurnicher ou de réclamer l'objet qui lui manque :

> *« Je veux ma couverture, je veux ma couverture, je veux ma couverture. »*
>
> *« Je ne veux pas que tu t'en ailles. Je ne veux pas que tu partes ! »*
>
> *« Je veux mon nounours. Où est mon nounours ? Je veux mon nounours ! »*

Dans ces situations, l'écoute active peut faire des miracles. La principale chose que l'enfant désire, c'est que le parent comprenne l'intensité de ses émotions.

M. H. a relaté l'incident suivant qui s'est produit peu après sa participation à un Atelier Parents :

> *« Michèle, 3 ans et demi, s'est mise à chouiner, sans inter-ruption, lorsque sa maman l'a laissée avec moi dans la voi-ture, pour aller faire des achats au supermarché. « Je veux ma maman », a-t-elle répété une bonne dizaine de fois, bien que je lui aie assuré, à chaque fois, que sa maman allait revenir dans quelques minutes. Puis elle s'est mise à pleurer plus fort : « Je veux mon nounours, je veux mon nounours. » Après avoir tout essayé pour la calmer, en vain, je me suis dit que j'allais essayer l'écoute active. En désespoir de cause, j'ai dit : « Ta maman te manque quand elle s'en va. » Elle a hoché la tête. « Tu n'aimes pas que maman aille quelque part sans toi. » Elle a hoché la tête de nouveau, toujours agrippée à la couverture qui lui sert de doudou. Blottie dans un coin de la banquette arrière, elle avait l'air d'un petit chaton perdu et terrorisé. J'ai poursuivi : « Quand ta maman te manque, tu as envie d'avoir ton nou-*

nours.» Elle a hoché énergiquement la tête. «Mais là, tu n'as pas ton nounours et il te manque aussi.» Là, comme par magie, elle s'est redressée, elle a lâché sa couverture, elle a cessé de pleurer et elle est venue me rejoindre à l'avant de la voiture. Puis elle s'est mise à faire des commentaires, joyeusement, sur les gens qu'elle voyait sur le parking.»

Les parents doivent apprendre, comme l'a fait M. H., à accepter ce que ressent l'enfant, plutôt que d'avoir une approche directe pour tenter de faire cesser les pleurs et les manifestations gênantes en rassurant l'enfant ou en le menaçant. Les enfants ont besoin d'avoir l'assurance que vous savez à quel point ça ne va pas.

Autre situation dans laquelle on peut recourir à l'écoute active : quand l'enfant émet des messages codés rendant difficile la compréhension par le parent de ce qu'il se passe dans sa tête. Souvent, mais pas toujours, ces messages sont formulés sous forme de questions :

«Est-ce que je me marierai un jour?»

«Ça fait quoi de mourir?»

«Pourquoi est-ce que les autres enfants me traitent de mauviette?»

«Papa, qu'est-ce qui te plaisait chez les filles quand tu avais mon âge?»

Cette dernière question m'a été posée par ma fille, un matin au petit déjeuner, avant qu'elle parte au lycée. Comme la plupart des pères, j'ai été tenté de saisir la balle au bond et de profiter de l'occasion pour évoquer mes souvenirs d'adolescence. Fort heureusement, je me suis ressaisi et j'ai répondu en pratiquant l'écoute active :

> **Père.** — *On dirait que tu te demandes ce qu'il faudrait que tu fasses pour que les garçons t'aiment bien, c'est ça ?*
>
> **Fille.** — *Oui. Pour une raison qui m'échappe, je ne leur plais pas, je ne sais pas pourquoi…*
>
> **Père.** — *Tu te demandes pourquoi ils ne t'aiment pas, selon toi.*
>
> **Fille.** — *Eh bien, je sais que je ne parle pas beaucoup. Je n'ose pas prendre la parole devant les garçons.*
>
> **Père.** — *Tu n'arrives pas à être détendue et à t'ouvrir en présence de garçons.*
>
> **Fille.** — *Ouais. J'ai peur de dire un truc gênant ou débile.*
>
> **Père.** — *Tu ne veux pas qu'ils te prennent pour une idiote.*
>
> **Fille.** — *Exactement. Et si je ne dis pas un mot, je ne prends pas ce risque.*
>
> **Père.** — *Ça te paraît plus sûr de garder le silence.*
>
> **Fille.** — *Oui, sauf que je suis bien avancée, parce que du coup, ils me trouvent ennuyeuse.*
>
> **Père.** — *Garder le silence ne produit pas le résultat escompté.*
>
> **Fille.** — *Non. J'imagine qu'il faut se lancer et puis c'est tout.*

Si j'avais cédé à la tentation de lui raconter ce que j'aimais chez les filles quand j'étais ado, je serais passé à côté de cette occasion de l'aider ! L'écoute active a permis à ma fille de faire un petit pas en avant, grâce à une prise de conscience, du type de celles qui conduisent souvent à un changement de comportement constructif, amorcé par la personne elle-même.

Les messages inhabituels, cryptiques, que les enfants formulent, et en particulier les questions, révèlent souvent que l'enfant est aux prises avec un problème plus profond. L'écoute active fournit alors aux parents un moyen d'action, en proposant à l'enfant une aide pour cerner le problème par lui-même et amorcer le processus de résolution du problème par l'enfant. En apportant des réponses directes à ces sentiments exprimés sous forme de questions, le parent passerait à côté de l'occasion de jouer un rôle un rôle d'agent d'aide efficace, à la façon d'un psychologue, pour le problème qui donne du fil à retordre à l'enfant.

Lorsque les parents s'essaient pour la première fois à l'écoute active, ils oublient souvent que cette compétence est aussi extrêmement précieuse pour répondre aux problèmes intellectuels des enfants. Ceux-ci sont perpétuellement confrontés à des difficultés, lorsqu'ils cherchent à comprendre le sens de ce qu'ils lisent ou entendent au sujet du monde qui les entoure : racisme, violences policières, guerre, purification ethnique, disparition de la couche d'ozone, divorce, gangs, etc.

Ce qui est si souvent déconcertant pour les parents, c'est que les enfants expriment généralement leurs idées avec virulence ou d'une manière qui heurte les adultes, par leur naïveté ou immaturité apparentes. La tentation du père ou de la mère est alors d'intervenir pour rétablir les faits ou pour donner une vue d'ensemble du problème. Les motivations de l'adulte peuvent être altruistes – contribuer au développement intellectuel de l'enfant – ou autocentrées – démontrer sa supériorité intellectuelle. Dans un cas comme dans l'autre, les parents recourent alors à un ou à plusieurs obstacles à la communication, ce qui a pour effet inévitable de faire taire l'enfant ou d'engager une bataille verbale qui va se terminer par des mots blessants et des remarques désagréables.

Pour amener les parents à recourir à l'écoute active lorsque leurs enfants sont confrontés à des questionnements ou des

sujets d'actualité, ou bien encore à des problèmes plus personnels, nous leur posons lors des formations des questions
suscitant des réflexions profondes. Nous leur demandons :

> *« Votre enfant doit-il penser comme vous ? »*
>
> *« Pourquoi ressentez-vous le besoin de lui donner des leçons ? »*
>
> *« N'êtes-vous pas en mesure de tolérer une opinion très diffé-
> rente de la vôtre ? »*
>
> *« Pouvez-vous l'amener à développer un regard personnel sur
> le monde si complexe qui l'entoure ? »*
>
> *« Pouvez-vous l'autoriser à être au stade où elle en est dans la
> gestion d'un problème ? »*
>
> *« Vous souvenez-vous qu'enfant, vous aviez des idées étranges
> au sujet des problèmes du monde ? »*

Lorsque les parents qui participent à nos cours commencent à se mordre la langue et à ouvrir grand leurs oreilles,
ils constatent que les conversations à la table familiale
changent du tout au tout. Les enfants se mettent à évoquer
des problèmes dont ils ne parlaient jamais jusque-là : drogue,
sexualité, avortement, alcool, morale, etc. **L'écoute active peut
faire des miracles et transformer le logement familial en lieu
d'échange où parents et enfants ont des discussions profondes et intimes sur les problèmes complexes et difficiles
auxquels les jeunes sont confrontés.**

Lorsque les parents déplorent que leurs enfants n'abordent
jamais de sujets graves à la maison, il apparaît généralement
que ces problèmes ont été évoqués, lors de tentatives hési-
tantes, par les enfants, mais que les parents ont réagi avec
leurs réflexes habituels, à savoir réprimander, faire la morale,
sermonner, donner des leçons, évaluer, juger, railler ou faire

diversion. Lentement, les enfants baissent alors le rideau qui séparera à tout jamais leurs esprits de ceux de leurs parents. Pas étonnant qu'il y ait une telle aliénation entre les parents et les enfants…. Cela se produit dans tant de familles, parce que les parents n'écoutent pas : ils sermonnent, corrigent, déprécient et ridiculisent les messages émis par les esprits en devenir de leurs enfants.

Les erreurs courantes commises lors de l'écoute active

Il est rare que les parents aient du mal à comprendre ce qu'est l'écoute active et en quoi elle se distingue des 12 obstacles à la communication. Il est rare aussi que les parents ne reconnaissent pas les bienfaits potentiels de l'écoute active pour leurs enfants. Cependant, certains ont plus de mal que d'autres à utiliser cette compétence avec succès. Comme pour tout nouveau savoir-faire, on peut commettre des erreurs parce qu'on manque de compétences ou bien parce qu'on n'utilise pas correctement ces compétences. Nous allons présenter ici certaines de ces erreurs, pour aider les parents à les éviter.

Manipuler les enfants par le biais de « conseils »

Certains parents échouent lorsqu'ils font leurs premiers pas avec l'écoute active, tout simplement parce que leurs intentions ne sont pas les bonnes. En effet, ils tentent d'utiliser l'écoute active pour manipuler leurs enfants et les inciter à se comporter ou à penser comme ils devraient le faire, selon leurs parents.

En arrivant à la quatrième session de son Atelier Parents, Mme J. brûlait d'impatience d'exprimer sa déception et son ressentiment quant à sa première expérience de l'écoute active :

«En fait, mon fils s'est contenté de me fixer, sans dire un mot. Or vous nous avez expliqué que l'écoute active encourageait les enfants à nous parler. Eh bien là, ça n'a pas marché.»

Lorsque le formateur lui a demandé si elle accepterait de raconter au groupe ce qu'il s'était passé, Mme J. a relaté ce qui suit : «En rentrant du lycée, James, qui a 16 ans, m'a annoncé qu'il n'avait pas la moyenne dans deux matières. Aussitôt, j'ai essayé de l'encourager à parler, en utilisant mon nouveau savoir-faire. Mais James s'est renfermé et il est parti dans sa chambre.»

Le formateur propose alors de prendre le rôle de James, pour que Mme J. et lui puissent rejouer la scène. Mme J. accepte, après avoir prévenu le groupe que le formateur ne pourra sans doute jamais être aussi peu communicatif, en jouant le rôle de son fils, que celui-ci l'est généralement à la maison. Voici comment le formateur a joué le rôle de James. Soyez attentif aux réponses de la Mère.

James. — *Waouh! Le conseil de classe a eu lieu aujourd'hui, et je n'ai pas la moyenne dans deux matières, en maths et en anglais.*

Mme J. — (Froidement.) *Tu es contrarié.*

James. — *Évidemment que je suis contrarié.*

Mme J. — (Toujours aussi froidement.) *Tu es déçu.*

James. — *C'est rien de le dire. Ça veut dire que je n'aurais jamais mon bac.*

Mme J. — *Tu te dis qu'il n'y a rien à faire, parce que tu n'as pas assez travaillé.* (Là, la mère envoie son message.)

James. — *Tu veux dire qu'il faudrait que je bosse davantage?* (James a compris le message.)

Mme J. — *Oui, il n'est sans doute pas trop tard, non ?* (La mère fait vraiment le forcing pour imposer sa solution.)

James. — *Apprendre tous ces trucs débiles ? À quoi bon ? C'est nul !*

Et ainsi de suite. James a été poussé dans ses retranchements par Mme J. qui, sous couvert d'écoute active, a tenté en réalité de manipuler James pour qu'il se lance dans des révisions intensives. Se sentant menacé par sa mère, James n'a pas adhéré à son discours et s'est mis sur la défensive.

Mme. J., comme beaucoup de parents dans un premier temps, a été attirée par l'écoute active parce qu'elle y a vu *une nouvelle technique pour manipuler les enfants* – un moyen subtil pour les influencer à faire ce que les parents pensent qu'ils devraient faire ou pour orienter le comportement ou la pensée de l'enfant.

Pourquoi les parents ne guideraient-ils pas les enfants ? Orienter ses enfants n'est-il pas l'une des principales missions du parent ? Si c'est l'une des fonctions parentales les plus communément admises, c'est aussi l'une des plus mal comprises. Guider ou orienter, cela signifie diriger quelqu'un dans une direction. Cela implique aussi que c'est la main du parent qui tient le volant. Or immanquablement, lorsque les parents prennent le volant et essaient de guider l'enfant dans une direction donnée, ils rencontrent de la résistance.

Les enfants perçoivent très vite les intentions des adultes. Et ils comprennent tout de suite que l'orientation parentale implique généralement une absence d'acceptation de l'enfant tel qu'il est. Celui-ci sent que le parent essaie de lui faire faire quelque chose. Or ce contrôle indirect l'effraie. Son indépendance est menacée.

L'écoute active n'est pas une technique permettant d'amener l'enfant à un changement voulu par le parent. Les pères et les mères qui pensent cela enverront des messages indirects, comme les idées reçues des parents, leurs points de vue, des pressions discrètes. Voici quelques exemples de messages qui s'insinuent dans les réponses des parents, lors de la communication avec l'enfant :

Ginny. — *Je suis fâchée avec Holly et je ne veux plus jouer avec elle.*

Parent. — *Tu n'as plus envie de jouer avec elle aujourd'hui parce que tu es un peu fâchée avec elle en ce moment.*

Ginny. — *Je ne veux plus jamais jouer avec elle – plus jamais, jamais !*

Remarquez comme le parent a fait passer son message : « J'espère que c'est seulement temporaire et que demain, tu ne seras plus fâchée avec elle. » Ginny a perçu la volonté de son parent de la changer, et elle a corrigé énergiquement son propos dans la deuxième phrase.

Voici un autre exemple :

Bob. — *Quel mal y a-t-il à fumer de l'herbe ? Ça n'est pas aussi nocif que les cigarettes ou l'alcool. Je trouve ça débile que ce soit illégal. Il faudrait changer la loi.*

Parent. — *Tu penses qu'il faudrait changer la loi pour que plus d'ados puissent avoir des problèmes.*

De toute évidence, la « reformulation » du parent vise à provoquer un changement d'avis chez l'ado. Pas étonnant que cette reformulation ne donne pas de bons résultats, puisqu'ellecontient un message du parent à l'enfant, au lieu de se contenter de refléter avec justesse exclusivement ce que l'enfant lui a communiqué. Une reformulation correcte aurait été quelque chose comme : « Tu trouves qu'il faudrait légaliser l'herbe, c'est ça ? »

Ouvrir la porte au dialogue, puis la refermer en la claquant

Lorsqu'ils débutent avec l'écoute active, certains parents s'en servent pour ouvrir la porte à la communication avec l'enfant, puis ils referment la porte en la claquant parce qu'ils ne pratiquent pas l'écoute active suffisamment longtemps pour entendre tout ce que l'enfant a à dire. Ce qui revient à dire « Allez, raconte-moi comment tu vas, je te comprendrai ». Puis, lorsque le parent entend ce que l'enfant ressent, il referme brusquement la porte parce que ce qu'il entend ne lui plaît pas.

Kyle, 6 ans, a l'air contrarié. Sa mère engage la conversation pour lui venir en aide :

Mère. — *Ça n'a pas l'air d'aller.* (ÉCOUTE ACTIVE.)

Kile. — *Frankie m'a bousculé.*

Mère. — *Ça t'a contrarié.* (ÉCOUTE ACTIVE.)

Kile. — *Oui. Je vais lui mettre un bon coup de poing dans le visage.*

Mère. — *Eh bien, ça ne serait pas très gentil de faire ça.* (JUGEMENT.)

Kile. — *Je m'en fiche. J'aimerais lui flanquer un coup de poing comme ça.* (Donne un coup de poing dans le vide.)

Mère. — *La violence n'est jamais une bonne solution pour résoudre un conflit.* (FAIT LA MORALE.) *Pourquoi est-ce que tu ne retournerais pas le voir, pour lui dire que tu aimerais*

en parler avec lui? (DONNE DES CONSEILS, PRO-
POSE DES SOLUTIONS.)

Kile. — *Non mais tu plaisantes?* (Silence.)

La mère a claqué la porte au nez de son fils, la communication est donc rompue. En évaluant, en faisant la morale
et en donnant des conseils, elle a manqué une occasion précieuse, celle d'aider Kyle à y voir plus clair dans ses sentiments et à élaborer lui-même une solution constructive à son
problème. Au passage, Kyle a aussi appris que sa mère ne lui
fait pas confiance pour résoudre ce type de problèmes, qu'elle
n'accepte pas sa colère, qu'elle trouve qu'il n'est pas gentil et
que ses parents ne comprennent rien.

Le meilleur moyen de mener à l'échec de l'écoute active,
c'est de s'en servir pour encourager un enfant à exprimer ses
sentiments, puis d'intervenir en évaluant, jugeant, faisant la
morale ou donnant des conseils. Les parents qui agissent ainsi
constatent rapidement que leurs enfants deviennent méfiants
et se disent que les parents cherchent à les faire parler uniquement pour mieux les manipuler et qu'ils se servent de ce qu'on
leur a confié pour juger ou dénigrer.

Le « parent-perroquet »

M. T. a confié au groupe son découragement après sa première tentative d'écoute active. « Mon fils m'a regardé d'un air
moqueur et il m'a dit d'arrêter de répéter tout ce qu'il disait. »
Lorsqu'ils se contentent de reformuler ou de répéter les faits
exposés par l'enfant, plutôt que ses sentiments, nombre de
parents vivent la même expérience. Ces parents doivent se
souvenir que les mots de l'enfant (le *code* qu'il a choisi) ne sont
qu'un outil pour communiquer des sentiments. *Le code n'est
pas le message*; il doit être décodé par les parents.

«Espèce de vieux rat qui pue», lance la fillette en colère à son père.

De toute évidence, elle connaît la différence entre un rat et son père. Le message n'est donc pas : «Papa, tu es un rat.» Ce code spécifique n'est qu'un moyen choisi par l'enfant pour communiquer sa colère.

Si le père répondait «Tu penses que je suis un rat», la fillette n'aurait pas le sentiment d'avoir réussi à faire passer son message. En revanche, si le père disait : «Tu es vraiment en colère contre moi !», l'enfant répondrait «Carrément !» – et elle se serait sentie comprise.

Les exemples qui suivent illustrent la différence entre des réponses qui se contentent de répéter le code et celles où le parent commence par décoder, avant de fournir à l'enfant un reflet de ses sentiments (le véritable message que celui-ci veut faire passer).

Exemple 1

Oliver. — *Je n'ai jamais le ballon quand les grands jouent au foot.*

Parent. — *Tu n'as jamais le ballon quand tu joues avec les grands.* (RÉPÉTITION DU CODE.)

Parent. — *Tu aimerais bien jouer, toi aussi, et tu trouves ça injuste qu'ils t'excluent.* (DÉCODAGE DU RESSENTI ET REFLET.)

Exemple 2

Larissa. — *À un moment, j'avais de bons résultats, mais maintenant, c'est la catastrophe. Je peux faire ce que je veux, ça ne sert à rien. Alors à quoi bon faire des efforts ?*

Parent. — *Tu n'as pas de bons résultats et tout ce que tu fais ne sert à rien.* (RÉPÉTITION DU CODE.)

Parent. — *Tu es découragée et ça te donne envie de jeter l'éponge.* (DÉCODAGE DU RESSENTI ET REFLET.)

Exemple 3

Sam. — *Regarde, Papa, j'ai construit un avion avec mes nouveaux outils !*

Parent. — *Tu as construit un avion avec tes outils.* (RÉPÉTITION DU CODE.)

Parent. — *Tu es vraiment fier de l'avion que tu as construit.* (DÉCODAGE DU RESSENTI ET REFLET.)

L'apprentissage d'une écoute active correcte exige de la pratique. Dans nos Ateliers Parents, nous constatons toutefois que la plupart des parents ayant bénéficié d'un accompagnement et ayant effectué des exercices destinés à affûter leurs compétences atteignent un niveau d'écoute active étonnamment élevé.

Écouter sans empathie

L'un des risques, pour les parents qui tentent de se former à l'écoute active à l'aide d'un livre exclusivement, est qu'ils ne peuvent entendre la chaleur et l'empathie qui doivent accompagner leurs efforts. Il y a de l'empathie dans la communication lorsque l'émetteur d'un message constate que celui qui écoute *ressent* ce que l'autre ressent, qu'il se met dans sa peau et qu'il vit, pour un moment, ce qu'il vit.

Nous avons tous envie que nos interlocuteurs comprennent notre ressenti au moment où nous nous exprimons, et pas seulement ce que nous disons. Les enfants sont particulièrement sensibles. Par conséquent, une grande partie de ce qu'ils communiquent est assortie de sentiments et d'émotions : joie, haine, déception, peur, amour, inquiétude, colère, fierté, frustration, tristesse, etc. Lors de la communication avec leurs parents, ils attendent de l'empathie. Et lorsque les adultes n'en manifestent pas, les enfants en concluent, tout naturellement, que ce qui fait l'essentiel de leur être en cet instant précis – ce qu'ils ressentent – est incompris.

L'erreur la plus courante des parents, lorsqu'ils commencent à pratiquer l'écoute active, est de fournir une reformulation qui n'intègre pas la composante émotionnelle du message de l'enfant.

Rebecca, 11 ans, arrive en courant dans le jardin où sa mère s'occupe des plantes :

Rebecca. — *Scott (son petit frère de 9 ans) est casse-pieds. Il est méchant ! Maman, il a sorti tous mes vêtements de mes tiroirs. Je le déteste ! Quand il fait des trucs pareils, j'ai envie de le tuer !*

Mère. — *Tu n'aimes pas qu'il fasse ça.*

Rebecca. — *Je n'aime pas ça ! Je déteste même ça ! Et lui aussi, je le déteste !*

La maman de Rebecca a entendu ses *mots*, mais pas ses *émotions*. En cet instant précis, Rebecca ressent de la colère et de la haine. « Tu es vraiment fâchée contre Scott » aurait montré que la mère a compris les émotions. Face à l'adulte qui fournit simplement un feed-back, froidement, sur le mécontentement de l'enfant face à ses tiroirs vidés, Rebecca se sent incomprise. Et dans son message suivant, elle corrige sa Mère : « Je n'aime pas ça ! » *(c'est un euphémisme)* et « Et je le déteste » *(la composante la plus importante du message).*

Carey, 6 ans, supplie son père qui veut l'inciter à venir dans l'eau, alors que la famille passe la journée à la plage :

Carey. — *Je ne veux pas y aller. C'est trop profond ! Et j'ai peur des vagues.*

Père. — *L'eau est trop profonde pour toi.*

Carey. — *J'ai peur ! Je t'en supplie, ne me force pas à aller dans l'eau !*

Ce père passe complètement à côté des sentiments de l'enfant, et sa tentative de reformulation le révèle. Carey ne fait pas une évaluation rationnelle de la profondeur de l'eau. Il supplie son père, de toutes ses forces : « Ne m'oblige pas à aller dans l'eau, parce que je suis mort de peur ! » Le père aurait dû montrer qu'il l'a compris en disant : « Tu as peur et tu ne veux pas que je te force à aller dans l'eau. »

Certains parents découvrent qu'ils sont très mal à l'aise avec les émotions : les leurs et ceux de l'enfant. C'est comme s'ils étaient contraints d'ignorer les émotions de l'enfant, car ils ne supportent pas que l'enfant les éprouve. Ou bien ils veulent rapidement évacuer ces émotions et évitent donc intentionnellement d'en tenir compte. Ces parents ont tellement peur des émotions qu'ils ne les perçoivent même pas dans les messages de l'enfant.

Ils apprennent généralement, lors de nos formations, qu'il est inévitable, pour les enfants (et les adultes), d'avoir des émotions. Elles sont une composante essentielle de l'existence. Elles ne sont ni pathologiques, ni dangereuses. De plus, elles sont généralement transitoires : elles apparaissent et disparaissent, sans provoquer des dommages irrémédiables chez l'enfant. Cependant, la clé, pour leur permettre de disparaître, est que les parents les acceptent et reconnaissent leur existence, ce qu'ils font comprendre à l'enfant par une écoute active empathique. Lorsque les parents apprennent à le faire, ils nous confient par la suite que même des émotions négatives intenses se dissipent très rapidement.

Henry et Amy, jeunes parents de deux fillettes, nous ont fait part d'une expérience qui les avait marqués et qui les a considérablement confortés dans le pouvoir de l'écoute active. Tous deux ont été élevés dans des familles très croyantes, par des parents qui leur ont inculqué, de mille et une manières, qu'exprimer des émotions est un signe de faiblesse, ce qu'un «Chrétien» ne fait jamais. Henry et Amy ont été élevés à grand renfort de préceptes tels que «La haine est un péché!», «Aime ton prochain!», «Le silence est d'or» et «Quand tu seras prêt à parler poliment à ta mère, tu pourras revenir à table!»

Après une éducation faite de principes tels que ceux-là, Henry et Amy ont eu bien du mal, une fois eux-mêmes devenus parents, à accepter les émotions de leurs enfants et à être à l'écoute de la communication émotionnelle que leurs deux filles cherchaient à établir. Les Ateliers Parents leur ont ouvert les yeux. Dans un premier temps, ils ont accepté l'existence d'émotions dans leur couple. Puis chacun a commencé à communiquer ses propres émotions à l'autre, aidé par l'écoute active mutuelle.

Estimant cette franchise et cette intimité nouvelles gratifiantes, Henry et Amy ont eu l'assurance nécessaire pour commencer à écouter leurs deux filles pré-adolescentes. En quelques mois, les filles ont changé. Autrefois silencieuses, introverties et inhibées, elles sont devenues expressives, spontanées, extraverties, communicatives et pleines de joie de vivre. Les émotions sont devenues un élément de l'existence, ayant droit de cité dans cet environnement familial libéré. « C'est tellement plus joyeux aujourd'hui », confie Henry. « Nous ne nous sentons plus coupables d'avoir des émotions. Et les filles sont plus ouvertes, plus sincères avec nous. »

Pratiquer l'écoute active au mauvais moment

Les échecs rencontrés par les parents qui débutent dans l'écoute active surviennent souvent parce qu'ils y recourent à un moment qui n'est pas adapté. Comme pour toutes les choses positives, l'écoute active peut être pratiquée de manière excessive. Il y a des moments où les enfants n'ont pas envie de parler de ces émotions, même face à deux oreilles empathiques. Ils peuvent avoir envie de vivre avec leurs émotions pendant un moment. Il se peut aussi que, à cet instant, en parler est trop douloureux. Ou alors ils n'ont pas le temps de s'engager dans une longue discussion cathartique avec un parent. Les adultes doivent alors respecter le besoin d'intimité de l'enfant dans son univers d'émotions et ne pas le pousser à parler.

Bien que l'écoute active soit un excellent moyen d'ouvrir la porte à l'enfant, celui-ci peut ne pas avoir envie de franchir le pas. Une mère nous a confié ce que sa fille lui dit lorsqu'elle n'a pas envie de parler : « Laisse tomber ! Je sais que ça peut faire du bien de parler, mais là, je n'en ai pas envie. Alors maman, s'il te plaît, pas d'écoute active maintenant ! »

Il arrive aussi que les parents ouvrent la porte, par le biais de l'écoute active, alors qu'en réalité, ils n'ont *pas le temps* d'écouter l'enfant dévoiler toutes les émotions accumulées en lui. Cette pratique est non seulement injuste pour l'enfant, elle nuit aussi à la qualité de la relation. L'enfant aura le sentiment que son père ou sa mère ne tient pas assez à lui pour prendre le temps de l'écouter. D'où notre conseil aux parents : « Ne commencez pas l'écoute active si vous n'avez pas le temps d'écouter toutes les émotions que cette pratique libère souvent. »

Les parents rencontrent parfois de la résistance, parce qu'ils ont utilisé l'écoute active à un moment où l'enfant avait besoin d'une aide différente. Par exemple lorsqu'un enfant demande des informations de façon légitime, qu'il s'agisse d'une aide ou de ressources propres au parent, il n'a pas forcément besoin de se confier ou d'échanger.

Les parents sont parfois tellement conquis par l'écoute active qu'ils y recourent même lorsque l'enfant n'a pas besoin d'être incité ou aidé à mettre le doigt sur ses émotions les plus profondes. Voici quelques exemples fictifs qui montrent combien l'écoute active peut être inadaptée.

Exemple 1

Enfant. — *Eh, maman, tu pourras m'accompagner au centre commercial en voiture samedi ? J'aimerais aller faire des achats.*

Parent. — *Tu aimerais que je te conduise au centre commercial samedi.*

Exemple 2

Enfant. — *À quelle heure vous allez rentrer, maman et toi ?*

Parent. — *Tu t'inquiètes au sujet de l'heure à laquelle nous allons rentrer ?*

Exemple 3

Enfant. — *Combien me coûterait l'assurance, si je m'achetais une voiture ?*

Parent. — *Tu t'inquiètes du coût de l'assurance.*

Dans ces différents exemples, les enfants n'ont sans doute pas besoin d'être encouragés à communiquer davantage. Ce qu'ils demandent, c'est une aide précise, très différente de celle qu'apporte l'écoute active. Ils n'expriment pas des émotions, ils veulent des informations factuelles. Répondre à ces demandes en pratiquant l'écoute active paraîtra non seulement étrange à l'enfant, mais cela provoquera aussi souvent de la frustration et de l'agacement. Dans ces moments-là, l'enfant a une demande précise et il attend une réponse directe.

Les parents constatent aussi que les enfants sont perturbés lorsque les adultes continuent à pratiquer l'écoute active alors que leurs interlocuteurs ont fini depuis longtemps d'envoyer des messages. Les adultes doivent savoir quand *mettre fin à cette écoute*. En général, l'enfant enverra des signaux – expression du visage, il se lève pour s'en aller, il se tait, il s'agite, il regarde son téléphone, etc. – ou il dira des choses comme :

« Bon, on dirait que c'est bon. »

« Je n'ai plus le temps de discuter, là. »

« Je vois les choses différemment, maintenant. »

« Je te laisse, j'ai quelque chose à faire. »

« Peut-être que ça suffit pour aujourd'hui. »

« Je vais aller réviser. »

« Bon, tu m'as consacré beaucoup de temps… »

Les parents avisés se mettent en retrait lorsqu'ils reçoivent ces messages ou perçoivent ces signaux, même s'ils n'ont pas le sentiment que l'enfant a réglé le problème précis.

Les thérapeutes professionnels le savent : **l'écoute active met simplement l'enfant sur la voie de la première étape de la** résolution du problème, à savoir faire ressortir les émotions et définir le problème. Souvent, les enfants se débrouillent à partir de là, pour trouver ensuite tout seuls une solution.

5

Comment écouter des enfants trop jeunes pour s'exprimer avec aisance

Beaucoup de parents posent la question suivante : « Je vois que l'écoute active peut faire des miracles avec des enfants de trois ou quatre ans, et plus âgés, mais que peut-on faire avec les bébés et les très jeunes enfants, qui ne parlent pas encore ? »

Ou bien : « J'ai compris qu'il faut recourir davantage aux capacités des enfants à régler eux-mêmes leurs problèmes, en les aidant par le biais de l'écoute active. Mais les tout-petits n'ont pas de compétences en matière de résolution de problème, alors n'est-ce pas à nous de régler la plupart de leurs problèmes *à leur place* ? »

Penser que l'écoute active est utile uniquement pour les enfants en âge de parler est une erreur. Cependant, le recours à l'écoute active avec de très jeunes enfants exige des connaissances complémentaires sur la communication non verbale et sur la manière dont les parents peuvent répondre efficacement aux messages non verbaux adressés par leurs jeunes enfants. De plus, les parents des tout-petits pensent souvent que simplement parce que ceux-ci sont tributaires des adultes pour satisfaire de nombreux besoins, les bébés et les très jeunes enfants n'ont que des capacités réduites à élaborer eux-mêmes des solutions aux problèmes qu'ils rencontrent au début de leur existence. Ce qui n'est pas exact.

Un tout-petit, qu'est-ce que c'est ?

Précisons, pour commencer, que les bébés ont des besoins, comme les enfants plus âgés et les adultes. Et ils rencontrent, eux aussi, des problèmes dans la satisfaction de ces besoins. Ils peuvent avoir froid, faim ou soif, avoir une couche mouillée, être fatigués, frustrés ou malades. Pour le parent, aider un bébé confronté à ces problèmes pose des difficultés spécifiques.

Ensuite, les bébés et les tout-petits sont fortement tributaires de leurs parents pour satisfaire leurs besoins et pour résoudre leurs problèmes. Leurs ressources et leurs capacités internes sont limitées. On n'a jamais vu un bébé qui a faim aller dans la cuisine, ouvrir la porte du réfrigérateur et se servir un verre de lait.

Enfin, les bébés et les tout-petits ne disposent pas de capacités très développées à communiquer leurs besoins par le biais de symboles verbaux. Ils ne maîtrisent pas encore le langage. Souvent, les parents sont perplexes face à un enfant qui ne parle pas encore et ils se demandent ce qu'il se passe dans sa tête. Un bébé ne peut pas dire s'il a besoin d'affection ou s'il a des gaz.

De plus, les bébés et les tout-petits ne « savent » souvent pas eux-mêmes ce qui ne va pas, car nombre de leurs besoins sont physiologiques – autrement dit, ils ont des problèmes liés à la non-satisfaction de leurs besoins physiques (faim, soif, douleur, etc.). De plus, comme leurs compétences cognitives et langagières ne sont pas assez développées, ils ne peuvent pas déterminer la nature du problème qu'ils subissent.

Aider un très jeune enfant à satisfaire ses besoins et à régler ses problèmes est donc quelque peu différent de l'aide qu'on peut apporter à un enfant plus âgé. Cependant, la différence n'est pas aussi importante que beaucoup de parents le pensent.

Comprendre les besoins et les problèmes du nourrisson

Les parents aimeraient peut-être beaucoup que les bébés puissent satisfaire eux-mêmes leurs besoins et résoudre eux-mêmes leurs problèmes, mais il est souvent de la responsabilité de l'adulte de veiller à ce que le bébé ait suffisamment à manger, qu'il ait une couche propre, qu'il n'ait pas froid, qu'il reçoive de l'affection, etc. Le problème, pour le parent, est de comprendre ce que veut un bébé qui chouine ou qui pleure.

Beaucoup de parents se fient à leurs lectures, consacrées aux besoins généraux des bébés. Indéniablement, le Dr Benjamin Spock a été d'une aide précieuse aux parents, en apportant des informations sur les bébés et leurs besoins, et sur ce que les parents peuvent faire pour satisfaire ces besoins. Cependant, tous les parents le constatent : les livres du Dr Spock n'ont pas réponse à tout. Pour aider efficacement un enfant avec ses besoins et ses problèmes spécifiques, le parent doit apprendre à le comprendre, ce qu'il va faire *en écoutant attentivement les messages émis par l'enfant*, fussent-ils non verbaux.

Le parent d'un tout-petit doit apprendre à écouter attentivement, tout comme les parents d'enfants plus âgés. Simplement, **c'est une écoute différente, essentiellement parce que la communication du bébé est non verbale**.

5 h 30. Un bébé commence à pleurer. De toute évidence, il a un problème – quelque chose ne va pas, il a un besoin, il veut quelque chose. Il ne peut pas envoyer au parent le message verbal « Je suis mal à l'aise, je suis contrarié. » Par conséquent, le père ou la mère ne peut pas pratiquer l'écoute active, telle que nous l'avons décrite précédemment. (« Tu es mal à l'aise,

quelque chose te contrarie»). Clairement, l'enfant ne le comprendrait pas.

Le parent reçoit un message non verbal (les pleurs). Il doit alors entamer un processus de «décodage» pour comprendre ce qu'il se passe. Comme le parent ne peut pas employer une reformulation *verbale* pour s'assurer de la justesse de son décodage, il doit s'appuyer sur une autre méthode, la réponse (ou reformulation) *non verbale ou comportementale*.

Le parent pourra commencer par couvrir l'enfant avec une couverture (décodant les pleurs de l'enfant comme signifiant «J'ai froid»). Mais l'enfant continue à pleurer («Tu n'as pas compris mon message»). Le parent prend alors l'enfant dans ses bras pour le bercer (il décode maintenant «J'ai fait un rêve qui m'a fait peur»). Le petit continue à pleurer («Ce n'est pas ça que je ressens»). Le parent met ensuite un biberon dans la bouche du bébé («J'ai faim»). L'enfant se met à téter et arrête de pleurer («C'est ça que je voulais te faire savoir, j'avais vraiment faim, tu as fini par me comprendre»).

Être un parent efficace d'un bébé, comme pour un enfant plus âgé, dépend considérablement de la *qualité de la communication entre le parent et l'enfant*. Et la responsabilité principale pour nouer une communication efficace incombe au parent. Il doit apprendre à décoder correctement le comportement non verbal de l'enfant, afin d'identifier ce qui le gêne. Il doit aussi recourir au même processus de reformulation pour vérifier l'exactitude de son décodage. Ce processus de reformulation peut, lui aussi, être qualifié d'écoute active; c'est le même mécanisme que celui que nous avons décrit pour les enfants maîtrisant mieux le langage. Cependant, face à un enfant qui émet un message non verbal (comme des pleurs), le parent doit employer une reformulation non verbale (en mettant le biberon dans la bouche de l'enfant).

L'établissement d'une communication efficace dans les deux sens explique en partie pourquoi il est si important qu'au cours des deux premières années de vie de l'enfant, ses parents lui consacrent beaucoup de temps. Un parent apprend à « connaître » son enfant mieux que quiconque. Il développe des compétences pour décoder son comportement non verbal, ce qui le rend plus apte que personne à savoir ce qu'il faut faire pour satisfaire les besoins de l'enfant et pour résoudre ses problèmes.

Tout le monde a déjà été confronté à l'expérience de ne pas savoir décoder correctement le comportement de l'enfant d'un proche. Nous demandons alors au parent : « Qu'est-ce que ça veut dire, quand il secoue les barreaux de son parc ? On dirait qu'il veut quelque chose. » Et la mère répond : « Oh, il fait toujours ça quand il est fatigué. Notre premier enfant, lui, jouait avec sa couverture avant de s'endormir. »

Recourir à l'écoute active pour aider un tout-petit

Trop de parents ne prennent pas la peine de recourir à l'écoute active pour vérifier la justesse de leur décodage. Ils interviennent et accomplissent une action pour aider l'enfant, sans chercher à comprendre ce qui le gêne vraiment.

Michael se met debout dans son lit à barreaux et commence à chouiner, avant de se mettre à pleurer. Sa mère le rassoit et lui donne son hochet. Michael arrête de pleurer un moment, puis il jette le hochet par terre, avant de recommencer à pleurer, plus fort. Sa mère ramasse le hochet et le met dans la main de l'enfant, avec fermeté, en disant sèche-

ment : « Si tu le jettes encore par terre, je ne te le rendrai pas. »
Michael continue à pleurer et jette de nouveau le hochet hors
du lit. Sa mère lui donne une tape sur la main. Maintenant,
Michael hurle à pleins poumons.

Cette mère a cru qu'elle savait ce que le bébé voulait, mais
elle n'a pas « écouté » son fils lui « dire » qu'elle avait mal décodé
son message. Comme beaucoup de parents, cette maman n'a
pas pris le temps *d'achever le processus de communication*. Elle
ne s'est pas assurée d'avoir bien compris ce que l'enfant voulait ou ce dont il avait besoin. L'enfant est resté frustré et la
mère s'est mise en colère. C'est ainsi que la relation commence
à se détériorer et que l'équilibre émotionnel de l'enfant est
perturbé.

De toute évidence, plus l'enfant est jeune, moins le parent
peut compter sur les ressources ou les capacités propres du
petit. Cela signifie que l'adulte devra davantage intervenir
dans le processus de résolution du problème avec de jeunes
enfants. Tout le monde le sait : les parents doivent préparer les
biberons, changer les couches, couvrir l'enfant, le dépêtrer de sa
couverture, le déplacer, le soulever, le bercer, lui faire des câlins
et accomplir des milliers de gestes nécessaires à la satisfaction
de ses besoins. Là encore, cela implique de consacrer du temps
à l'enfant – beaucoup de temps. Ces premières années exigent
la présence quasi constante du parent. Le tout jeune enfant *a
besoin de ses parents,* désespérément besoin d'eux. C'est pourquoi les pédiatres insistent tant sur la présence parentale au
cours de ces premières années de formation, où l'enfant est si
dépendant et a tant besoin d'aide.

Cependant, la présence à elle seule ne suffit pas. *L'élément
déterminant est l'efficacité du parent à bien écouter la communication non verbale de l'enfant, afin qu'il comprenne ce qu'il se*

passe dans la tête de l'enfant et qu'il puisse efficacement lui appor-
ter ce dont il a besoin, au moment où il en a besoin.

Beaucoup de spécialistes de l'éducation n'ont pas compris cela, ce qui a conduit a quantité de travaux de recherches
inefficaces et à des interprétations erronées d'études dans le
domaine du développement de l'enfant. De nombreuses études
ont été réalisées pour démonter la supériorité d'une méthode
par rapport à une autre – biberon ou allaitement maternel,
repas à la demande ou à heure fixe, apprentissage précoce ou
tardif de la propreté, sevrage précoce ou tardif, sévérité ou
laxisme. Or la plupart de ces études n'ont pas pris en considération l'importante diversité des besoins des enfants, et les
différences considérables entre les parents à décrypter efficacement la communication de leurs fils et de leurs filles.

Que l'enfant ait été sevré tôt ou tard, par exemple, n'aura
sans doute pas une influence déterminante sur sa personnalité,
ni sur sa santé mentale. Ce qui importe, c'est plutôt **l'écoute
efficace de la part des parents des messages envoyés par cet
enfant au quotidien** concernant ses besoins alimentaires spécifiques, afin que le parent puisse avoir la flexibilité d'intervenir avec des solutions satisfaisant véritablement les besoins de
l'enfant. Une écoute de qualité, par conséquent, peut conduire
à sevrer un enfant tardivement, un autre beaucoup plus tôt, et
un troisième entre les deux premiers. J'ai la conviction que le
même principe s'applique à la plupart des pratiques éducatives
qui ont suscité tant de controverses : alimentation, quantité de
câlins, degré de séparation avec la mère, sommeil, apprentissage de la propreté, tétine, etc. Si ce principe est valable, alors
nous pouvons dire aux parents ceci : *vous serez le plus efficace en
fournissant à votre bébé un environnement familial dans lequel
vous saurez répondre efficacement à ses besoins, en pratiquant*

l'écoute active pour comprendre les messages par lesquels il exprime ses besoins spécifiques.

Donner à l'enfant la possibilité de satisfaire lui-même ses besoins

Indubitablement, l'objectif ultime de la plupart des parents devrait être d'aider le très jeune enfant à développer progressivement ses ressources propres – se sevrer pour ne plus être tributaire des ressources des parents, être de plus en plus capable de satisfaire lui-même ses besoins et de résoudre lui-même ses problèmes. Pour atteindre cet objectif, le parent le plus efficace est celui qui parvient à se tenir, avec constance, au principe suivant : commencer par donner à l'enfant la possibilité de résoudre lui-même son problème avant d'intervenir pour lui fournir une solution.

Dans l'exemple suivant, le parent se tient assez efficacement à ce principe :

Enfant. — (En pleurant.) *Camion, camion ! Pas là, camion.*

Parent. — *Tu veux ton camion, mais tu ne le trouves pas.* (ÉCOUTE ACTIVE.)

Enfant. — (Regarde sous le canapé, mais ne trouve pas le camion.)

Parent. — *Le camion n'est pas sous le canapé.* (DÉCODAGE ET REFORMULATION DU MESSAGE NON VERBAL.)

Enfant. — (Court dans sa chambre, cherche le camion, ne le trouve pas.)

Parent. — *Le camion n'est pas là.* (DÉCODAGE ET REFORMULATION DU MESSAGE NON VERBAL.)

Enfant. — (Réfléchit. Se dirige vers la porte.)

Parent. — *Peut-être que le camion est dans le jardin.* (DÉCODAGE ET REFORMULATION DU MESSAGE NON VERBAL.)

Enfant. — (Sort en courant dans le jardin, découvre le camion dans le bac à sable, annonce fièrement): *Camion !*

Parent. — *Tu as trouvé le camion tout seul.* (ÉCOUTE ACTIVE.)

Ce parent a laissé la responsabilité de la résolution du problème à l'enfant, tout le temps, en évitant d'intervenir directement ou de donner des conseils. Par son attitude, le parent aide l'enfant à développer et à mobiliser ses ressources propres.

Beaucoup de parents s'approprient trop rapidement les problèmes de l'enfant. Ils veulent tellement l'aider ou sont si mal à l'aise (inacceptation) en le voyant confronté à un besoin non satisfait qu'ils ne peuvent s'empêcher d'intervenir dans la résolution du problème et de fournir rapidement à l'enfant une solution. Si cela se produit souvent, cela retardera pour sûr l'apprentissage par l'enfant de la mobilisation de ses ressources propres et le développement de son indépendance et de sa débrouillardise.

6

Comment parler
pour être écouté

Lorsque les parents s'initient à l'écoute active dans nos formations, il est fréquent que l'un d'eux s'impatiente et demande : «Quand allons-nous apprendre ce qu'il faut faire pour que nos enfants nous écoutent ? Parce que chez nous, c'est ça le problème.»

Indubitablement, c'est le problème dans bien des familles, car inévitablement, les enfants, par *moments*, agacent, dérangent et frustrent leurs parents; les enfants sont parfois égoïstes et manquent de considération pour autrui en cherchant à assouvir leurs besoins. Tels des chiots tout fous, les enfants peuvent être turbulents et abîmer des choses, être bruyants et exiger de l'attention. Tous les parents le savent: les enfants occasionnent parfois un surcroît de travail, ils peuvent vous mettre en retard quand vous êtes pressé, ils peuvent être casse-pieds quand vous êtes fatigué, parler quand vous avez besoin de silence, causer du désordre, «oublier» d'accomplir les tâches ménagères qui leur sont assignées, mal vous parler, rentrer plus tard que l'heure convenue, etc.

Les pères et les mères ont besoin de solutions efficaces pour faire face aux comportements de l'enfant qui interfèrent avec leurs besoins. Car oui, les parents eux aussi ont des besoins. Ils ont leurs vies, et ils ont le droit de tirer de la joie et de la satisfaction de leurs existences. Pourtant, beaucoup de parents autorisent leurs enfants à occuper une position de faveur au sein de la famille. Ces enfants exigent que leurs besoins soient satisfaits, mais ils manquent de considération face à ceux de leurs parents.

Les parents constatent alors, déçus, qu'en grandissant, leurs enfants se comportent comme s'ils n'avaient aucune conscience des besoins de leurs parents. Lorsque les adultes laissent cela se produire, les enfants traversent l'existence comme si la vie était une voie à sens unique vouée à la satisfaction permanente de leurs besoins. Les parents dont les enfants se comportent ainsi sont gagnés par l'amertume et nourrissent un profond ressentiment face à ces « ingrats » et ces « égoïstes ».

Lorsque Mme Lloyd s'est inscrite aux Ateliers Parents, elle était déconcertée et blessée par le comportement de sa fille Brianna, dont l'égoïsme allait croissant et qui manquait de plus en plus de considération. Gâtée par ses deux parents depuis son plus jeune âge, Brianna contribuait très peu aux tâches quotidiennes au sein de la famille, mais elle exigeait de la part de ses parents qu'ils fassent tout ce qu'elle demandait. Et lorsqu'elle n'obtenait pas satisfaction, elle disait des choses blessantes à ses parents, elle piquait des colères ou elle claquait la porte de la maison pour ne rentrer que plusieurs heures plus tard.

Mme Lloyd, élevée par sa propre mère dans l'idée que les conflits et les émotions explosives n'ont pas leur place dans une famille « comme il faut », cédait à la plupart des exigences de Brianna pour éviter les scènes ou, comme elle le formulait, « pour préserver la paix et la tranquillité au sein de la famille ». Au début de l'adolescence, Brianna est devenue encore plus arrogante et autocentrée, ne donnant que rarement un coup de main et n'adaptant presque jamais sa vie pour tenir compte des besoins de ses parents.

Régulièrement, elle disait à ses parents que c'est eux qui avaient pris la décision de la mettre au monde et qu'il était donc de leur responsabilité de subvenir à ses besoins.

Mme Lloyd, une personne consciencieuse qui voulait à tout prix être une bonne mère, commençait à en vouloir énormément à sa fille. Après tout ce qu'elle avait fait pour Brianna, voir l'égoïsme et le manque de considération de celle-ci pour ses parents suscitait en elle de la colère et de la tristesse. « Nous ne faisons que donner, et elle, elle ne fait que prendre. » Voilà comment cette mère décrivait la situation familiale.

Mme Lloyd se disait qu'elle avait forcément commis une erreur quelque part, mais elle était loin de se douter que le comportement de sa fille était directement lié à sa peur de défendre ses droits. Les Ateliers Parents l'ont aidée à accepter la légitimité de ses besoins, puis lui ont apporté les compétences spécifiques pour tenir tête à Brianna lorsque celle-ci avait un comportement inacceptable pour ses parents.

Que peuvent faire les parents face à un enfant qui a un tel comportement ? Comment peuvent-ils l'amener à prendre en considération les besoins parentaux ? Nous allons maintenant nous intéresser à la manière dont les pères et les mères peuvent parler aux enfants pour que ceux-ci écoutent *les sentiments des parents* et tiennent compte des *besoins de ceux-ci*.

Les compétences nécessaires en matière de communication sont très différentes selon que l'enfant cause un problème au parent ou que l'enfant se cause un problème à lui-même. Dans le premier cas, nous disons que le problème appartient au parent. Dans le second, il appartient à l'enfant. Dans ce chapitre, nous allons voir les compétences nécessaires aux parents pour résoudre efficacement les problèmes posés par les enfants.

Lorsque le problème appartient au parent

Dans un premier temps, bien des parents ont du mal à comprendre le concept de la propriété du problème. Peut-être sont-ils trop habitués à réfléchir en termes « d'enfant compliqué », ce qui situe le problème du côté de l'enfant, et non du parent. Or il est essentiel que les parents saisissent bien la différence.

Le meilleur indicateur, pour les parents, c'est qu'ils commencent à ressentir intérieurement de l'inacceptation ou qu'ils éprouvent de l'agacement, de la frustration ou de la rancune. Ils constatent qu'ils sont tendus ou mal à l'aise, qu'ils n'aiment pas ce que fait l'enfant ou qu'ils cherchent à contrôler son comportement.

Imaginons les situations suivantes :

- Votre enfant est souvent en retard pour le dîner.

- Votre enfant interrompt votre conversation avec une amie.

- Votre enfant vous envoie des SMS plusieurs fois par jour alors que vous êtes au travail.

- Votre enfant laisse traîner ses jouets sur le sol du séjour.

- Votre enfant est à deux doigts de renverser son verre de jus sur le tapis.

- Votre enfant demande que vous lui lisiez une histoire, et une autre, puis encore une autre.

- Votre enfant apporte son téléphone à la table du dîner et envoie des SMS alors que vous aimeriez passer du temps en famille.

- Votre enfant n'accomplit pas les tâches ménagères qui lui sont attribuées.

- Votre enfant roule beaucoup trop vite avec votre voiture.

Tous ces comportements menacent, concrètement ou potentiellement, des besoins légitimes des parents. Le comportement de l'enfant affecte le parent, de manière tangible, ou directe : le parent ne veut pas que le dîner soit gâché, que le tapis soit sali, que la discussion soit interrompue, etc.

Face à ces comportements, le parent doit trouver des solutions pour s'aider lui-même, et non pour aider l'enfant. Le tableau suivant permet de comprendre la différence entre le rôle du parent lorsque le problème appartient à l'enfant et son rôle lorsque le problème lui appartient.

LORSQUE LE PROBLÈME APPARTIENT À L'ENFANT	LORSQUE LE PROBLÈME APPARTIENT AU PARENT
C'est l'enfant qui prend l'initiative de la communication.	C'est le parent qui prend l'initiative de la communication.
Le parent écoute.	Le parent est émetteur du message.
Le parent est agent d'aide.	Le parent influence.
Le parent veut aider l'enfant.	Le parent veut s'aider lui-même.
Le parent aide l'enfant à s'exprimer.	Le parent s'exprime.

Le parent aide l'enfant à trouver sa propre solution.	Le parent doit trouver sa propre solution.
Le parent accepte la solution de l'enfant.	Le parent doit lui-même être satisfait de la solution.
Le parent se préoccupe avant tout des besoins de l'enfant.	Le parent se préoccupe avant tout de ses propres besoins.
Le parent est davantage passif.	Le parent s'affirme.

Lorsque le problème leur appartient, les parents ont plusieurs possibilités :

- Ils peuvent essayer de changer le comportement de l'enfant, de manière directe.

- Ils peuvent essayer de changer l'environnement.

- Ils peuvent essayer de changer.

Jimmy, le fils de M. Adams, vide la boîte à outils de son père et laisse généralement les outils éparpillés un peu partout. Un comportement que M. Adams trouve inacceptable. Par conséquent, le problème lui appartient.

- Il peut en parler à Jimmy, dans l'espoir que celui-ci modifie son comportement.

- Il peut changer l'environnement de Jimmy et lui acheter sa propre boîte à outils, en espérant que cela modifiera le comportement de l'enfant.

- Il peut essayer de changer son attitude face au comportement de Jimmy, en se disant « Les garçons sont incorrigibles» ou «Il apprendra bien un jour à prendre soin des outils».

Dans ce chapitre, nous nous intéresserons uniquement à la première possibilité, en voyant ce que les parents peuvent dire ou faire pour modifier un comportement de l'enfant qu'ils trouvent inacceptable. Souvenez-vous de la Fenêtre des Comportements: ici, nous allons nous intéresser à la troisième zone, celle où le problème appartient au parent. Dans les chapitres suivants, nous reviendrons sur les autres possibilités.

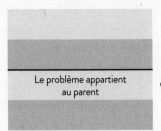

Le problème appartient au parent · · · · · · · · Compétences de confrontation

Des réactions inefficaces face à l'enfant

On peut dire, sans exagérer, que 99 % des parents inscrits dans nos formations utilisent des méthodes de communication inefficaces lorsque le comportement de leurs enfants interfère avec la vie des parents. Lors d'un Atelier, une formatrice a lu au groupe la description d'une situation classique où le comportement d'un enfant agace un parent:

> «*Après une longue journée de travail, vous êtes épuisé. Vous avez besoin de vous asseoir et de vous reposer un peu. Vous aimeriez regarder le journal télévisé. Mais votre fils de 5 ans insiste pour que vous veniez jouer avec lui. Il vous tire par le bras, il grimpe sur vos genoux, il vous empêche de voir l'écran*

du téléviseur. La dernière chose que vous avez envie de faire,
c'est d'aller jouer avec lui. »

La formatrice demande ensuite à tous les participants de noter sur une feuille les mots précis qu'ils diraient à l'enfant dans cette situation. (Vous pouvez faire l'exercice, en notant vous aussi votre réponse noir sur blanc.) Puis la formatrice lit deux autres exemples, en demandant à chaque fois aux participants de consigner par écrit ce qu'ils auraient dit.

> *« Votre fille de 10 ans joue au softball. Vous allez la chercher après les matchs. Sauf que les dernières fois, elle n'était pas à l'endroit où vous étiez convenus de la retrouver. »*
>
> *« Votre ado rentre du lycée, se prépare un sandwich et laisse le plan de travail en chantier, alors que vous avez passé une heure à ranger la cuisine pour pouvoir préparer le dîner dans un environnement agréable. »*

Cette expérience permet de constater que les parents, à de rares exceptions près, gèrent ces situations classiques de manière inefficace. Les propos qu'ils tiennent à l'enfant risquent fort d'avoir les conséquences suivantes :

- Amener l'enfant à résister aux efforts déployés par le parent pour l'influencer ;
- Ddonner à l'enfant le sentiment que son parent ne le trouve pas très intelligent ;
- Donner à l'enfant le sentiment que son parent ne prend pas ses besoins en considération ;
- Culpabiliser l'enfant ;
- Nuire à l'estime de soi de l'enfant ;

- Inciter l'enfant à se défendre avec véhémence ;

- Inciter l'enfant à attaquer le parent ou à s'en prendre à lui.

Ce constat choque les parents, car rares sont ceux qui veulent intentionnellement avoir cet effet sur leurs enfants. La plupart des parents n'ont tout simplement jamais réfléchi à l'impact de leurs paroles. Dans nos formations, nous nous intéressons ensuite à chacune de ces approches, pour examiner en détail les raisons de leur inefficacité.

Formuler un « message de solution »

Vous est-il déjà arrivé d'être sur le point de faire une action pleine de considération pour quelqu'un (ou d'entreprendre un changement de comportement pour répondre aux besoins d'une autre personne) lorsque soudain, cette personne vous ordonne, vous exhorte ou vous demande de faire exactement ce que vous alliez faire de votre propre initiative ?

Sans doute avez-vous pensé « Ce n'était pas la peine de me le dire » ou « Si tu avais attendu une petite minute, je l'aurais fait sans que tu me le demandes ». Ou alors vous avez ressenti de l'agacement, estimant que la personne ne vous faisait pas suffisamment confiance ou vous enlevait une chance de lui rendre service de votre propre initiative.

Lorsque les gens se comportent ainsi, ils vous « donnent une solution ». C'est précisément ce que font souvent les parents avec leurs enfants. Ils n'attendent pas que l'enfant prenne l'initiative d'un comportement prévenant, mais ils lui disent ce qu'il *doit* faire, ou *devrait* faire. Tous les messages qui suivent « donnent une solution ».

1. Donner des ordres, des consignes, des instructions

« Va trouver quelqu'un avec qui jouer. »

« Arrête de jouer sur ta console ! »

« Sois rentré pour 23 heures. »

« Lâche ton téléphone, tout de suite ! »

2. Avertir, mettre en garde, menacer

« Si tu n'arrêtes pas, tu vas m'entendre. »

« Si tu ne rentres pas à l'heure, tu seras puni. »

« Si tu ne ranges pas tout de suite ce bazar, tu seras privé de téléphone ce soir. »

3. Exhorter, sermonner, faire la morale

« N'interromps pas les gens quand ils parlent. »

« Tu ne devrais pas te comporter ainsi. »

« Il ne faut pas commencer à jouer quand nous sommes sur le point de partir. »

« Laisse toujours la cuisine impeccable quand tu as fini de te préparer quelque chose à manger. »

4. Conseiller, donner des suggestions ou des solutions

« Pourquoi tu n'irais pas jouer dehors ? »

« À ta place, je n'y penserais plus. »

« Tu ne peux pas remettre chaque chose à sa place, quand tu as fini de t'en servir ? »

Ces réponses verbales communiquent à l'enfant *votre* solution – autrement dit, ce que vous pensez qu'il devrait faire. Vous êtes aux commandes ; vous mettez la pression ; vous faites claquer le fouet. *Et vous l'excluez.* La première catégorie de messages lui ordonne de recourir à votre solution ; la deuxième le menace ; la troisième l'exhorte ; et la quatrième lui donne un conseil.

Les parents demandent souvent : « Quel mal y a-t-il à souffler une solution ? Après tout, l'enfant n'est-il pas en train de me poser un problème ? » Effectivement. Mais lui donner une solution à votre problème peut avoir les effets suivants :

- L'enfant va opposer de la résistance quand on lui dit ce qu'il doit faire. Il est possible aussi que votre solution ne lui plaise pas. Dans les deux cas, l'enfant n'aura pas envie de modifier son comportement quand on lui dit qu'il « doit » ou « devrait » ou « ferait mieux » de changer.

- Fournir une solution à l'enfant véhicule aussi un autre message : « Je ne te fais pas confiance pour choisir la bonne solution » ou « Je pense que tu n'es pas suffisamment sensé pour trouver un moyen de résoudre mon problème. »

- Fournir une solution dit aussi à l'enfant que vos besoins l'emportent sur les siens, qu'il doit faire ce que vous pensez qu'il devrait faire, indépendamment de ses besoins. « Tu es en train de faire quelque chose que je trouve inacceptable, la seule solution est celle que j'ai décidée. »

Imaginons qu'une amie vienne chez vous et pose ses pieds sur l'assise de vos nouvelles chaises, dans la salle à manger. Vous n'allez certainement pas lui dire :

« Enlève immédiatement tes pieds de cette chaise. »

« On ne met jamais ses pieds sur une chaise. »

« Je te conseille d'enlever tes pieds de là, vite fait. »

« Ne remets plus jamais tes pieds sur mes chaises. »

Cela paraît ridicule parce que la plupart des gens traitent leurs amis avec davantage de respect que cela. Les adultes veulent permettre à leurs amis de «sauver la face». Ils partent aussi du principe que ceux-ci ont suffisamment d'intelligence pour trouver eux-mêmes une solution une fois qu'on leur a expliqué le problème. Un adulte dirait simplement à son amie ce qu'il ressent et la laisserait ensuite réagir de manière adaptée, en partant du principe qu'elle aura suffisamment de considération pour respecter ses sentiments. Sans doute le propriétaire de la chaise dirait-il quelque chose comme :

> *«J'aimerais bien éviter que ma nouvelle chaise se salisse.»*
>
> *«Ça me stresse un peu que tu mettes les pieds sur ma nouvelle chaise.»*
>
> *«Ne le prends pas mal, mais nous venons d'acheter ces chaises et j'aimerais qu'elles restent aussi propres que possible.»*

En général, on envoie ce type de messages, qui ne contiennent pas de «solution», à ses amis, mais pas à ses enfants. Tout naturellement, on se retient de donner des ordres ou des consignes à ses amis, de les sommer, de les menacer ou de leur conseiller de changer de comportement. Pourtant, les parents le font avec leurs enfants, au quotidien.

Pas étonnant, donc, que les enfants résistent, réagissent avec hostilité ou se mettent sur la défensive. Pas étonnant que les enfants se sentent «dénigrés», dominés, aculés. Pas étonnant qu'ils perdent la face. Et pas étonnant non plus que certains enfants, en grandissant, attendent de se voir fournir des solutions par tout le monde. Les parents se plaignent souvent que leurs enfants ne se comportent pas de manière responsable au sein de la famille. Ils ne manifestent pas de considération pour les besoins des parents. Mais comment les enfants pourraient-ils apprendre à devenir des individus responsables si leurs parents les privent de toute possibilité de se montrer responsable de leur propre initiative, par considération pour les besoins de leurs parents ?

Envoyer un message dévalorisant

Tout le monde sait ce qu'on ressent lorsqu'on se fait «rabaisser» par un message véhiculant un reproche, un jugement, une critique, qui ridiculise ou qui couvre de honte. Or face à leurs enfants, les parents recourent abondamment à ce type de messages. Les messages dévalorisants peuvent entrer dans les catégories suivantes :

1. Juger, critiquer, reprocher

> *«Tu devrais le savoir, quand même.»*
>
> *«Tu agis vraiment avec légèreté.»*
>
> *«Tu es insupportable.»*
>
> *«Tu es le gamin le plus égoïste que je connaisse.»*
>
> *«Tu vas finir par m'achever.»*

2. Insulter, ridiculiser, faire honte

> *«Espèce de pourri-gâté.»*
>
> *«C'est ça, Monsieur-je-sais-tout.»*
>
> *«Ça te fait quoi, d'être un sale égoïste ?»*
>
> *«Tu devrais avoir honte.»*

3. Interpréter, diagnostiquer, psychanalyser

> *«Tu cherches simplement à attirer l'attention sur toi.»*
>
> *«Tu essaies de me rendre dingue.»*
>
> *«En fait, tu aimes me pousser à bout.»*

« C'est drôle, tu veux toujours venir jouer pile à l'endroit où je travaille. »

4. Faire la leçon, argumenter

« Ça ne se fait pas, d'interrompre les gens. »

« Les enfants sages ne font pas ça. »

« Qu'est-ce que ça te ferait, si je te faisais ça ? »

« Essaie d'être sage, pour changer. »

« Ne fais pas aux autres, etc. »

« On ne laisse pas traîner ses assiettes sales. »

Tous ces messages sont dévalorisants : ils critiquent le caractère de l'enfant, dénigrent sa personne, affectent son estime de soi ou émettent un jugement sur sa personnalité. Ils mettent l'enfant en position d'accusé. Quels effets ces messages sont-ils susceptibles d'avoir ?

- Les enfants se sentent souvent coupables et ils éprouvent des remords lorsque leurs parents les jugent ou les accusent.

- Les enfants se disent que leurs parents sont injustes : « Je n'ai rien fait de mal » ou « Je n'ai pas voulu être vilain. »

- Les enfants se sentent souvent mal aimés, rejetés : « Elle ne m'aime pas parce que j'ai fait quelque chose qu'il ne fallait pas. »

- Les enfants opposent souvent une forte résistance à ces messages, ils campent sur leurs positions. Cesser le comportement qui gêne le parent reviendrait à admettre les reproches ou les critiques. Une réaction typique de l'enfant serait : « Je ne vois pas en quoi je te dérange » ou « Ces assiettes ne gênent personne. »

- Les enfants contre-attaquent en critiquant, en recourant à l'effet boomerang : « Toi non plus, tu n'es pas toujours parfaitement ordonné », « Tu es tout le temps fatiguée », « Tu es sur les nerfs quand on attend des invités » ou « Pourquoi est-ce que la maison ne pourrait pas être un lieu de vie ? »

- Les remarques dévalorisantes amènent l'enfant à se sentir « nul », elles entament son estime de soi.

Ces messages peuvent avoir un effet dévastateur sur l'image que l'enfant a de lui. Assailli de messages dévalorisants, il finira par se considérer comme un individu incapable, méchant, dépourvu d'intérêt, paresseux, égoïste, « bête », inadapté, inacceptable, etc. Une mauvaise image de soi forgée dans l'enfance perdurant généralement à l'âge adulte, ces messages peuvent handicaper la personne à vie.

Voilà comment les parents, jour après jour, contribuent à entamer l'ego ou l'estime de soi de leurs enfants. Comme autant de gouttes d'eau tombant sur un rocher et l'érodant, ces messages quotidiens ont progressivement, imperceptiblement, un effet destructeur sur l'enfant.

Des solutions efficaces pour réagir face à l'enfant

Les paroles des parents peuvent aussi construire l'enfant. La plupart des pères et des mères, lorsqu'ils prennent conscience du pouvoir destructeur des messages dévalorisants, sont demandeurs de solutions plus constructives pour parler à l'enfant qui a un comportement inacceptable. Dans nos ateliers, nous n'avons jamais croisé de parent cherchant consciemment à détruire l'estime de soi de son enfant…

Les Messages-Tu et les Messages-Je

Un moyen très simple pour permettre aux parents de voir la différence entre une approche efficace et une approche inefficace consiste à penser en termes de Messages-tu et de Messages-Je. Lorsque nous demandons aux parents de passer en revue les messages inefficaces cités plus haut, ils constatent avec surprise que ces phrases commencent presque toutes par « tu », ou du moins qu'elles contiennent ce pronom. Tous ces messages sont orientés vers le « tu » :

> *« Arrête ça tout de suite ! »*
>
> *« Tu ne peux pas faire ça. »*
>
> *« Si jamais tu fais ça… »*
>
> *« Si tu n'arrêtes pas ça tout de suite… »*
>
> *« Pourquoi tu ne ferais pas ceci ? »*
>
> *« Tu es vilain. »*
>
> *« Là, tu te comportes comme un bébé. »*
>
> *« Tout ce que tu cherches, c'est à attirer l'attention. »*
>
> *« Pourquoi tu ne peux pas être sage ? »*
>
> *« Tu devrais pourtant le savoir. »*

En revanche, quand le parent se contente de dire à l'enfant ce que son comportement inacceptable lui fait, *à lui*, il le formule généralement sous la forme d'un Message-Je.

> *« Je n'ai pas envie de jouer quand je suis fatigué. »*
>
> *« Je suis vraiment frustré quand je viens te chercher et que tu n'es pas à l'endroit convenu. »*
>
> *« Je suis complètement découragé quand je vois que tu es tout le temps sur ton téléphone et que tu n'as pas fait ce que tu devais faire dans la maison. »*

Les parents comprennent rapidement la différence entre les Messages-Je et les Messages-Tu, mais ce n'est que lorsque nous revenons au diagramme du processus de communication, utilisé plus haut pour expliquer l'écoute active, qu'ils prennent la pleine mesure de cette différence. Ce diagramme aide les parents à mieux comprendre **l'importance des Messages-Je**.

Lorsqu'un comportement de l'enfant est inacceptable pour le parent parce que d'une façon tangible, il interfère sur le droit du parent à satisfaire ses propres besoins ou qu'il empêche le parent de profiter de sa vie, le problème appartient clairement au parent. Il est contrarié, déçu, fatigué, inquiet, épuisé, préoccupé, etc. Et pour faire savoir à l'enfant ce qu'il ressent, le parent doit choisir un code adapté.

Imaginons une mère fatiguée, qui n'a pas envie de jouer avec son enfant de 5 ans. Le diagramme ressemblerait à ceci :

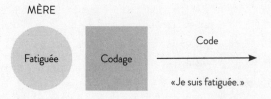

En revanche, si cette mère choisit un code axé sur le « tu », elle ne codera pas correctement son sentiment de fatigue :

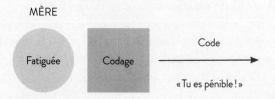

«Tu es pénible» est fort peu efficace pour faire passer le message de la fatigue parentale. Un code clair et précis sera toujours un Message-Je : «Je suis fatiguée», «Je n'ai pas envie de jouer», qui transmet le sentiment du parent. Un code en forme de Message-Tu, quant à lui, n'exprime pas le sentiment du parent. Il porte sur l'enfant plus que sur le parent. Un Message-Tu est axé sur l'enfant, pas sur le parent.

Envisagez les messages suivants sous l'angle de ce qu'entend l'enfant :

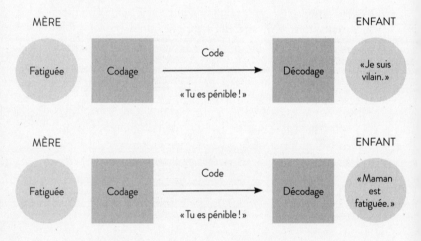

Le premier message est décodé par l'enfant comme une *évaluation* de sa personne, le deuxième comme une *information factuelle* concernant le parent. Les Messages-Tu ne sont pas efficaces pour communiquer ce que ressent *le parent*, car ils seront souvent décodés par l'enfant en termes de ce qu'*il* devrait faire (on lui fournit une solution) ou de ce qu'*il* ne se comporte pas bien (on formule un reproche ou une évaluation).

Les composantes essentielles du Message-Je

Les enfants seront beaucoup plus enclins à modifier leurs comportements inacceptables si leurs parents envoient des Messages-Je contenant les trois éléments suivants :

1. Une description du **comportement** inacceptable ;
2. Le **sentiment** que ressent le parent ;
3. L'**effet** tangible et concret de ce comportement sur le parent.

COMPORTEMENT + SENTIMENT + EFFET

Description du comportement inacceptable

Un comportement peut être une chose que l'enfant fait, mais aussi qu'il dit. Cette partie du Message-Je est une simple description du comportement inacceptable de l'enfant ; ce qu'il ou elle fait, qui vous dérange, sans jugement de votre part.

En partant à l'école le matin, une filette a dit qu'elle rentrerait directement à la maison à la fin des cours. Elle rentre une heure plus tard que prévu, sans avoir averti ses parents. La clé, à ce stade, est de bien se souvenir qu'on *décrit le comportement, sans le juger.*

- **Description factuelle du comportement :** « Quand tu n'es pas rentrée à l'heure prévue, sans envoyer de SMS ni appeler pour prévenir… »

- **Jugement ou critique :** « Quel manque de considération de ta part, tu n'as même pas passé un coup de fil… »

Le sentiment que ce comportement suscite chez le parent

Quand les parents émettent des Messages-Tu, ils n'ont pas besoin d'identifier les sentiments que suscite en eux le comportement inacceptable de l'enfant. Ils se contentent de formuler un ordre, une menace ou une remarque dévalorisante : « Tu me rends dingue », « Tu es un gros paresseux », etc. Lorsque les parents envoient un Message-Je, c'est différent ; ils doivent identifier ce qu'ils ressentent : « Suis-je en colère, inquiet, gêné ? Ai-je peur ? etc. »

> « Quand tu n'es pas rentrée de l'école à l'heure habituelle, sans appeler pour prévenir que tu rentrerais plus tard, je me suis inquiétée... »

Lorsque les parents commencent à formuler des Messages-Je, ils remarquent des changements chez l'enfant, mais aussi un changement considérable en eux. Les constats que j'entends faire par les parents font état d'une plus grande franchise :

> « Je n'ai plus besoin de faire semblant. »
> « Je suis beaucoup plus "cash" ».
> « Ça fait du bien d'être franc. »

Manifestement, l'idée selon laquelle « on devient ce qu'on fait » s'applique ici aussi. En recourant à cette nouvelle forme de communication, les parents se mettent à ressentir en eux la franchise que leurs Messages-Je communique aux autres. L'utilisation de ces messages fournit aux parents l'outil permettant d'être en prise avec leurs sentiments authentiques. (Je reviendrai sur les sentiments au chapitre qui suit).

Comment le comportement affecte-il le parent?

Quand des Messages-Je n'amènent pas l'enfant à modifier le comportement qui pose problème au parent, c'est souvent parce que l'adulte a émis un ou plusieurs Messages-Je incomplets. Souvent, le Message-Je en deux parties (description du comportement inacceptable et sentiment que cela suscite chez le parent) suffit à inciter l'enfant à changer.

Cependant, pour être efficace, un Message-Je doit parfois comporter un troisième élément: les enfants ont besoin de savoir pourquoi leur comportement pose problème. Par conséquent, il est important de préciser l'effet tangible et concret de ce comportement sur vous.

Dans la grande majorité des cas, un effet tangible et concret, c'est quelque chose qui coûte de l'argent, qui demande du temps ou un surcroît de travail, ou qui dérange. Cela peut aussi vous empêcher d'accomplir une activité que vous avez envie de faire ou que vous devez faire. Cela peut vous faire mal physiquement, vous fatiguer, provoquer inconfort ou souffrance.

> *« Quand tu n'es pas rentrée de l'école à l'heure habituelle, sans appeler pour prévenir que tu rentrerais plus tard, je me suis inquiétée, et ça m'a empêchée de me concentrer sur mon travail. »*

Lorsque vous envoyez un Message-Je complet en trois parties, vous fournissez à l'enfant l'ensemble des données: vous ne dites pas seulement que ce qu'il fait vous pose un problème, mais aussi ce que vous ressentez à ce sujet et, tout aussi important, pour quelle raison ce comportement va vous poser ou vous a posé problème. Voici quelques exemples.

...RTEMENT ...PTABLE	SENTIMENT	EFFET TANGIBLE ET CONCRET
Quand tu ne veux pas essayer ce nouveau jean...	...j'hésite à l'acheter...	...parce que, s'il ne te va pas, nous allons devoir retourner au centre commercial pour l'échanger.
Quand tu ne m'envoies pas de SMS pour me dire à quelle heure tu vas rentrer...	...je suis stressé...	...parce que je ne sais pas quand commencer à préparer le dîner.
Quand tu as laissé le réservoir de la voiture quasiment vide...	...j'étais contrarié...	...parce que j'ai dû m'arrêter pour prendre de l'essence et je suis arrivé en retard au travail.

Souvenez-vous que les Messages-Je ont pour but d'inciter les enfants à changer leur comportement. En général, décrire le comportement que vous trouvez inacceptable et expliquer que cela vous contrarie, que cela vous met en colère ou que vous ressentez de la frustration ne suffit pas. Les enfants ont besoin de savoir pourquoi.

Mettez-vous dans la peau de l'enfant. Imaginez que vous faites quelque chose pour répondre à vos besoins (ou pour éviter une situation désagréable). Est-ce que le simple fait qu'on vous dise «Je suis contrarié par ce que tu fais» vous incitera à changer de comportement? C'est peu probable. Vous aurez besoin qu'on vous fournisse une bonne raison de changer.

C'est pourquoi les parents doivent être très explicites sur l'effet tangible et concret du comportement sur eux. S'ils ne le précisent pas à l'enfant, celui-ci n'aura pas de bonne raison de changer.

En donnant à l'enfant une raison précise pour laquelle le comportement est inacceptable, les adultes accroissent la probabilité qu'il soit motivé pour changer. Mais le message complet en trois parties a aussi un effet de taille sur les parents. Nous avons constaté que lorsque les parents s'efforcent de communiquer «l'effet tangible» dans le Message-Je, ils réalisent souvent qu'en réalité… il n'y a pas d'effet tangible! Une mère a expliqué ce phénomène en ces termes:

> *«Les Messages-Je m'ont été particulièrement précieux pour comprendre à quel point j'ai un comportement arbitraire avec mes enfants. Lorsque j'essaie de formuler un message en trois parties et que j'arrive au moment où je dois expliquer l'effet que ce comportement a sur moi, je me dis: "Tiens, en fait, je n'ai aucune bonne raison à fournir!" Si je dis par exemple: "Je ne supporte pas que tu fasses autant de bruit dans la maison", en arrivant au "parce que", je me demande "En fait, pourquoi est-ce que cela me gêne?", et je comprends qu'en réalité, ça ne me gêne pas. Par conséquent, j'ai pris l'habitude désormais, lorsque je ne trouve pas d'effet de leur comportement sur moi, de dire aux enfants "Oubliez ce que je viens de dire", parce que ça me paraît tellement arbitraire. Ça a été une révélation, vous savez, de découvrir que dans la moitié des situations, j'étais incapable de trouver une raison.»*

La raison pour laquelle cette mère a eu le sentiment d'avoir une «révélation» est apparue plus tard, lorsqu'elle a expliqué ceci:

> *«J'étais tout le temps dans le contrôle avec les enfants. Je me disais que ça allait faciliter les choses, avec une famille nombreuse, d'avoir tout sous contrôle. Mais lorsque j'y repense, je*

me dis maintenant : "Pourquoi ai-je fait une chose pareille ? Ça me demandait plus de travail, au lieu de me simplifier la vie." Parce que j'étais tout le temps en train de surveiller le moindre de leurs actes… Maintenant, je prends de la distance la plupart du temps, et je me dis : "Et alors ?" »

Il y a trente ans, je n'aurais pas su anticiper qu'en apprenant aux parents à formuler des Messages-Je complets, en trois parties, nous les aiderions à découvrir qu'en réalité, ils n'ont pas besoin d'envoyer un Message-Je. En convainquant les parents d'expliquer à leurs enfants pourquoi un comportement spécifique leur paraît inacceptable, nous leur avons fourni, de manière totalement imprévue, une méthode qui dans bien des cas, a rendu acceptable un comportement inacceptable.

Pourquoi les Messages-Je sont plus efficaces

Les Messages-Je sont plus efficaces pour influencer un enfant à modifier un comportement inacceptable pour le parent, et aussi plus sains pour l'enfant et pour la relation entre le parent et lui.

Le Message-Je est beaucoup moins susceptible de provoquer résistance et rébellion. Indiquer à l'enfant, avec franchise, l'effet de son comportement sur vous constitue moins une menace pour lui que de suggérer qu'il y a quelque chose de répréhensible *chez lui*, en raison de ce comportement. Réfléchissez à la différence considérable de réaction que susciteraient chez l'enfant ces deux messages, émis par un parent qui vient de recevoir un coup de pied dans le tibia :

« Aïe ! Ça m'a vraiment fait mal ! Je n'aime pas les coups de pied. »

«Tu es très vilaine. Ne t'avise plus jamais de donner des coups de pied!»

Le premier message dit simplement à l'enfant ce que vous avez ressenti en recevant le coup de pied, un fait qu'elle ne peut nier. Le deuxième, en revanche, dit à l'enfant qu'elle a été «vilaine» et l'avertit de ne pas recommencer, deux choses qu'elle peut contester et auxquelles elle opposera sans doute de la résistance.

Les Messages-Je sont aussi infiniment plus efficaces parce qu'ils laissent à l'enfant la responsabilité de modifier son comportement. «Aïe! Ça m'a vraiment fait mal» et «Je n'aime pas les coups de pied» indique à l'enfant ce que vous ressentez, en lui laissant la responsabilité de faire quelque chose pour y remédier.

Par conséquent, les Messages-Je aident l'enfant à grandir et à assumer la responsabilité de son comportement. Ils disent à l'enfant que vous lui laissez la responsabilité du changement, en lui faisant confiance pour gérer la situation de façon constructive et pour respecter vos besoins. Ainsi, vous lui donnez l'occasion de commencer à se comporter de manière constructive.

De plus, la franchise des Messages-Je va inciter l'enfant à formuler lui aussi des messages francs lorsqu'il ressent quelque chose. Les Messages-Je émis par un individu dans une relation favorisent les Messages-Je venant de l'autre. C'est pour cela que dans les relations qui se détériorent, les conflits dégénèrent souvent en insultes et en reproches mutuels:

Parent. — *En ce moment, tu laisse traîner ta vaisselle après le petit-déjeuner.* (Message-Tu.)

Enfant. — *Toi non plus, tu ne fais pas la vaisselle tous les matins.* (Message-Tu.)

Parent. — *Ce n'est pas pareil. Moi, j'ai plein d'autres choses à faire dans la maison, par exemple ramasser tout ce que des enfants désordonnés ont laissé traîner.* (Message-Tu.)

Enfant. — *Je ne suis pas désordonné.* (Message défensif.)

Parent. — *Tu ne vaux pas mieux que les autres et tu le sais très bien.* (Message-Tu.)

Enfant. — *Tu voudrais que tout le monde soit parfait.* (Message-Tu.)

Parent. — *Tu as encore de la marge pour faire mieux, question rangement.* (Message-Tu.)

Enfant. — *Et toi, tu es très maniaque.* (Message-Tu.)

Voilà une conversation classique entre un parent et un enfant, lorsque le parent commence sa mise au point par un Message-Tu. Immanquablement, cela débouche sur une dispute, où chacun, à tour de rôle, attaque et se défend.

Les Messages-Je sont nettement moins susceptibles d'engendrer ce type de conflits – ce qui ne signifie pas pour autant que tout se passera dans la joie et la bonne humeur. On le comprend, les enfants n'aiment pas s'entendre dire que leur comportement pose un problème au parent (à l'instar des adultes, qui ne sont pas parfaitement à l'aise lorsqu'on leur dit que leur comportement a entraîné de la souffrance). Quoi qu'il en soit, dire à quelqu'un ce que vous ressentez constitue moins une menace, pour cette personne, que de l'accuser de provoquer un sentiment désagréable.

Formuler des Messages-Je demande un certain courage, mais le résultat en vaut généralement la peine. Il faut du courage et de l'assurance pour exposer ses sentiments dans une relation. L'émetteur d'un Message-Je franc prend le risque de se dévoiler à l'autre, tel qu'il est réellement. Il s'ouvre à lui – en faisant preuve de transparence, ce qui l'ancre dans le réel, et en révélant son humanité. Il dit à l'autre qu'il est un être humain susceptible d'être blessé, ou gêné, ou effrayé, ou déçu, ou en colère, ou découragé, etc.

Révéler ce qu'on ressent signifie qu'on se dévoile. Qu'est-ce que l'autre va penser de moi ? Va-t-il me rejeter ? Aura-t-il moins de considération pour moi ? Les parents, en particulier, ont du mal à être d'une transparence totale vis-à-vis de leurs enfants, car **ils tiennent à être perçus comme des êtres infaillibles** – des personnes sans faiblesses, sans vulnérabilités, sans défauts. Pour beaucoup de parents, il est bien plus facile de cacher leurs sentiments en recourant à un Message-Tu, qui rejette la faute sur l'enfant, que d'exposer leur nature humaine.

Le plus grand bienfait, pour le parent qui fait preuve de transparence, est sans doute la qualité de la relation qui se noue avec l'enfant. La franchise et l'ouverture favorisent l'intimité – une relation authentique entre deux êtres humains. Mon enfant apprend à me connaître tel que je suis, ce qui en retour l'encourage à se dévoiler à moi. Au lieu d'être aliénés l'un face à l'autre, nous développons une relation intime. Notre relation est placée sous le signe de l'authenticité – deux personnes bien réelles, disposées à se dévoiler l'une à l'autre dans toute leur réalité.

Lorsque les parents et les enfants apprennent à être ouverts et honnêtes les uns avec les autres, ils ne sont plus «des étrangers vivant sous le même toit.» Les adultes peuvent alors connaître le bonheur d'être les parents de vraies personnes, et les enfants ont la chance d'avoir de vraies personnes comme parents.

7

Messages-Je : comment les mettre en pratique

Les parents qui participent à nos Ateliers sont ravis d'apprendre à modifier les comportements de l'enfant qui leur sont inacceptables. Certains disent même : « J'ai hâte de rentrer à la maison et d'essayer la méthode sur tel ou tel comportement qui m'agace depuis des mois et des mois. »

Malheureusement, il arrive que les parents fraîchement formés à la méthode n'obtiennent pas les résultats escomptés. En tout cas, pas dans un premier temps. C'est pourquoi nous passons en revue les erreurs les plus courantes dans le recours aux Messages-Je et nous proposons aux parents des exemples concrets, afin de peaufiner leurs compétences.

Le Message-Tu déguisé

M. G., père de deux adolescents, confie au groupe que sa première tentative d'utiliser un Message-Je s'est soldée par un échec.

« Mon fils Paul, contrairement à ce que vous nous aviez dit, s'est mis à m'envoyer des Messages-Tu, comme il le fait tout le temps », dit M. G.

« Et vous de votre côté, avez-vous formulé des Messages-Je ? », demande le formateur.

« Oui, bien sûr, enfin, je crois. En tout cas, j'ai essayé », répond M. G.

Le formateur propose alors de rejouer la scène devant le groupe – il tiendra le rôle de Paul et M. G. son propre rôle. Après avoir expliqué le contexte au groupe, M. G. commence à rejouer le dialogue :

M. G. — *Je suis contrarié de constater que tu as négligé les tâches ménagères dont tu as la responsabilité.*

Paul. — *Comment ça ?*

M. G. — *Eh bien, prenons l'entretien de la pelouse, qui est de ta responsabilité. Je suis vraiment agacé que tu ne fasses pas ce qui était convenu. Comme samedi dernier. J'étais en colère parce que tu t'es défilé, tu es sorti sans avoir tondu le jardin. J'ai trouvé ça irresponsable et ça m'a contrarié.*

Là, le formateur interrompt le jeu de rôles et dit à M. G.: «J'ai entendu beaucoup de "je" dans votre bouche, mais demandons au groupe s'il a entendu autre chose.»

Un autre père intervient aussitôt: «En l'intervalle de quelques secondes, tu as dit à Paul qu'il était négligent, qu'il s'était défilé et qu'il était paresseux.»

«Ah bon? J'ai dit ça? Peut-être, effectivement, constate M. G. d'un air penaud. On dirait plutôt des Messages-Tu, alors.»

M. G. a raison. C'est une erreur que les parents commettent souvent initialement, à *savoir formuler des Messages-Tu déguisés*, en mettant des «Je trouve que...» devant des messages dévalorisants.

La reconstitution d'un dialogue réel, comme ici, est parfois nécessaire pour que les parents comprennent que «*Je trouve que tu es une souillon*» est un Message-Tu au même titre que «Tu es une souillon». Nous leur demandons alors de laisser tomber le «Je trouve que» pour exprimer précisément ce qu'ils ressentent, par exemple «Je suis déçu», «Je voulais que la pelouse soit présentable dimanche» ou «J'étais contrarié, parce que je pensais qu'il était convenu que l'entretien de la pelouse se fasse le samedi.»

Ne mettez pas l'accent sur le négatif

Une autre erreur courante commise par les parents fraîchement formés à la méthode est de recourir aux Messages-Je pour exprimer des sentiments négatifs et d'oublier d'envoyer des Messages-Je pour les sentiments positifs.

Mme K. et sa fille Linda sont convenues que les jours où la jeune fille sort, elle rentre au plus tard à minuit et demi. Or un soir, Linda n'est pas de retour à l'heure convenue. Elle finit par rentrer à 1 h 30. Sa mère n'arrivait pas à dormir et depuis une heure, elle se faisait un sang d'encre, craignant que quelque chose soit arrivé à sa fille.

En rejouant la scène devant le groupe, Mme K. dit à peu près ceci :

Mme K. — (À l'arrivée de Linda.) – *Je suis furieuse.*

Linda. — *Oui, je sais, je suis en retard.*

Mme K. — *Je suis vraiment fâchée, parce que tu m'as empêchée de dormir.*

Linda. — *Mais pourquoi tu n'arrives pas à dormir ? J'aimerais que tu me fasses confiance et que tu ailles te coucher, sans t'inquiéter.*

Mme K. — *Comment pourrais-je dormir ? J'étais furieuse et très inquiète qu'il te soit arrivé un accident. Je suis vraiment déçue que tu n'aies pas respecté notre accord.*

Le formateur interrompt alors le jeu de rôle et dit à Mme K. : « C'est pas mal. Vous avez émis quelques bons Messages-Je, mais qui étaient uniquement négatifs. Qu'avez-vous vraiment ressenti en voyant rentrer Linda ? Quel a été votre premier sentiment ? »

Sans hésiter, Mme K. répond : « Un immense soulagement, en constatant qu'elle était saine et sauve. J'avais envie de la serrer dans mes bras et de lui dire combien j'étais heureuse de voir qu'elle allait bien. »

« Je veux bien vous croire ! répond le formateur. Maintenant, je vais jouer de nouveau le rôle de Linda. Communiquez-moi cette fois ces véritables sentiments, sous la forme de Messages-Je. Essayons, pour voir. »

Mme K. — *Oh, Linda, Dieu soit loué, tu es saine et sauve. Je suis si heureuse de te voir. Quel soulagement.* (Serre le formateur dans ses bras.) *J'ai eu tellement peur que tu aies eu un accident !*

Linda. — *Eh bien dis donc, on dirait que tu es vraiment contente de me voir !*

Là, le groupe se met à applaudir Mme K., les participants exprimant leur surprise et leur joie en découvrant la nature très différente du deuxième dialogue, qui commence par les sentiments les plus forts de la mère, « ici et maintenant ». S'ensuit une discussion animée sur le fait que les parents passent à côté de nombreuses occasions d'exprimer avec sincérité à leurs enfants leurs sentiments positifs et aimants. Animés par la volonté de « faire la leçon à nos enfants », nous manquons des occasions en or de leur enseigner des leçons bien plus importantes. Par exemple, que nous les aimons plus que tout et que nous serions anéantis s'ils avaient un accident.

Après avoir exprimé avec sincérité ses premiers sentiments, Mme K. a eu largement le temps de faire part à Linda de sa déception de constater que la jeune fille n'avait pas respecté leur accord. Comme leur discussion aurait été différente si la mère avait commencé par formuler le Message-Je positif…

Choisissez l'outil adapté

Dans nos Ateliers Parents, les participants s'entendent souvent dire qu'ils atténuent, ou édulcorent, leurs Messages-Je. Ils sont nombreux à avoir du mal, initialement, à formuler un Message-Je qui reflète l'intensité de leurs sentiments. Or en général, lorsqu'un parent atténue son Message-Je, celui-ci perd de son impact sur l'enfant, qui ne change pas de comportement.

Mme B. nous a raconté un incident au cours duquel son fils Brandon n'a pas changé de comportement alors qu'elle avait émis un Message-Je qui, pourtant, lui avait paru bien formulé. Brandon, 6 ans, avait tapé sur la tête son petit frère, âgé de quelques mois, alors qu'il s'amusait avec la vieille raquette de tennis de son père. La mère a alors formulé un Message-Je, mais Brandon a continué et a tapé de nouveau le bébé.

Lors de la reconstitution de l'incident dans un jeu de rôles devant le groupe, les autres parents ont constaté que Mme B. avait atténué ses sentiments : « Brandon, je n'aime pas que tu tapes Sammy. »

« Je suis surprise, Mme B., intervient alors la formatrice, que voir votre bébé se faire taper avec une raquette de tennis suscite chez vous des sentiments aussi modérés. »

« Oh, mais j'étais terrorisée. J'avais peur qu'il lui ait fracturé le crâne. Je m'attendais à voir du sang sur la tête du bébé. »

«Bien. Dans ce cas, dit la formatrice, exprimons ces sentiments très forts par des Messages-Je qui reflètent leur intensité.»

Incitée à faire preuve de franchise quant à son véritable ressenti, Mme B. a formulé les choses plus énergiquement: «Brandon, je suis morte de peur quand je vois le bébé se prendre un coup sur la tête! Je détesterais qu'il soit blessé. Et ça me met vraiment en colère quand je vois quelqu'un faire du mal à un plus petit que lui. Ooooh, j'ai eu tellement peur de voir du sang sur sa petite tête…»

Mme B. et les autres parents du groupe tombent d'accord sur le fait que cette fois, elle a formulé un message beaucoup plus sincère et juste. Le deuxième Message-Je, bien plus fidèle à ses véritables sentiments, aurait eu beaucoup plus de chances d'avoir un impact sur Brandon.

Éruption volcanique, façon Vésuve

Certains parents, après avoir découvert le principe du Message-Je, se précipitent chez eux, pressés de s'exprimer face à leurs enfants, et se retrouvent à déverser leurs émotions si longtemps refoulées comme des volcans. Une mère a raconté au groupe qu'elle avait passé toute la semaine à libérer sa colère face à ses deux enfants. Le problème, c'est que les enfants étaient terrorisés par ses éruptions.

Le constat que certains parents ont interprété notre incitation à dévoiler leurs véritables sentiments comme une autorisation à laisser libre cours à leur colère m'a incité à m'intéresser à la fonction de la colère dans la relation parent-enfant. Cet examen critique de la colère m'a permis de clarifier considérablement ma pensée et m'a amené à repenser les raisons pour lesquelles les parents laissent libre cours à leur colère, les raisons pour lesquelles celle-ci est néfaste pour les enfants et à ce qu'on peut faire pour aider les parents à ne pas déverser ainsi leur colère.

Contrairement à d'autres émotions, la colère est presque toujours dirigée contre autrui. «Je suis en colère» est un message qui signifie généralement «Je suis en colère contre toi» ou «Tu m'as mis en colère». En réalité, c'est donc un Message-Tu, et non un Message-Je. Un parent ne peut pas changer la véritable nature de ce Message-Tu en le formulant sous la forme «Je suis en colère». Ces messages font l'effet d'un Message-Tu à l'enfant, *qui se dit qu'on lui reproche d'avoir provoqué la colère du parent.* Il est à prévoir que l'enfant se sente dénigré, culpabilisé et ciblé par un reproche, comme le font les autres Messages-Tu.

J'ai la conviction que la colère fait son apparition chez le parent uniquement *après* que celui-ci a éprouvé une autre émotion, appelée émotion primaire. Voici le mécanisme :

Alors que je roule sur l'autoroute, un automobiliste me fait une queue-de-poisson. Mon émotion primaire, c'est la peur ; son comportement m'a effrayé. La conséquence de cette peur, c'est que quelques secondes plus tard, je klaxonne et je «manifeste ma colère», peut-être même en criant quelque chose comme «Espèce d'imbécile, où tu as appris à conduire ?», un message qui, indéniablement, est un pur Message-Tu. Ce comportement, qui exprime ma colère, a pour fonction de punir l'automobiliste ou de le culpabiliser de m'avoir fait peur, pour éviter qu'il recommence.

Souvent, le parent se comporte de la même manière, en utilisant sa colère ou son «comportement traduisant de la colère» pour donner une leçon à l'enfant.

Une mère perd son fils dans un magasin. Son émotion primaire, c'est la peur – elle redoute qu'il lui arrive quelque chose. Si on lui demandait ce qu'elle ressent au moment où elle le cherche, elle dirait «Je suis terrorisée», «Je suis horriblement inquiète» ou «J'ai peur». Lorsqu'elle retrouve enfin l'enfant, elle éprouve un immense soulagement. Elle pense : «Dieu merci, il est sain et sauf.» Mais elle dit tout autre chose. Elle affiche un comportement de colère et envoie un message comme «Vilain garçon!», «Je suis furieuse! Comment tu peux être bête au point de me perdre?» ou «Je ne t'avais pas dit de ne pas t'éloigner?» La mère, ici, affiche de la colère (une émotion *secondaire*), pour donner une leçon à l'enfant ou pour le punir de lui avoir causé une telle frayeur.

Émotion secondaire, la colère s'exprime presque toujours sous la forme d'un Message-Tu porteur d'un jugement ou d'un reproche adressé à l'enfant. J'ai la quasi-conviction que la colère est une posture adoptée par le parent, de manière délibérée et consciente, dans le but exprès de reprocher, punir ou donner une leçon à l'enfant, dont le comportement a provoqué une autre émotion (émotion *primaire*). Lorsque vous vous mettez en colère contre quelqu'un, vous jouez un rôle pour l'affecter, pour lui montrer ce qu'il a fait, pour lui donner une leçon et pour essayer de le convaincre de ne pas recommencer. Je ne dis pas que cette colère n'est pas réelle. Simplement, je pense que les gens se mettent en colère *intentionnellement*.

Voici quelques exemples :

- Un enfant est turbulent au restaurant. L'émotion primaire des parents est la *gêne*. L'émotion secondaire est la colère : «Arrête de te comporter comme si tu avais deux ans.»

- L'enfant oublie que c'est l'anniversaire de son père et ne pense pas à lui souhaiter un bon anniversaire ou à lui offrir un cadeau. L'émotion primaire du père est la *tristesse*, l'émotion secondaire la colère : « Tu es comme tous ces gamins de ta génération, qui ne pensent pas aux autres. »

- L'enfant reçoit son bulletin et il a des mauvaises notes. L'émotion primaire de la mère est la *déception*, l'émotion secondaire la colère : « Je sais bien que tu n'as rien fichu de tout le trimestre. J'espère que tu es fier de toi, maintenant. »

Comment les parents peuvent-ils apprendre à ne plus envoyer de Messages-Tu chargés de colère à leurs enfants ? L'expérience recueillie lors de nos formations est plutôt encourageante. Nous aidons d'abord les parents à faire la part des choses entre émotions primaires et émotions secondaires. Ils apprennent ensuite à **exprimer leurs émotions primaires face à l'enfant, au lieu d'évacuer leur émotion secondaire de colère**. Notre formation aide les parents à mieux prendre conscience de ce qu'il se passe en eux lorsqu'ils ressentent de la colère et à identifier l'émotion primaire sous-jacente.

Mme C., une maman très consciencieuse, a confié à son groupe, lors d'un Atelier Parents, qu'elle s'était rendu compte que ses fréquents éclats de colère contre sa fille de 12 ans étaient des réactions secondaires à sa déception de constater que l'enfant n'était pas aussi studieuse et scolaire qu'elle à son âge. Mme C. a alors commencé à comprendre combien la réussite scolaire de sa fille comptait pour elle et que lorsque celle-ci la décevait sur le plan scolaire, elle l'assaillait de Messages-Tu chargés de colère.

M. J., psychologue de profession, a confié au groupe, lors d'un Atelier Parents, qu'il venait de comprendre pourquoi il se mettait à ce point en colère contre sa fille, âgée de 11 ans, lorsqu'ils étaient en société. L'enfant est timide, contrairement à son père, très sociable. Lorsqu'il la présente à des amis, sa fille ne leur serre pas la main et ne dit pas « Comment ça va ? » ou « Enchantée ». Son « Bonjour » étouffé, presque inaudible, mettait son père mal à l'aide. Il a reconnu qu'il craignait que ses amis le jugent et voient en lui un père dur et sévère avec une enfant soumise et craintive. Après avoir compris cela, il a pu surmonter sa colère dans ces situations et commencer à accepter le fait que tout simplement, sa fille a une personnalité différente de la sienne. Et lorsque le père a cessé d'être en colère, sa fille a commencé à être beaucoup moins mal à l'aise.

Lors des Ateliers Parents, les participants prennent conscience que s'ils formulent souvent des Messages-Tu chargés de colère, ils seraient bien inspirés de se regarder dans une glace pour s'interroger : « Que se passe-t-il en moi ? » « Lesquels de mes besoins sont menacés par le comportement de mon enfant ? » « Quelles sont mes émotions primaires ? » Une mère a courageusement admis face au groupe qu'elle avait souvent été en colère contre ses enfants parce qu'elle était contrariée que ses maternités l'aient empêchée d'accomplir des études universitaires et de devenir enseignante. Elle a découvert que sa colère était en réalité du ressentiment, car elle était déçue d'avoir dû renoncer à son avenir professionnel.

L'effet d'un Message-Je efficace

Les Messages-Je peuvent avoir des résultats extrêmement surprenants. Les parents relatent souvent que leurs enfants sont surpris de découvrir ce que l'adulte ressent réellement. Ils disent alors :

> *« Je ne me rendais pas compte que ce que je fais te dérangeait à ce point. »*

> *« Pourquoi ne m'as-tu pas dit ce que tu ressentais plus tôt ? »*

> *« Ça te touche vraiment, n'est-ce pas ? »*

Souvent, les enfants, tout comme les adultes d'ailleurs, n'ont pas conscience de l'effet de leur comportement sur autrui. Dans leur quête d'atteindre leurs objectifs, ils ne se rendent souvent absolument pas compte de l'impact de leur comportement. Une fois qu'on le leur a dit, ils s'efforcent généralement de prendre davantage l'autre en considération. Lorsque l'enfant a compris l'effet de son comportement, il change souvent d'attitude et fait preuve de considération.

> *Mme H. a relaté au groupe un incident survenu lors de vacances en famille. Ses jeunes enfants s'étaient montrés très bruyants et turbulents à l'arrière du monospace. Mme H. et son mari ont supporté ce chahut, agacés. Puis à un moment, M. H. en a eu plus qu'assez. Il a freiné brusquement, s'est garé sur le bas-côté et a décrété : « Je ne peux plus supporter tout ce bruit et cette agitation sur la banquette arrière. Je veux pouvoir profiter de mes vacances et conduire dans le calme. Quand il y a autant de bruit, je suis sur les nerfs et conduire devient un calvaire. Je pense que j'ai le droit de profiter de ces vacances, moi aussi. » Les enfants sont restés interloqués par la réaction de leur père et ils le lui ont dit. Ils ne se rendaient pas compte que leurs jeux, sur la banquette arrière, le dérangeaient. Manifestement, ils pensaient que cela ne l'importunait pas. Mme H. a expliqué*

qu'après cet incident, les enfants ont fait preuve de beaucoup
plus de considération et se sont amusés plus calmement.

M. G., proviseur d'un lycée pour adolescents en difficulté,
a raconté l'anecdote suivante :

« *Pendant des semaines, j'ai toléré avec agacement le comporte-*
ment d'un groupe de garçons qui ne cessaient d'enfreindre
le règlement. Un matin, en regardant par la fenêtre de mon
bureau, je les ai vus traverser tranquillement la pelouse, ciga-
rettes à la main, ce qui est interdit par le règlement. Là, mon
sang n'a fait qu'un tour. Comme je venais justement d'assis-
ter à l'Atelier Parents consacré aux Messages-Je, je suis arrivé
au pas de charge et je me suis mis à exprimer mes sentiments :
"Les gars, je suis vraiment découragé par votre attitude ! J'ai
tout essayé pour vous aider à terminer votre scolarité. J'ai tout
donné dans cette mission. Et vous, la seule chose que vous faites,
c'est d'enfreindre les règles. Je me suis battu pour assouplir les
règles vestimentaires du règlement intérieur, mais même ça,
vous ne le respectez pas. Et maintenant, je vous vois en train
de fumer, ce qui est aussi contraire au règlement. Vous savez,
j'ai juste envie de démissionner et de retourner dans un lycée
traditionnel, où j'aurai le sentiment d'arriver à quelque chose.
Parce qu'ici, j'ai vraiment l'impression d'avoir totalement
échoué."

Dans l'après-midi, M. G. a eu la surprise de recevoir la visite
du groupe de garçons : "Eh, M. G., on a réfléchi à ce qui s'est
passé ce matin. On ne savait pas que vous pouviez vous mettre
en colère. Ça n'était jamais arrivé. On ne veut pas voir débar-
quer un autre proviseur, qui n'assurera pas autant que vous.
Alors, on a décidé de ne plus fumer dans l'enceinte du lycée. Et
on va aussi respecter les autres règles du règlement intérieur."

Une fois sa sidération initiale dépassée, M. G. est allé s'instal-
ler dans une autre salle pour discuter avec les jeunes et tous ont
accepté de se tenir aux règles vestimentaires du règlement inté-
rieur. M. G. a confié aux participants de son Atelier Parents
que l'élément le plus important, concernant cet incident, a été
le moment agréable qu'ils ont passé ensuite, à discuter de ce qui
était cool et de ce qui ne l'était pas en termes de vêtements et de
look. "Nous nous sommes éclatés", explique-t-il. Les ados se sont
rapprochés de lui, et le groupe s'est soudé. Ils ont quitté la pièce
en excellents termes, avec cette proximité qui se crée souvent
lorsqu'on parvient à résoudre ensemble un problème. »

En entendant M. G. raconter cette anecdote, je dois
reconnaître que j'ai été aussi épaté que les parents du groupe
par l'impact spectaculaire des Messages-Je de M. G. Cela m'a
conforté dans l'idée que les adultes sous-estiment souvent la
bonne volonté des enfants à faire preuve de considération face
aux besoins des adultes, une fois qu'on leur a expliqué franchement et clairement ce que les autres ressentent. *Les enfants*
peuvent se montrer responsables et réceptifs, dès lors que les adultes
prennent le temps de leur expliquer les choses.

Voici d'autres exemples de Messages-Je efficaces qui ne
contiennent ni reproches ni culpabilisations, et dans lesquels
le parent ne suggère pas de solution :

La mère a envie de lire ses e-mails et de se détendre en ren-
trant du travail. L'enfant grimpe sur ses genoux et l'empêche
de regarder son téléphone. La mère dit : « Je ne peux pas voir
mon téléphone quand tu es sur mes genoux. Je n'ai pas envie
de jouer avec toi parce que je suis fatiguée et que j'ai envie de
me détendre. »

L'enfant insiste pour que sa mère l'amène au cinéma, mais il n'a pas rangé sa chambre depuis plusieurs jours, ce qu'il s'était engagé à faire. Elle lui dit: «Je n'ai pas très envie de faire quelque chose pour toi alors que tu ne te tiens pas à notre accord, concernant le rangement de ta chambre.»

L'enfant écoute de la musique dans sa chambre tellement fort que cela perturbe la conversation de ses parents dans la pièce à côté. La mère dit: «Nous sommes vraiment frustrés, parce que la musique est tellement forte que nous ne pouvons pas discuter.»

L'enfant s'est engagé à faire le ménage dans la salle de bains avant l'arrivée des invités, un jour où la famille organise une fête. Toute la journée, l'enfant reporte cette tâche à plus tard. Les invités vont arriver dans une heure et il n'a toujours pas commencé. La mère dit: «Je me sens vraiment abandonnée. J'ai œuvré toute la journée pour que tout soit prêt pour la fête et maintenant, il faut en plus que je me préoccupe de l'état de la salle de bains.»

L'enfant a oublié de rentrer à l'heure convenue pour pouvoir aller acheter des chaussures avec sa mère. La mère est pressée: «Je n'aime pas ça: j'organise toute ma journée pour qu'on puisse aller t'acheter des chaussures, et toi, tu ne rentres pas à l'heure convenue, sans même envoyer un SMS.»

Envoyer des Messages-Je non verbaux à de très jeunes enfants

Les parents de petits de moins de deux ans demandent immanquablement comment dire des Messages-Je à des enfants trop jeunes pour comprendre le sens de messages verbaux.

Notre expérience nous incite à dire que les parents sous-estiment souvent la capacité des très jeunes enfants à saisir les

Messages-Je. À deux ans, la plupart des enfants ont appris à reconnaître l'acception ou l'inacception de leurs parents, à déterminer si ceux-ci se sentent bien ou pas, s'ils apprécient ce que l'enfant est en train de faire ou pas. À deux ans, la plupart des enfants ont tout à fait conscience de la signification de messages parentaux tels que : «Aïe, ça fait mal», «Ça ne me plaît pas» ou «Papa n'a pas envie de jouer». Tout comme «Ça, ça n'est pas fait pour jouer», «C'est chaud» ou «Ça risque de faire mal à Marcus».

Les très jeunes enfants sont également si sensibles aux messages non verbaux que les parents peuvent utiliser des signaux, sans passer par la parole, pour communiquer de nombreuses émotions à l'enfant.

Rob se tortille pendant que sa mère l'habille. Celle-ci le maintient gentiment, mais fermement, et continue à l'habiller. (Message : «Je ne peux pas t'habiller si tu bouges autant.»)

Mo saute sur le canapé et sa mère a peur qu'elle fasse tomber la lampe posée sur la console, à côté de l'accoudoir. La mère soulève gentiment mais fermement Mo et la pose par terre, où elle la fait sauter en la tenant par les bras. (Message : «Je n'aime pas que tu sautes dans le canapé, mais ça ne me dérange pas si tu sautes par terre.»)

Tomás traîne et tarde à monter dans la voiture, alors que son père est pressé. Le père met sa main dans le dos de l'enfant et le dirige doucement mais fermement vers la voiture. (Message : «Je suis pressé et je voudrais que tu montes dans la voiture maintenant.»)

Randy tire sur la nouvelle robe que sa mère vient d'enfiler pour sortir. La mère retire la main de l'enfant du vêtement. (Message : «Je ne veux pas que tu tires sur ma robe.»)

Alors que le père porte Tim dans ses bras au supermarché, l'enfant se met à lui donner des coups de pied dans le ventre. Le père pose aussitôt Tim par terre. (Message: «Je n'aime pas te porter quand tu me donnes des coups de pied.»)

Marisol pioche de la nourriture dans l'assiette de sa mère. Celle-ci récupère la nourriture et sert à Marisol une portion pour elle, dans le plat. (Message: «Je veux ma nourriture et je n'aime pas que tu te serves dans mon assiette.»)

Ces messages comportementaux peuvent être compris par de très jeunes enfants. Ils expriment les besoins du parent, sans pour autant reprocher à l'enfant d'avoir lui aussi des besoins. De plus, il est clair que ces messages ne constituent pas une punition.

Problèmes rencontrés avec les Messages-Je

Les parents rencontrent invariablement divers problèmes en recourant aux Messages-Je. Aucun n'est insurmontable, mais chacun exige des compétences supplémentaires.

Les enfants réagissent souvent aux Messages-Je en les ignorant, surtout au début, lorsque les parents commencent à y recourir. Personne n'aime s'entendre dire que son comportement interfère avec les besoins d'autrui. Cela s'applique aussi aux enfants. Parfois, ils préfèrent «ne pas entendre» que leur comportement suscite des sentiments chez leurs parents.

Lorsque le premier Message-Je ne provoque pas de réaction, nous conseillons aux parents d'en envoyer un deuxième. Peut-être celui-ci sera-t-il plus puissant, plus intense, plus fort ou plus chargé en émotions. Dans tous les cas, le deuxième message dira à l'enfant: «Écoute, je suis sérieux.»

Certains enfants s'en vont en entendant un Message-Je, haussant les épaules, comme pour dire «Et alors?». Un deuxième message, plus fort cette fois, pourra faire l'affaire. Ou bien le parent pourra dire quelque chose comme:

«Eh, je suis en train de te dire ce que je ressens. Pour moi, c'est important. Et je n'aime pas qu'on m'ignore. Je déteste ça, quand tu t'en vas et que tu n'écoutes même pas ce que j'éprouve. Ça ne me plaît pas. Je ne trouve pas ça très loyal vis-à-vis de moi, alors que j'ai un vrai problème.»

Ce message incite parfois l'enfant à revenir ou à prêter attention à ce qu'on lui dit. Il signifie: «Je suis sérieux, vraiment!»

Fréquemment, les enfants réagissent à un Message-Je en envoyant eux aussi un Message-Je. Au lieu de modifier immédiatement leur comportement, ils veulent que vous entendiez leurs sentiments, comme dans ce dialogue:

Mère. — *Je n'aime pas voir que le salon, qui était bien rangé, est en bazar dès que tu rentres de l'école. Je me sens complètement découragée, parce que j'ai passé beaucoup de temps à ranger.*

Fils. — *Je trouve que tu es trop maniaque, concernant le rangement.*

À ce stade, les parents n'ayant pas suivi notre formation sont souvent agacés et se mettent sur la défensive, en répondant des choses comme «Mais pas du tout!», «Ça n'est pas à toi d'en décider» ou «Je me moque de ce que tu penses de la manière dont je tiens la maison.» Pour gérer ces situations efficacement, les parents doivent garder en tête notre premier principe fondamental : lorsque l'enfant a un problème ou un sentiment désagréable, on recourt à l'écoute active. Nous parlons de « changement de position » – autrement dit, on change de posture, en passant de la confrontation à l'écoute. Dans le dialogue précédent, le Message-Je de la mère a causé un problème à l'enfant (comme c'est souvent le cas avec ces messages). Il s'agit donc de manifester de la compréhension et de l'acceptation.

> **Mère.** — *Tu trouves que je place la barre trop haut et que je suis maniaque.*
> **Fils.** — *Oui.*
> **Mère.** — *C'est possible. Je vais y réfléchir. Mais en attendant d'avoir changé, je me sens découragée quand je vois tout mon travail anéanti. Et là, je suis très contrariée quand je découvre l'état du salon.*

Souvent, lorsque l'enfant a constaté que son parent a compris son sentiment, il change de comportement. En général, tout ce que veut l'enfant, c'est que ses sentiments soient compris. Ensuite, il sera disposé à faire quelque chose de constructif concernant les vôtres.

Ce qui surprend aussi la plupart des parents, c'est de constater que leur écoute active révèle des sentiments de l'enfant qui, une fois qu'ils ont été compris par le parent, ont pour effet de faire disparaître ou de modifier les sentiments d'inacceptation d'origine du parent. En incitant l'enfant à exprimer ce qu'il ressent, le parent voit la situation sous un jour nouveau.

Plus haut, nous avons présenté le cas d'un enfant qui avait peur d'aller dormir. La mère était contrariée par le fait que son fils ne voulait pas aller se coucher et elle le lui a dit avec un Message-Je. L'enfant lui a expliqué qu'il avait peur de fermer la bouche dans son sommeil et de s'étouffer. Ce message a aussitôt modifié l'attitude d'inacceptation de la mère, qui a cédé la place à une acceptation pleine de compréhension.

Une autre situation présentée par un père illustre la manière dont l'écoute active peut modifier les sentiments de l'adulte.

Père. — *Je suis contrarié de voir que les assiettes du dîner sont encore dans l'évier. Est-ce que nous n'avions pas convenu que tu ferais la vaisselle tout de suite après manger ?*

Jan. — *Après manger, j'ai eu un coup de barre, parce que je me suis couché à 3 heures du matin, hier, pour terminer mon exposé.*

Père. — *Tu n'as pas eu le courage de faire la vaisselle tout de suite après le dîner parce que tu t'es couché tard.*

Jan. — *C'est ça. J'ai fait une petite sieste jusqu'à 22 h 30. J'ai prévu de faire la vaisselle avant d'aller me coucher. Ça te va ?*

Père. — *Ça me va.*

Autres applications des Messages-Je

Une alternative aux louanges

Lorsque j'ai démarré les Ateliers Parents, les Messages-Je étaient exclusivement présentés comme une méthode efficace face aux enfants dont le comportement était inacceptable. Beaucoup de parents étaient surpris par cet usage restreint du Message-Je et demandaient, à juste titre : « Pourquoi est-ce qu'on n'utiliserait pas ces messages pour exprimer nos sentiments positifs ou notre satisfaction lorsque le comportement de l'enfant est acceptable ? »

Les messages contenant des évaluations positives ont toujours suscité en moi des sentiments ambivalents, liés essentiellement à ma conviction que féliciter des enfants est souvent manipulateur, voire parfois destructeur pour la relation parent-enfant. Mon argumentation ressemblait à ceci :

Les parents félicitent souvent leurs enfants pour les amener à faire ce que les parents ont décidé, estimant que c'était le mieux pour eux. À l'inverse, il arrive aussi que les adultes félicitent l'enfant dans l'espoir que celui-ci s'abstienne d'un comportement déplaisant aux parents, pour au contraire répéter le « bon » comportement récompensé par les félicitations parentales.

Les psychologues l'ont prouvé, dans des expériences conduites à la fois sur l'être humain et sur l'animal, et cela ne fait aucun doute : donner une récompense immédiatement après un certain comportement « renforce » ce comportement – autrement dit, cela accroît les chances que ce comportement se produise de nouveau. C'est la preuve que les récompenses portent leurs fruits. Tous, nous répétons des comportements qui, par le passé, nous ont apporté une gratification. C'est logique. Nous faisons des choses, que nous répétons toujours et encore, parce que par le passé, elles nous ont apporté ce dont nous avions besoin ou ce que nous voulions – nous avons été récompensés.

Les félicitations, bien évidemment, constituent un type de récompense. Du moins, c'est ce qu'on croit souvent. Alors, pourquoi ne pas faire l'effort, systématiquement, de féliciter les enfants pour un « bon » comportement ? Pourquoi ne pas punir également les enfants pour les « mauvais » comportements, puisqu'il a été démontré que les punitions font cesser ces comportements ou réduisent la probabilité de les voir répétés ? Cependant, la sanction n'est pas le propos qui m'intéresse ici (je reviendrai sur ce point un peu plus loin).

S'il y a bien une idée qui s'est imposée dans les relations parent-enfant, c'est celle qu'il faut féliciter les enfants pour leurs «bons» comportements. Pour beaucoup de parents, remettre en question ce principe relève de l'hérésie. Et il est vrai que la plupart des livres et des articles sur la parentalité le préconisent.

Cependant, recourir aux félicitations (et à d'autres formes de récompenses) pour façonner les comportements comporte de nombreux écueils.

Tout d'abord, pour être efficaces, les félicitations doivent être perçues par l'enfant comme une récompense. Or souvent, ce n'est pas le cas. Si un parent félicite un enfant pour une activité jugée «bonne» par l'adulte, mais perçue autrement par l'enfant, les félicitations sont souvent rejetées ou refusées par l'enfant.

Parent. — *Tu nages vraiment de mieux en mieux.*

Enfant. — *Oui, mais pas aussi bien que Laurie.*

Parent. — *Chéri, tu as fait un super-match.*

Enfant. — *Pas du tout, j'ai été nul.*

La question suivante s'impose: «Si le Message-Je est un moyen plus constructif pour motiver un enfant à modifier un comportement inacceptable pour le parent, ne pourrait-il pas aussi être un moyen plus constructif de communiquer des sentiments positifs – appréciation, plaisir, gratitude, soulagement, joie ?»

En règle générale, les parents qui félicitent leurs enfants le font presque toujours sous la forme d'un Message-Tu :

« Tu es vraiment très sage ! »
« Tu t'es bien débrouillé ! »
« Tu t'es très bien tenu au restaurant, bravo ! »
« Tu as vraiment fait des progrès à l'école ! »

Remarquez que tous ces messages expriment un jugement, une évaluation de l'enfant. Comparez-les maintenant à ces Messages-Je positifs :

« J'apprécie vraiment que tu aies sorti les poubelles, alors que c'était à moi de le faire. Merci beaucoup ! »
« Merci d'être allé chercher ton frère à l'aéroport. Ça m'a fait gagner du temps, je t'en suis très reconnaissant. »
« Quand tu me dis vers quelle heure tu vas rentrer à la maison, je suis soulagée, parce que je ne m'inquiète plus. »

Les Messages-Je positifs ne risquent pas d'être interprétés comme des tentatives de manipulation et de contrôle, comme c'est souvent le cas pour les félicitations, dès lors que les deux conditions suivantes sont remplies :

1. Le parent ne cherche pas consciemment à se servir de ces messages pour inciter l'enfant à répéter le comportement souhaité (pour modifier le comportement à venir de l'enfant).
2. Le message est simplement un moyen de communiquer une émotion spontanée et temporaire – autrement dit, l'émotion est authentique et se produit au moment où le message est émis.

L'ajout de ce concept à notre modèle permet aux parents de partager leurs sentiments positifs, lorsqu'ils sont spontanément contents du comportement de l'enfant, sans les risques inhérents aux félicitations. Je pense que précédemment, lorsque je mettais en garde les parents contre les félicitations adressées aux enfants, je suscitais chez eux perplexité et frustration et je les privais d'un moyen constructif de communiquer ces sentiments positifs.

Comment prévenir certains problèmes

Lorsque vous ne rencontrez aucun problème dans la relation avec vos enfants (la relation se situe dans la zone sans problème de la Fenêtre des Comportements), il est possible que vous ayez envie de formuler un message pour prévenir un comportement inacceptable à venir.

L'objectif de ces Messages-Je de prévention est d'informer les enfants de vos projets, plans, besoins, etc., à l'avance :

> « *J'ai besoin de terminer une formation sur Internet, donc j'aimerais bien qu'on se mette d'accord sur l'utilisation de l'ordinateur ce week-end.* »

> « *J'aimerais qu'on fasse le point sur ce qu'il faut préparer avant notre départ en vacances, pour être sûr que nous ayons le temps de tout faire.* »

> « *J'aimerais savoir à quelle heure nous allons dîner, parce que je dois passer un coup de fil qui va prendre un certain temps.* »

Bien évidemment, ces messages porteurs d'une information n'apporteront pas toujours exactement aux parents ce qu'ils souhaitent, mais il est largement préférable d'indiquer à l'avance à vos enfants ce que vous avez en tête, plutôt que d'attendre qu'ils aient un comportement inacceptable, n'ayant pas eu connaissance de vos besoins. Un Message-Je de prévention peut éviter bien des conflits.

Ces Messages-Je de prévention ont un autre effet, moins évident : ils permettent aux enfants de constater que leurs parents sont des êtres humains, avec des besoins, des envies, des préférences et des souhaits, comme tout le monde. Et bien sûr, ils donnent aux enfants la possibilité d'adopter un comportement qui fera plaisir aux parents, sans qu'on leur ait dit explicitement ce qu'il fallait faire.

Une mère divorcée, qui élève seule ses trois adolescents, a décrit en ces termes le message de prévention qu'elle avait fait à l'un d'eux, au sujet d'une fête au lycée :

> « *Dan a toujours été très proche de moi, je peux lui confier ce que je ressens. Récemment, je suis allée à une fête à son lycée, où il devait jouer de la guitare et chanter. Il avait envie que je vienne, mais je n'étais jamais allée à ce type de manifestation, et je redoutais de me retrouver toute seule au milieu de gens que je ne connaissais pas. J'ai donc dit à Dan : "Écoute, je ne suis encore jamais allée à une fête au lycée et je suis un peu stressée, parce que je ne connais personne. J'aimerais bien que tu me donnes un coup de main, sur place." Et il l'a fait ! Il m'a présenté plein de gens et il m'a apporté un thé. Il a vraiment été aux petits soins !* »

Comment les Messages-Je peuvent résoudre des problèmes

Revenons-en au Message-Je de confrontation en trois parties. Un problème que rencontrent tous les parents, en appliquant les Messages-Je de confrontation, est que parfois, l'enfant refuse de modifier son comportement, même après avoir compris l'impact de celui-ci sur ses parents. Il arrive que même le plus clair des Messages-Je ne porte pas ses fruits – l'enfant ne change pas le comportement qui interfère avec les besoins des parents. Il y a alors conflit entre les besoins de l'enfant (adopter ce comportement) et les besoins des parents (voir cesser ce comportement).

Dans nos Ateliers Parents, nous parlons de *situation de conflits de besoins*. Lorsque cela se produit, comme c'est inévitable dans toute relation entre deux individus, la relation atteint son moment de vérité.

La gestion de ces situations de conflits de besoins constitue le cœur de ce livre, et elle sera traitée à partir du chapitre 9.

8

Changer le comportement inacceptable en changeant l'environnement

Malheureusement, les parents qui s'efforcent de modifier le comportement de l'enfant en changeant son environnement restent encore trop rares.

Il est plus courant de changer l'environnement des bébés et des tout-petits que celui des plus grands, car lorsque les enfants grandissent, les parents s'appuient davantage sur la parole, notamment avec des messages qui « rabaissent » l'enfant ou qui le menacent du pouvoir parental. Négligeant le recours aux changements de l'environnement, ils tentent plutôt de persuader l'enfant de cesser le comportement inacceptable. C'est dommage, car changer l'environnement est souvent très simple et extrêmement efficace, quel que soit l'âge de l'enfant.

Les parents recourent davantage à cette méthode lorsqu'ils ont pris conscience des nombreuses possibilités qu'elle offre. On peut:

- Enrichir l'environnement;
- L'appauvrir;
- Le simplifier;
- Le restreindre;
- Le sécuriser;

- Remplacer une activité par une autre;
- Préparer l'enfant à des changements dans son environnement;
- Planifier, avec des enfants plus âgés.

Enrichir l'environnement

Tous les bons enseignants d'école maternelle le savent: un moyen efficace pour prévenir ou faire cesser un comportement inacceptable est de fournir aux enfants quantité d'activités intéressantes – autrement dit, enrichir leur environnement avec des jeux, des livres, des jouets, des poupées, de la pâte à modeler, des puzzles, etc. Les parents efficaces, eux aussi, appliquent ce principe; un enfant occupé par une activité intéressante est moins susceptible de déranger.

Des parents qui suivent nos formations nous ont rapporté qu'ils obtiennent d'excellents résultats en aménageant un espace dédié dans le garage ou dans un coin du jardin où l'enfant pourra creuser, marteler, construire, peindre, faire du désordre et créer. À cet endroit, il sera libre de faire quasiment tout ce qu'il veut sans rien abîmer.

Les trajets en voiture avec des enfants sont particulièrement éprouvants pour les parents. Certaines familles veillent à emporter jouets, jeux et puzzles, pour éviter ennui et agitation.

La plupart des parents l'ont constaté: leurs enfants sont moins susceptibles d'avoir un comportement inacceptable s'ils peuvent inviter des copains à jouer à la maison. À deux ou à trois, les enfants trouvent souvent plus facilement des activités « acceptables » que s'ils sont seuls.

Du matériel de peinture, de l'argile, un théâtre de marionnettes pour organiser un spectacle, une maison de poupées avec toute une famille d'occupants, de la pâte à modeler, de la peinture à doigts, des cartes à jouer sont autant d'accessoires pouvant réduire considérablement les comportements agressifs, agités ou gênants. Trop souvent, les parents oublient que les enfants ont besoin d'activités intéressantes et stimulantes pour s'occuper, à l'image des adultes.

Appauvrir l'environnement

Parfois, les enfants ont besoin d'un environnement peu stimulant, comme avant d'aller se coucher. Les parents, notamment les pères, ont quelquefois tendance à stimuler excessivement les enfants juste avant l'heure du coucher ou du repas, puis attendent de leur part qu'ils se calment et se maîtrisent soudain. Or dans ces situations, l'environnement de l'enfant doit être appauvri, et non enrichi. Une grande partie de l'agitation et du stress qui surviennent à ces moments pourrait être évitée si les parents faisaient l'effort de rendre l'environnement de l'enfant moins stimulant.

Simplifier l'environnement

Souvent, les enfants adoptent un comportement «inacceptable» parce que leur environnement est trop compliqué ou difficile. Ils dérangent le parent pour obtenir de l'aide, abandonnent une activité, manifestent de l'agressivité, jettent des objets à terre, gémissent, partent en courant ou se mettent à pleurer.

Au domicile, l'environnement doit subir diverses modifications pour permettre à l'enfant d'accomplir plus facilement certains gestes lui-même, de manipuler des objets en toute sécurité et d'éviter la frustration inévitable lorsqu'il ne peut se débrouiller dans son environnement. Beaucoup de parents

simplifient l'environnement de l'enfant par les mesures
suivantes :

- Acheter des vêtements que l'enfant pourra facilement
  mettre tout seul.

- Installer un marchepied ou un cube sur lequel il pourra
  monter pour atteindre ses vêtements dans le placard et
  le lavabo de la salle de bains.

- Acheter des couverts et de la vaisselle adaptés à la taille
  de l'enfant.

- Fixer des patères à hauteur d'enfant.

- Acheter des gobelets incassables.

- Fixer sur les portes coulissantes une poignée assez basse
  pour que l'enfant puisse s'en servir.

- Mettre sur les murs de la chambre de l'enfant de la
  peinture ou du papier peint lessivables.

Restreindre l'espace de l'enfant

Installer un enfant au comportement inacceptable dans un
parc est une manière de limiter son espace de vie, afin que ses
comportements deviennent acceptables pour le parent. Une
clôture autour du jardin est efficace pour empêcher l'enfant
d'aller dans la rue, de piétiner les fleurs du voisin, de se perdre,
etc.

Certains parents déterminent un espace dans le logement
où l'enfant a le droit de s'amuser avec de l'argile, de faire de la
peinture, de faire des découpages et des collages. Ces activités
salissantes sont restreintes à cet espace dédié. On peut aussi

définir un espace spécial où les enfants ont le droit de faire du bruit, d'être turbulents, de jouer avec de la terre, etc.

Les enfants acceptent généralement ces limitations, dès lors qu'elles sont raisonnables et qu'elles leur laissent la liberté de satisfaire leurs besoins. Il arrive qu'un enfant s'oppose à ces restrictions et commence un conflit avec le parent à ce sujet (nous verrons dans le chapitre qui suit comment résoudre ces conflits).

Sécuriser l'environnement

Si presque tous les parents pensent à mettre médicaments, couteaux tranchants et substances chimiques dangereuses hors de portée des enfants, on peut sécuriser davantage encore l'environnement, par les mesures suivantes :

- Tourner les manches des casseroles vers l'intérieur de la table de cuisson lorsqu'on cuisine.
- Acheter des verres et des gobelets incassables.
- Conserver les allumettes hors de portée des enfants.
- Réparer les prises et les fils électriques défectueux.
- Fermer à clé la porte de la cave.
- Mettre hors de portée des enfants les objets précieux et fragiles.
- Garder sous clé les outils dangereux.
- Placer un tapis antidérapant dans la baignoire.
- Sécuriser les fenêtres à l'étage.
- Enlever les tapis sur lesquels l'enfant pourrait glisser.

Chaque famille pourra réaliser une inspection personnalisée de son logement pour déterminer ce qui peut être adapté à l'enfant. Avec des efforts minimes, on peut généralement trouver de nombreuses solutions pour mieux sécuriser le logement et prévenir ainsi les comportements de l'enfant qui seraient inacceptables.

Remplacer une activité par une autre

Votre fille joue avec un couteau tranchant ? Donnez-lui un couteau émoussé. Si elle s'apprête à passer en revue le contenu de votre boîte à maquillage, donnez-lui quelques flacons ou cartons vides, avec lesquels elle pourra jouer par terre. Si elle arrache les pages d'un magazine que vous aimeriez conserver, donnez-lui en un autre dont vous ne voulez plus. Si elle a envie de dessiner sur le papier peint, donnez-lui un grand morceau de papier cadeau sur lequel elle pourra s'exprimer.

Si on ne propose pas une alternative à l'enfant avant de lui prendre un objet, cela se solde souvent par de la frustration et des larmes. En revanche, les enfants acceptent généralement volontiers un objet de remplacement, dès lors que le parent le propose gentiment et calmement.

Préparer l'enfant à des changements dans son environnement

On peut prévenir quantité de comportements inacceptables en préparant l'enfant aux changements à venir dans son environnement. Sa baby-sitter habituelle ne peut pas venir le vendredi ? Commencez à lui parler dès le mercredi de la nouvelle baby-sitter qui la remplacera. Si vous allez passer vos vacances au bord de la mer, préparez l'enfant, des semaines à l'avance, aux diverses choses auxquelles il sera confronté : dormir dans un autre lit, se faire des nouveaux copains, se passer de son vélo, voir de grandes vagues, respecter des règles de sécurité en bateau, etc.

Les enfants possèdent une capacité incroyable à s'adapter facilement aux changements, à condition que les parents prennent la peine de leur en parler à l'avance. C'est vrai aussi lorsque les enfants vont subir une intervention douloureuse ou désagréable, comme un vaccin. Parlez-en avec l'enfant avec franchise, en lui disant même que sans aucun doute, cela fera mal pendant une seconde : cela fera des miracles pour l'aider à affronter cette épreuve.

Planifier (avec des enfants plus âgés)

Avec les adolescents aussi, on peut prévenir bien des conflits en organisant leur environnement. De plus, ils ont besoin d'un espace suffisant pour leurs affaires, d'intimité et de la possibilité de faire des activités indépendantes. Voici quelques suggestions pour «élargir votre zone d'acceptation» avec des enfants plus grands.

- Fournir à l'enfant son propre réveil.
- Lui octroyer suffisamment d'espace dans les placards, avec de nombreuses patères.
- Installer un tableau d'affichage, sur lequel on peut noter des messages.
- Fournir à l'enfant un agenda personnel, pour y noter ses rendez-vous et ses activités.
- Convenir d'un usage du téléphone portable et expliquer les tarifs.

- Informer les enfants à l'avance lorsque vous avez des invités, pour qu'ils sachent qu'ils vont devoir ranger leur chambre.

- Leur donner une clé du logement, avec un porte-clés qu'ils auront eux-mêmes choisi.

- Donner de l'argent de poche mensuel, et non hebdomadaire, et préciser ce que l'enfant n'a pas le droit d'acheter avec cet argent.

- Expliquer des notions complexes, comme le couvre-feu, l'assurance de la voiture, la responsabilité en cas d'accident de voiture, la consommation d'alcool et de drogue, etc.

- Si l'ado fait lui-même sa lessive, lui faciliter la tâche en veillant à ce que tous les accessoires et les produits soient disponibles.

- Suggérer à l'enfant d'avoir toujours sur lui une batterie de secours pour son téléphone.

- Expliquer à l'enfant quels aliments dans le réfrigérateur sont réservés aux invités.

- Demander à l'enfant de vous envoyer par SMS la liste de ses amis, avec leurs numéros de téléphone, au cas où vous auriez besoin de le joindre de manière imprévue.

- Prévenez l'enfant suffisamment à l'avance lorsqu'il y a des tâches supplémentaires à accomplir, pour préparer la visite d'invités.

- Inciter l'enfant à mettre au point une liste et un planning de choses à faire avant un départ en vacances.

- Proposer à l'enfant de consulter la météo, le matin, sur son téléphone (ou de s'informer sur le temps qu'il va faire par la télévision ou la radio), afin de savoir comment s'habiller pour aller en cours.

- Prévenir l'enfant à l'avance lorsque l'heure de la douche et du coucher sera avancée, parce que vous avez besoin de travailler sur un dossier professionnel à la maison, sans être interrompu.

- Prévenir les enfants à l'avance lorsque vous partez en déplacement, pour qu'ils puissent organiser leurs activités.

- Inclure les enfants dans la définition des règles de fonctionnement de la famille.

- Frapper toujours à la porte de la chambre de l'enfant avant d'y entrer.

- Intégrer les enfants dans les discussions portant sur des projets familiaux qui les concernent.

La plupart des parents prévoient quantité d'autres choses dans ces catégories. Plus ils apportent de modifications à l'environnement, plus la vie avec leurs enfants sera agréable et moins il y aura de conflits.

Les parents qui apprennent dans le cadre de nos formations à recourir à de nombreuses modifications de l'environnement se mettent à changer radicalement d'attitude face aux enfants et leurs droits dans le logement. Ce changement a notamment trait à la question suivante : à qui est le logement familial ?

Dans nos formations, de nombreux parents disent qu'ils considèrent que c'est exclusivement *leur* logement. Par conséquent, les enfants doivent être élevés et conditionnés pour se tenir correctement. Autrement dit, il faut les gronder et les façonner jusqu'à ce qu'ils apprennent, dans la douleur, ce qu'on attend d'eux dans le logement parental. Il est rare que ces parents envisagent d'apporter le moindre changement important à l'environnement à la naissance de l'enfant. Ils se disent qu'ils vont laisser le logement dans l'état précis où il était et attendre de la part de l'enfant qu'il s'adapte totalement.

Nous posons alors aux parents la question suivante : « Si vous appreniez aujourd'hui que la semaine prochaine, l'un de vos parents allait venir vivre sous votre toit, parce qu'il souffre d'une paralysie partielle et qu'il doit parfois se déplacer avec des béquilles ou en fauteuil roulant, quels seraient les changements que vous apporteriez à votre logement ? »

Immanquablement, cette question génère une longue liste d'aménagements que les adultes sont tentés de faire aussitôt, comme :

- Éliminer les tapis risquant de provoquer des chutes ;
- Installer une rampe dans l'escalier ;
- Déplacer les meubles pour permettre le passage du fauteuil roulant ;
- Mettre les objets utilisés le plus souvent dans les placards bas de la cuisine, pour les rendre plus accessibles ;
- Ffournir une sonnette, à utiliser en cas de problème ;
- Installer un siège dans la douche ;
- Éliminer les guéridons risquant de basculer au moindre choc ;
- Installer une rampe d'accès dans le jardin, pour que la personne puisse aller y prendre le soleil en fauteuil roulant ;
- Acheter un tapis antidérapant pour la baignoire.

En découvrant toutes les mesures qu'ils prendraient pour accueillir un proche handicapé, les parents acceptent beaucoup mieux l'idée de modifier leur environnement pour l'adapter à l'enfant.

La plupart des parents sont choqués également lorsqu'ils se rendent compte du fossé entre leur attitude face à un parent paralysé et celle face à l'enfant, lorsqu'il s'agit de répondre à la question : « À qui est ce logement ? »

Les parents reconnaissent qu'ils se démèneraient pour que leur parent handicapé se sente désormais chez lui dans son nouveau logement, alors qu'ils ne le font pas pour leurs enfants.

Je suis souvent sidéré de voir que de nombreux parents montrent, par leur attitude et leur comportement, qu'ils traitent leurs invités beaucoup plus respectueusement que leurs propres enfants. Trop de parents se comportent comme si seuls les enfants devaient s'adapter à l'environnement.

9

Les inévitables conflits parent-enfant : qui doit en sortir gagnant ?

Tous les parents vivent parfois des situations où ni la confrontation, ni les changements de l'environnement ne modifient le comportement de leur enfant. Celui-ci continue à se comporter d'une façon qui interfère avec les besoins du parent. Ces situations sont inévitables, car l'enfant « a besoin » d'adopter un certain comportement, bien qu'il sache que cela interfère avec les besoins d'autrui.

> *Eric continue à jouer sur sa console, alors que sa mère lui a dit à plusieurs reprises que toute la famille allait devoir partir dans une demi-heure.*
>
> *Molly avait convenu avec sa fille que celle-ci ferait la vaisselle. Or quand Molly rentre du travail, elle découvre une pile d'assiettes sales dans l'évier.*
>
> *Madeline refuse d'entendre que ses parents ne veulent pas qu'elle aille passer le week-end à la montagne avec des amis. Elle veut absolument partir, même après avoir entendu combien ses parents trouvent cela inacceptable.*

Ces conflits entre les besoins du parent et ceux de l'enfant sont non seulement inévitables dans toutes les familles, mais ils sont aussi courants. Ils couvrent toute une palette de sujets, des plus anodins aux plus sérieux. Il s'agit de problèmes qui se posent dans la relation – et non des problèmes qui appartiennent uniquement à l'enfant ou au parent. Tous deux sont impliqués dans le problème, les besoins de l'un et de l'autre sont en jeu. Par conséquent, **le problème appartient à la relation**. Lorsque le problème appartient à l'enfant et au parent, il faut un ensemble de compétences différent pour trouver une solution.

Reprenons notre Fenêtre des Comportements. Voici où se situent les conflits dans la relation :

Le problème appartient à l'enfant	Problème résolu par l'écoute active
Pas de problème	Compétences de révélation de soi
Le problème appartient au parent	Problème résolu par des Messages-Je de confrontation
Le problème appartient au parent et à l'enfant	Conflits

Le conflit, c'est l'heure de vérité d'une relation ; c'est un test de sa santé, une crise qui peut l'affaiblir ou la renforcer, un événement critique susceptible de produire une rancœur durable, une hostilité latente et des blessures psychologiques. Les conflits peuvent éloigner les individus ou les rapprocher dans une relation plus intime et plus proche. Ils portent en eux les germes de la destruction, mais aussi les germes d'une plus grande proximité. Ils peuvent entraîner une guerre sans merci ou une meilleure compréhension mutuelle.

La manière dont on résout les conflits est sans doute l'élément le plus critique de la relation entre le parent et l'enfant. Malheureusement, la plupart des parents tentent de les régler en recourant uniquement à deux approches de base, l'une et l'autre inefficaces et néfastes, tant pour l'enfant que pour la relation.

Rares sont les parents qui acceptent que **le conflit fait partie de l'existence et que ce n'est pas nécessairement une mauvaise chose**. La plupart des pères et des mères l'envisagent comme une chose à éviter à tout prix, qu'il s'agisse de conflits entre les enfants, ou entre ceux-ci et les parents. Souvent, nous entendons des couples se vanter qu'ils n'ont jamais eu de désaccords graves – comme si cela attestait de la qualité de leur relation.

Les parents disent aux enfants : «Non, pas de disputes à table ce soir, nous ne voulons pas gâcher le dîner». Ou bien ils hurlent : «Arrêtez de vous disputer, tout de suite!» Les parents d'ados déplorent parfois que maintenant que leurs enfants sont plus grands, il y a beaucoup plus de désaccords et de conflits dans la famille. «Nous étions d'accord sur presque tout.» Ou «Ma fille a toujours été tellement coopérative et facile à vivre. Mais maintenant, nous ne voyons plus les choses comme elle et elle ne comprend plus nos points de vue.»

La plupart des parents détestent les conflits. Lorsque ceux-ci surgissent, les adultes sont perturbés et perplexes, ne sachant comment les gérer de manière constructive. En réalité, il est très rare, dans une relation, qu'à un moment ou à un autre, les besoins de l'un n'entrent en conflit avec ceux de l'autre. Dès que deux personnes (ou groupes) coexistent, le conflit est inéluctable, parce que les individus sont différents, parce qu'ils ont des points de vue différents, des besoins et des désirs différents et parfois incompatibles.

Par conséquent, le conflit n'est pas nécessairement une mauvaise chose, c'est simplement une réalité de toute relation. D'ailleurs, une relation sans conflit apparent peut être moins harmonieuse qu'une autre avec des conflits fréquents. Une bonne illustration de cela est un couple où la femme est soumise à un mari dominateur, ou une relation parent-enfant où l'enfant a tellement peur de son parent qu'il n'ose le contrarier.

Nous connaissons presque tous des familles, souvent nombreuses, où les conflits éclatent en permanence et pourtant, elles sont parfaitement heureuses et saines. À l'inverse, les journaux font régulièrement état de crimes commis par des jeunes dont les parents se disent sidérés : leur enfant n'a jamais posé de problème, s'est toujours montré coopératif.

Le conflit au sein de la famille, lorsqu'il est exprimé ouvertement et accepté comme étant naturel, est beaucoup plus sain pour les enfants que le pensent bien des parents. Dans ces familles, l'enfant a l'occasion de connaître l'expérience du conflit, d'apprendre à le gérer et d'être mieux armé pour y faire face plus tard dans sa vie. Dès lors qu'il est résolu de manière constructive, le conflit familial peut même être bénéfique pour l'enfant, servant de préparation indispensable à ceux qu'il rencontrera inévitablement hors du contexte familial.

L'élément clé de toute relation est la manière dont on résout les conflits, et non le nombre de conflits qui surviennent. J'ai désormais la conviction que c'est même le facteur le plus crucial qui détermine si une relation est saine ou non, satisfaisante pour tous ou pas, cordiale ou pas, profonde ou superficielle, intime ou froide.

Lutte de pouvoir entre le parent et l'enfant : qui est gagnant, qui est perdant ?

Lorsqu'ils entament nos formations, rares sont les parents qui n'envisagent pas la résolution de conflit en termes de gagnant et de perdant. Cette vision « gagnant-perdant » est à la source du dilemme que vivent aujourd'hui les parents : faut-il être sévère (le gagnant est le parent) ou permissif (le gagnant est l'enfant) ?

La plupart des parents envisagent toute la question de la discipline dans l'éducation comme un choix entre sévérité ou laxisme, dureté ou douceur, autoritarisme ou permissivité. Enfermés dans cette approche binaire, où l'on est l'un ou l'autre, ils envisagent leur relation avec leurs enfants sous l'angle d'une lutte de pouvoir, d'un affrontement des volontés, d'un combat visant à déterminer qui gagne, bref, comme une véritable guerre. Aujourd'hui, les parents et leurs enfants sont en guerre, chacun envisageant leurs rapports comme produisant forcément un gagnant et un perdant. Ils parlent même de leurs conflits dans les termes qu'utilisent deux pays en guerre.

Un père l'a exprimé très clairement dans un Atelier Parents, où il a décrété avec conviction :

« Il faut leur faire savoir très tôt qui commande. Sinon, ils profitent de vous et vous dominent. Et c'est le problème avec ma femme, elle finit toujours par laisser les enfants gagner toutes les batailles. Elle leur cède tout le temps et les enfants le savent. »

La mère d'un adolescent l'exprime à sa manière :

« J'essaie de laisser mon fils faire ce dont il a envie, mais en général, je finis par en pâtir. Et je me fais marcher sur les pieds. On lui donne le doigt et il prend tout le bras. »

Cette autre mère s'est dite déterminée à ne pas perdre la « bataille du tatouage » !

«Alors là, je me moque de ce qu'elle en pense, et je ne veux pas savoir ce que font les autres parents – aucune de mes filles ne se fera tatouer! Ça, c'est une chose sur laquelle je ne transigerai pas, jamais. Et cette bataille, je la gagnerai.»

Les enfants, eux aussi, envisagent leurs rapports avec leurs parents comme une lutte de pouvoir, avec un gagnant et un perdant. Nora, une jeune fille intelligente de 15 ans qui inquiète ses parents parce qu'elle ne leur parle pas, m'a dit, lors de nos entretiens:

«À quoi ça sert de discuter avec eux? De toute façon, ils gagnent toujours. Je le sais avant même qu'on commence à discuter. Ils auront toujours le dernier mot. Après tout, ils sont les parents. Ils savent toujours ce qui est bon. Alors maintenant, je ne m'embarque même plus dans des discussions avec eux. Je m'en vais et je ne leur parle pas. Bien sûr que ça les énerve quand je fais ça. Mais je m'en moque.»

Ken est un collégien qui a appris à gérer autrement l'attitude perdant-gagnant de ses parents:

«Quand j'ai vraiment envie de faire quelque chose, je ne le demande jamais à ma mère, parce qu'elle dit toujours non. J'attends que mon père soit rentré. J'arrive souvent à le convaincre de prendre parti pour moi. Il est plus cool et avec lui, j'obtiens généralement ce que je veux.»

En cas de conflit entre les parents et les enfants, la plupart des adultes s'efforcent de le résoudre par une solution qui est en leur faveur, de manière à ce que le parent soit gagnant et l'enfant perdant. D'autres, moins nombreux que les «gagnants», cèdent systématiquement, par peur de créer un conflit ou de frustrer l'enfant dans ses besoins. Dans ces familles, c'est l'enfant qui est gagnant, et le parent perdant. Le principal problème des parents, de nos jours, c'est que les seules approches qu'ils envisagent sont celles où il y a forcément un gagnant et un perdant.

Les deux approches «gagnant-perdant»

Dans nos Ateliers Parents, nous parlons de Méthode I et de Méthode II pour désigner ces deux approches «gagnant-perdant» de la résolution de conflit. Dans l'une et dans l'autre, il y a un gagnant et un perdant – une personne impose sa volonté, l'autre non.

Voici comment fonctionne la **Méthode I** dans le conflit entre le parent et l'enfant.

> *Le parent et l'enfant se retrouvent dans une situation de conflit de besoins. Le parent décide d'une solution, puis il l'annonce à l'enfant et espère que celui-ci l'acceptera. SI l'enfant n'aime pas cette solution, le parent pourra dans un premier temps tenter de recourir à la persuasion pour l'amener à l'accepter. S'il n'y parvient pas, le parent tente généralement de se faire obéir en faisant usage de son pouvoir et de son autorité.*

Voici un conflit entre un père et sa fille de 10 ans qui a été résolu par la Méthode I :

Jane. — *Salut, papa! Je pars à l'école.*

Parent. — *Chérie, il pleut et tu n'as pas mis ton manteau.*

Jane. — *Je n'en ai pas besoin.*

Parent. — *Comment ça, tu n'en as pas besoin? Tu vas être trempée et tu vas t'enrhumer.*

Jane. — *Il ne pleut pas beaucoup.*

Parent. — *Mais si.*

Jane. — *Je ne veux pas mettre ce manteau. Je déteste les manteaux.*

Parent. — *Écoute, chérie, tu auras plus chaud et tu ne seras pas mouillée si tu le mets. S'il te plaît, va chercher ton manteau.*

Jane. — *Je déteste ce manteau, je ne le mettrai pas !*

Parent. — *Va tout de suite dans ta chambre chercher ce manteau ! Je ne te laisserai pas partir à l'école comme ça un jour où il pleut.*

Jane. — *Mais je ne l'aime pas…*

Parent. — *Il n'y a pas de « mais ». Si tu ne mets pas ce manteau, je vais être obligé de te punir.*

Jane. — *(Furieuse.) OK c'est bon ! Je vais le mettre, ton manteau !*

Le père s'est imposé. Sa solution – que Jane mette le manteau – a été adoptée, alors que la jeune fille n'était pas d'accord. Le parent a gagné et Jane a perdu. L'enfant n'est pas satisfaite de la solution mais elle a cédé face à son père qui menaçait de faire usage de son pouvoir (en la punissant).

Voici comment fonctionne la **Méthode II** dans un conflit entre le parent et l'enfant :

Le parent et l'enfant sont dans une situation de conflit de besoins. Selon les cas, le parent a une solution préconçue ou pas. Dans le premier cas, il pourra tenter de persuader l'enfant de l'accepter. L'enfant, lui, aura sa propre solution et cherchera à persuader le parent de l'accepter. Si celui-ci résiste, l'enfant recourt à son pouvoir pour imposer sa solution. Au final, l'adulte cède.

Dans l'exemple du manteau, la Méthode II donnerait ceci :

Jane. — *Salut, papa ! Je pars à l'école.*

Parent. — *Chérie, il pleut et tu n'as pas mis ton manteau.*

Jane. — *Je n'en ai pas besoin.*

Parent. — *Comment ça, tu n'en as pas besoin ? Tu vas être trempée et tu vas t'enrhumer.*

Jane. — *Il ne pleut pas beaucoup.*

Parent. — *Mais si.*

Jane. — *Je ne veux pas mettre ce manteau. Je déteste les manteaux.*

Parent. — *Je veux que tu le mettes.*

Jane. — *Je déteste ce manteau, je ne le mettrai pas. Tu ne peux pas me forcer.*

Parent. — *Oh, c'est bon, laisse tomber. Va à l'école sans manteau, j'en ai assez de me disputer avec toi, tu as gagné.*

Jane a imposé sa solution : elle a gagné, le parent a perdu. Le père n'est pas satisfait de la solution voulue par sa fille, mais il a baissé les bras face à la menace de celle-ci de recourir à son pouvoir (ici, être fâchée avec son père).

Les deux méthodes présentent des similitudes, tout en produisant des résultats très différents. Dans les deux cas, chacun veut imposer sa vision des choses et persuader l'autre de l'accepter. Dans les deux cas, chaque protagoniste pense : « Je veux que les choses soient faites à ma manière et je vais me battre pour y arriver. » Dans la Méthode I, le parent ne tient pas compte des besoins de l'enfant et ne les respecte pas. Dans la Méthode II, l'enfant ne tient pas compte des besoins du parent et ne les respecte pas. Dans les deux cas, une personne a le sentiment d'être perdante et est en colère contre l'autre, qui a provoqué sa défaite. Les deux méthodes impliquent une lutte de pouvoir et les deux adversaires n'hésitent pas à recourir à leur pouvoir s'ils sentent que c'est nécessaire pour gagner.

Pourquoi la Méthode I est inefficace

Les parents qui s'appuient sur la Méthode I pour résoudre les conflits paient cher leur «victoire». Les résultats sont prévisibles : faible motivation de l'enfant à mettre en pratique la solution, ressentiment vis-à-vis des parents, difficultés pour le parent d'appliquer la solution, absence de possibilité pour l'enfant d'acquérir de l'autodiscipline.

Lorsqu'un parent impose sa solution, l'enfant n'est guère motivé pour l'appliquer, car il ne s'y est pas investi ; on ne lui a pas laissé voix au chapitre pour concevoir cette solution. La motivation de l'enfant est extrinsèque – c'est-à-dire externe. Il se conformera peut-être à la décision, mais simplement par peur de la sanction ou de la désapprobation parentale. L'enfant n'a pas *envie* de mettre en pratique la décision, il se sent *obligé* de le faire. C'est pourquoi les enfants cherchent si souvent des moyens de se «défiler» lors de l'application d'une solution imposée par la Méthode I. Et s'ils n'y parviennent pas, ils s'exécutent en assurant souvent le «service minimum» et en se contentant de faire strictement ce qu'on leur a demandé, rien de plus.

Les enfants ressentent généralement de la rancune vis-à-vis de leurs parents qui les ont *contraints* à faire quelque chose suite à une décision imposée avec la Méthode I. Cela leur paraît injuste et leur colère et leur rancune sont naturellement dirigées contre les parents, jugés responsables. Les parents qui utilisent la Méthode I obtiennent parfois de l'exécution et de l'obéissance, mais le prix à payer pour cela est l'hostilité des enfants.

Observez des enfants dont les parents viennent de résoudre un conflit par la Méthode I : sur leurs visages s'affichent presque immanquablement de la colère et du ressentiment. Ou bien ils tiennent des propos hostiles, lorsqu'ils ne s'en prennent pas physiquement aux adultes. La Méthode I entraîne une détérioration continue des relations entre le parent et l'enfant. L'amour et l'affection cèdent la place au ressentiment et à la haine.

Les parents paient un autre lourd tribut au recours à la Méthode I : en général, ils doivent passer beaucoup de temps à faire appliquer la décision, à vérifier que l'enfant l'exécute, à se répéter, à le rappeler à l'ordre et à le sermonner.

Les parents qui participent à nos Ateliers justifient souvent le recours à la Méthode I, en disant que c'est une solution rapide pour mettre fin à un conflit. Or souvent, c'est le cas en apparence seulement, car cela demande ensuite beaucoup de temps pour s'assurer que la décision est effectivement mise en œuvre. Les parents qui se plaignent de devoir constamment rappeler leurs enfants à l'ordre sont immanquablement ceux qui utilisent la Méthode I. Je ne compte plus les entretiens que j'ai eus avec des parents, qui ressemblent à s'y méprendre à celui-ci, qui s'est déroulé dans mon cabinet :

Parent. — *Nos enfants ne sont pas du tout coopératifs à la maison. Il faut se plier en quatre pour qu'ils donnent un coup de main. Tous les samedis, c'est une vraie bataille pour qu'ils fassent ce qu'il y a à faire. Nous devons littéralement rester à côté d'eux pour nous assurer que le travail est accompli.*

Psychologue. — *Comment est décidé ce qu'il y a à faire ?*

Parent. — *Eh bien, c'est nous qui le déterminons, bien sûr. Puisque nous savons ce qui doit être fait. Le samedi matin, nous dressons la liste des tâches. Les enfants consultent la liste, pour savoir ce qu'il faut faire.*

Psychologue. — *Est-ce que les enfants ont envie d'accomplir ces tâches ?*

Parent. — *Pas du tout !*

Psychologue. — *Ils se disent qu'ils y sont obligés.*

Parent. — *Exactement.*

Psychologue. — *Est-ce que les enfants ont déjà eu la possibilité d'être impliqués dans le choix des tâches à accomplir ? Est-ce qu'ils ont leur mot à dire pour identifier ce qu'il fallait faire ?*

Parent. — *Non.*

Psychologue. — *Est-ce qu'ils ont déjà eu la possibilité de décider qui fait quoi ?*

Parent. — *Non. Nous répartissons généralement les différentes tâches le plus équitablement possible.*

Psychologue. — *Par conséquent, c'est vous qui décidez ce qui doit être fait et par qui ?*

Parent. — *Exactement.*

Rares sont les parents qui perçoivent le lien entre le manque de motivation de leurs enfants pour donner un coup de main et le fait que les décisions concernant les tâches ménagères sont généralement prises avec la Méthode I. Or un enfant «peu coopératif» est simplement un enfant dont les parents, en recourant à la Méthode I, l'ont privé de la possibilité de coopérer. On n'obtient jamais de la coopération en *obligeant* un enfant à faire quelque chose.

Une autre conséquence prévisible de la Méthode I, c'est que l'enfant est aussi privé de la possibilité d'acquérir de l'autodiscipline – un comportement responsable, décidé par lui et personnel. L'une des idées reçues les plus communément admises, en matière d'éducation, est que si les parents forcent leurs jeunes enfants à faire certaines choses, ils deviendront des adultes responsables et autodisciplinés. S'il est vrai que certains réagissent à une forte autorité parentale en étant obéissants et soumis et en se conformant à ce qu'on attend d'eux, ils deviennent généralement des individus qui dépendent d'une autorité extérieure pour contrôler leur comportement. Une fois adolescents ou adultes, ils n'ont pas de contrôle intérieur. Ils traversent l'existence en passant d'une figure d'autorité à l'autre pour trouver des réponses à leur existence ou pour maîtriser leurs comportements. Ces personnes manquent d'autodiscipline, de mécanismes de contrôle intérieurs et de sens des responsabilités, n'ayant jamais eu l'occasion d'acquérir ces compétences.

Si les parents ne devaient retenir qu'une chose de la lecture de ce livre, j'aimerais que ce soit ceci : **chaque fois qu'ils obligent un enfant à faire quelque chose en recourant pour cela à leur pouvoir ou à leur autorité, ils le privent d'une possibilité d'apprendre l'autodiscipline et le sens des responsabilités.**

> *Alex, 17 ans, a des parents très sévères qui recourent en permanence à leur pouvoir pour qu'il fasse ses devoirs. L'adolescent a reconnu ceci : « Quand mes parents ne sont pas là, je suis incapable de m'extirper du fauteuil dans lequel je regarde la télé. Je suis tellement habitué à ce qu'ils m'obligent à faire mes devoirs que je n'arrive pas à trouver en moi la volonté de le faire de ma propre initiative quand ils ne sont pas là. »*

Cela me fait penser au message pathétique inscrit au rouge à lèvres sur un miroir de salle de bains par William Heirens, un homme qui a assassiné plusieurs enfants à Chicago, juste après avoir fait une nouvelle victime : « Pour l'amour du ciel, arrêtez-moi avant que j'en tue d'autres. »

La plupart des participants à nos Ateliers Parents n'ont jamais eu l'occasion, jusque-là, de porter un regard critique sur ces effets de leur sévérité. Ils sont nombreux à considérer qu'ils ont fait ce que des parents sont censés faire, à savoir faire preuve d'autorité. Pourtant, une fois qu'on les aide à comprendre les effets de la Méthode I, rares sont ceux qui n'acceptent pas cette réalité. Après tout, ces adultes ont été des enfants qui ont adopté les mêmes habitudes face au pouvoir que leurs propres parents.

Pourquoi la Méthode II est inefficace

Que se passe-t-il avec les enfants élevés dans une famille où ils sont généralement gagnants, face à des parents perdants ? Quel effet cela a-t-il pour eux d'obtenir ce qu'ils veulent, la plupart du temps ? De toute évidence, ces enfants seront différents de ceux élevés dans un foyer où c'est la Méthode I qui prévaut pour résoudre les conflits. Les enfants qui ont le droit de faire ce qui leur chante ne seront pas aussi rebelles, hostiles, dépendants, agressifs, soumis, conformistes, introvertis, etc., n'ayant pas été contraints de développer des mécanismes pour faire face au pouvoir parental. La Méthode II encourage l'enfant à exercer son pouvoir sur ses parents, pour gagner à leurs dépens.

Ces enfants apprennent à faire des caprices pour obtenir ce qu'ils veulent, à culpabiliser leur père et leur mère, à tenir des propos méchants et dévalorisants à leurs parents. Ces enfants sont souvent agités, ingérables, impulsifs, sans aucun self-control. Ils ont appris que leurs besoins l'emportent sur ceux d'autrui. Eux aussi manquent souvent de contrôle interne sur leur comportement et deviennent autocentrés, égoïstes et exigeants.

Souvent, ces enfants ne respectent ni les biens, ni les sentiments d'autrui. Dans la vie, ils prennent, sans donner. Le « moi » passe avant tout. Ils sont peu coopératifs et ne donnent que rarement un coup de main à la maison.

Ces enfants ont souvent d'importantes difficultés relationnelles avec leurs camarades, qui n'aiment pas les « enfants gâtés », jugés d'une compagnie peu agréable. Les enfants issus de familles où prédomine la Méthode II sont tellement habitués à ce que les choses se passent comme ils l'ont décidé qu'ils se comportent de la même manière avec les autres enfants.

Ces enfants ont aussi fréquemment du mal à s'adapter à l'école, une institution dont la philosophie est très proche de la Méthode I. Les enfants habitués à la Méthode II subissent donc un choc important à leur entrée dans l'univers scolaire et découvrent que la plupart des enseignants et directeurs d'établissements, de par leur formation, résolvent les conflits en s'appuyant sur la Méthode I, avec un recours à l'autorité et au pouvoir.

L'effet le plus grave de la Méthode II est sans doute que les enfants développent de forts sentiments d'incertitude quant à l'amour de leurs parents — une réaction qui se comprend aisément quand on sait combien il est difficile pour les parents d'aimer et d'accepter un enfant qui gagne généralement à leur détriment. Dans les familles appliquant la Méthode I, c'est l'enfant qui éprouve du ressentiment vis-à-vis du parent ; dans celles qui utilisent la Méthode II, c'est l'inverse. L'enfant élevé avec la Méthode II sent que ses parents sont souvent irrités, en colère contre lui et qu'ils lui en veulent. Quand, par la suite, il reçoit des messages de même nature de la part de ses camarades, il commence à se sentir *mal aimé*, ce qui n'est pas étonnant puisque souvent, les autres ne l'aiment effectivement pas.

Si plusieurs études ont montré que les enfants élevés avec la Méthode II sont souvent plus créatifs que ceux ayant grandi dans une famille appliquant la Méthode I, cette créativité est cher payée par les parents, car souvent, ils ont du mal à supporter leurs enfants.

Dans les familles appliquant la Méthode II, les parents sont en grande souffrance. Ce sont ces pères et ces mères que j'ai souvent entendu dire :

« Il arrive à ses fins la plupart des temps, il est ingérable. »

« Je soufflerai quand tous les enfants iront à l'école, j'aurai enfin un peu de calme. »

« Être parent, c'est éprouvant. Je passe mes journées à faire des choses pour eux. »

« Je l'avoue, parfois je ne les supporte plus. J'ai besoin d'aller prendre l'air. »

« On dirait qu'ils ne se rendent pas compte que j'ai une vie, moi aussi. »

« Parfois – et je me sens coupable de dire une chose pareille – j'aimerais pouvoir les envoyer chez leurs grands-parents. »

« J'ai honte d'aller où que ce soit avec eux, ou même d'inviter des amis à la maison, je ne veux pas qu'ils voient comment se comportent les enfants. »

Pour ces parents, la parentalité est rarement une source de bonheur. Comme il est triste d'élever des enfants que vous ne

parvenez pas à aimer, ou pour qui vous éprouvez de l'amour
mêlé de haine...

Autres problèmes que posent ces deux méthodes

Rares sont les parents qui utilisent exclusivement la Méthode I
ou la Méthode II. Dans de nombreuses familles, l'un des
parents s'appuie en grande partie sur la Méthode I, tandis
que l'autre parent penche plutôt vers la Méthode II. Des
témoignages semblent indiquer que les enfants élevés dans
ce type d'environnement risquent encore plus que les autres
d'avoir de graves problèmes émotionnels. Peut-être le manque
de constance est-il encore plus préjudiciable que le caractère
radical de l'une ou de l'autre approche.

Certains parents commencent par utiliser la Méthode II,
puis, à mesure que l'enfant grandit et devient plus indépendant et plus autonome, ils évoluent progressivement vers la
Méthode I. De toute évidence, il peut être néfaste pour l'enfant d'être habitué à imposer sa volonté, puis de vivre l'expérience d'une autre méthode. D'autres commencent par utiliser
essentiellement la Méthode I, avant de passer à la deuxième.
C'est courant chez les parents dont l'enfant résiste très tôt à
l'autorité parentale et se rebelle. Progressivement, les parents
baissent les bras et cèdent.

Et puis il y a aussi ceux qui se servent de la Méthode I
avec leur premier enfant, puis qui changent d'approche avec le
deuxième, dans l'espoir qu'elle donnera de meilleurs résultats.
Dans ces familles, on entend souvent le premier enfant exprimer un fort ressentiment face à son cadet, qui a le droit de
faire des choses qui lui étaient interdites. Parfois, l'aîné y voit
la preuve que les parents préfèrent de beaucoup le deuxième
enfant.

L'un des schémas les plus courants, notamment parmi les parents fortement influencés par les partisans de la permissivité et les détracteurs des punitions, est que les parents laissent l'enfant gagner pendant de longues périodes, jusqu'à ce que son comportement devienne tellement insupportable que les parents passent brusquement à la Méthode I. Puis ils se sentent coupables et reviennent progressivement à la Méthode II, jusqu'à ce que le cycle recommence : « Je suis permissive avec mes enfants jusqu'à ce que je ne les supporte plus. Là, je deviens très autoritaire, jusqu'à ce que je ne me supporte plus. »

Beaucoup de parents, toutefois, se tiennent contre vents et marées à l'une de ces deux approches. Par conviction ou par tradition, un parent peut être un fervent partisan de la Méthode I. Puis son expérience lui montre que cela ne fonctionne pas bien. Il se peut même qu'il se sente coupable d'appliquer cette méthode. Il ne s'aime pas dans le rôle du parent dominateur, qui restreint et qui punit. Cependant, la seule alternative qu'il connaisse, c'est la Méthode II, qui est de laisser l'enfant gagner. Intuitivement, ce parent sait que ça ne serait pas mieux, voire pire. Par conséquent, il se tient à la Méthode I, même s'il voit bien que les enfants souffrent de cette approche et que sa relation avec eux se détériore.

La plupart des parents partisans de la Méthode II ne veulent pas changer et opter pour une approche autoritaire, parce qu'ils sont philosophiquement opposés au recours à l'autorité face aux enfants ou parce que leur personnalité ne leur permet pas d'exercer la force nécessaire ou de s'engager dans des conflits. J'ai connu beaucoup de mères, et même quelques pères, qui trouvent la Méthode II plus confortable parce qu'ils ont peur du conflit avec leurs enfants (et de manière générale avec tout le monde). Au lieu de prendre le risque d'imposer leur volonté aux enfants, ils adoptent l'approche de la « paix à tout prix » : ils cèdent, baissent les bras, démissionnent.

Presque tous les parents se trouvent face à un dilemme, à savoir qu'ils sont « coincés » avec la Méthode I ou la Méthode II, ou bien qu'ils alternent entre les deux, parce qu'ils ne connaissent pas d'alternative à ces deux méthodes « gagnant-perdant » inefficaces. Nous avons constaté que la plupart des parents savent quelle est la méthode qu'ils utilisent, et qu'ils savent aussi que les deux méthodes sont inefficaces. Ils savent que l'une et l'autre posent des problèmes, mais *ils ne savent pas comment procéder autrement*. La majorité d'entre eux sont reconnaissants d'être libérés de ce piège qu'ils se sont eux-mêmes imposé.

10

Le pouvoir parental : nécessaire et justifié ?

L'une des idées les plus communément admises, en matière d'éducation, est qu'il est nécessaire et souhaitable que les parents exercent leur autorité pour éduquer, commander et diriger les enfants. Rares sont ceux qui remettent ce principe en question, à en juger par ce qu'en disent les milliers de participants à nos Ateliers Parents. La plupart des parents sont prompts à justifier leur recours à l'autoritarisme, affirmant que les enfants en ont besoin et qu'ils sont demandeurs, ou que les adultes savent ce qui est bon pour eux.

La persistance de l'idée selon laquelle les parents doivent recourir à leur autorité seule a empêché, selon moi, toute évolution ou toute amélioration dans la manière dont on élève les enfants et dont les adultes les traitent. Cette idée a en partie la vie dure, parce que les parents, dans leur grande majorité, ne comprennent pas ce qu'est réellement l'autorité, ni son effet sur les enfants. Tous les parents ont des choses à dire sur le sujet, mais rares sont ceux qui savent la définir, ou même identifier sa source.

L'autorité, qu'est-ce que c'est ?

L'une des caractéristiques fondamentales de la relation entre le parent et l'enfant, c'est que le parent possède une « taille psychologique» supérieure à celle de l'enfant. Si nous devions représenter l'un et l'autre par des cercles, il serait erroné de faire le dessin suivant:

L'enfant n'envisage pas son parent comme étant de la même «taille» que lui, et ce quel que soit l'âge de l'enfant. Je ne parle pas ici de taille physique (bien qu'il y ait également une différence de ce point de vue, jusqu'à l'entrée de l'enfant dans l'adolescence), mais de «taille psychologique». Une représentation plus juste donnerait plutôt ceci:

Aux yeux de l'enfant, le parent possède presque toujours une «taille psychologique» supérieure à la sienne. Pour citer une chanson écrite par un jeune homme perturbé dans son cours de composition à l'université, qu'il m'a fait écouter plus tard lorsque j'étais son psychologue:

«Lorsque je n'étais qu'un petit enfant, je voyais mes parents comme les adultes voient Dieu...»

Tous les enfants, lorsqu'ils sont petits, voient leurs parents comme un genre de dieu.

Cette différence de «taille psychologique» existe non seulement parce qu'aux yeux des enfants, leurs parents sont plus grands et plus forts qu'eux, mais aussi parce qu'ils savent plus de choses et qu'ils ont plus de compétences. Pour le jeune enfant, il n'y a rien que ses parents ne sachent pas, rien qu'ils ne sachent faire. Il s'émerveille de l'étendue de tout ce qu'ils sont capables de comprendre, de la justesse de leurs prédictions, de la sagesse de leur jugement.

Si certaines de ces idées sont parfois justes, d'autres ne le sont pas. Les enfants attribuent à leurs parents quantité de qualités, de caractéristiques et de capacités qui sont loin d'être conformes à la réalité. Peu de parents savent autant de choses que les jeunes enfants le croient. Et l'expérience n'est pas toujours «le meilleur des professeurs» comme le découvrira l'enfant à l'adolescence et à l'âge adulte, lorsqu'il pourra juger ses parents à l'aune de sa propre expérience, devenue plus riche. De plus, la sagesse n'est pas toujours proportionnelle à l'âge. Beaucoup de parents ont du mal à l'admettre, mais ceux qui sont honnêtes avec eux-mêmes reconnaissent combien l'évaluation que l'enfant fait d'eux est exagérée.

Si les parents ont au départ une taille psychologique supérieure à celle des enfants, beaucoup de pères et de mères accentuent encore cette différence, dissimulant délibérément leurs limites et leurs erreurs de jugement. Ou bien ils entretiennent des idées reçues, comme «Nous savons ce qui est bon pour toi» ou «Quand tu seras plus grande, tu réaliseras à quel point nous avions raison.»

J'ai toujours observé avec étonnement que lorsque les parents parlent de leur père et de leur mère, ils sont prompts à constater, avec le recul, les erreurs et les limites de leurs parents. En même temps, ils refusent énergiquement l'idée qu'ils pourraient commettre le même type d'erreurs de jugement ou avoir le même manque de discernement avec leurs propres enfants.

Méritée ou non, la taille psychologique supérieure du parent reste une source importante du pouvoir parental. Les parents étant perçus comme des « **autorités** », leurs tentatives d'influencer l'enfant ont un poids considérable. Il peut être utile d'envisager cela comme une autorité « attribuée », car l'enfant l'attribue au parent. La question de savoir si elle est méritée ou non n'est pas pertinente ici ; le fait est que la « taille psychologique » du parent lui confère de *l'influence et du pouvoir sur l'enfant.*

Le parent possède aussi un autre type de pouvoir, très différent, lié au fait **qu'il possède des choses dont l'enfant a besoin,** ce qui lui donne de l'autorité sur celui-ci. Le parent a donc du pouvoir sur son enfant, car celui-ci est fortement tributaire de l'adulte pour satisfaire ses besoins fondamentaux. À leur naissance, les bébés sont dans un état de dépendance quasi totale vis-à-vis d'autres personnes, pour les nourrir et assurer leur confort physique. Les enfants n'ont pas les *moyens* nécessaires pour satisfaire leurs besoins. Ce sont les parents qui possèdent et contrôlent ces moyens.

À mesure que l'enfant grandit et que ses parents lui accordent davantage d'autonomie, le pouvoir des parents diminue tout naturellement. Et pourtant, à tout âge, jusqu'à ce que l'enfant soit adulte, autonome et capable de satisfaire presque entièrement par lui-même ses besoins fondamentaux, ses parents continuent à posséder du pouvoir sur lui.

Comme le parent a les moyens de satisfaire les besoins fondamentaux de l'enfant, il possède aussi le pouvoir de le «**récompenser**». Les psychologues utilisent le terme de «récompense» pour tous les moyens que possède le parent pour satisfaire les besoins de l'enfant. Si l'enfant a faim (besoin de nourriture) et si le parent lui donne un biberon, l'enfant est récompensé (son besoin, à savoir sa faim, est satisfait).

Le parent possède aussi les moyens d'infliger de l'inconfort ou de la douleur à l'enfant, soit en le privant de ce dont il a besoin (ne pas donner à manger à un enfant qui a faim), soit en faisant quelque chose qui fait mal ou qui suscite de l'inconfort (en mettant une tape sur la main de l'enfant qui tente de prendre le verre de lait de son frère). Les psychologues utilisent le terme de «**punition**», pour désigner l'inverse de la récompense.

Tous les parents savent qu'on peut «contrôler» un jeune enfant en recourant au pouvoir. En distribuant judicieusement récompenses et punitions, le parent encouragera l'enfant à adopter certains comportements ou le découragera d'en adopter d'autres.

Nous le savons tous, de par notre expérience, que les êtres humains (et les animaux) tendent à répéter les comportements qui apportent une récompense (la satisfaction d'un besoin) et à éviter ou à cesser ceux qui n'apportent pas de récompense ou qui provoquent une punition. Par conséquent, le parent peut «renforcer» certains comportements en récompensant l'enfant, et en faire cesser d'autres en le sanctionnant.

Imaginons que vous souhaitiez que votre fille s'amuse avec ses petites voitures et que vous ne vouliez pas qu'elle joue avec les figurines en verre précieuses posées sur la table basse. Pour renforcer le comportement de jeu avec les petites voitures, vous pourrez vous asseoir à côté d'elle pendant qu'elle fait rouler ses jouets, sourire et être agréable ou dire «C'est bien ma chérie». Pour faire cesser son comportement de jeu avec les figurines en verre, vous pourrez décider de lui donner une tape sur la main ou une fessée, de lui jeter un regard noir ou de lui dire «C'est vilain». L'enfant comprendra rapidement que jouer avec les petites voitures suscite des relations agréables avec le parent détenteur du pouvoir, et que manipuler les figurines en verre a l'effet inverse.

C'est ainsi qu'agissent souvent les parents pour modifier le comportement de leurs enfants. Ils appellent cela «éduquer». En réalité, le parent se sert de son pouvoir pour amener l'enfant à faire quelque chose ou pour l'empêcher de faire autre chose d'indésirable. C'est la même méthode qu'utilisent les éducateurs canins pour inculquer l'obéissance aux chiens, et les gens du cirque pour apprendre à des ours à faire du vélo. Si un dresseur veut que le chien marche au pied, il lui passe une corde autour du cou et commence à marcher, en tenant le chien par la corde. Puis il dit «Au pied». Si le chien n'est pas à côté du dresseur, celui-ci tire un coup sec sur la laisse, ce qui fait mal à l'animal (punition). Si le chien marche au pied, il a droit à une caresse (récompense). Le chien apprend rapidement à marcher au pied lorsqu'il en reçoit l'ordre.

Indéniablement, le pouvoir fonctionne. Cette méthode permet d'apprendre à des enfants à jouer avec des petites voitures plutôt qu'avec des figurines en verre, à des chiens à marcher au pied et à des ours à faire du vélo (même du vélo à une seule roue, aussi étonnant que cela puisse paraître).

Dès leur plus jeune âge, après avoir été récompensés et punis suffisamment souvent, **les enfants peuvent être amenés à adopter le comportement souhaité par les parents, simplement par la promesse d'une récompense s'ils font ce qu'on leur demande ou la menace d'une punition s'ils ne s'exécutent pas.** Cette méthode présente des avantages évidents : le parent n'a pas besoin d'attendre que le comportement souhaité intervienne pour le récompenser (le renforcer) ni que le comportement indésirable survienne pour le punir. Il peut désormais influencer l'enfant simplement en disant : « Si tu te comportes ainsi, je te récompenserai ; si tu te comportes autrement, je te punirai. »

Les limites considérables du pouvoir parental

Si le lecteur se dit que le pouvoir du parent de récompenser et de punir (ou de *promettre* une récompense et de *menacer* d'une punition) semble efficace pour contrôler le comportement des enfants, il aura à la fois raison et totalement tort : le recours à l'autorité parentale (ou pouvoir) peut paraître efficace dans certaines situations, mais il est totalement inefficace dans d'autres. (J'aborderai plus loin les dangers que présente le recours au pouvoir parental).

Le recours au pouvoir peut induire divers effets négatifs ainsi que des risques pour le dresseur d'animaux – ou d'enfants. De nombreux effets secondaires, voire la majorité d'entre eux, sont regrettables. Souvent, l'« éducation à l'obéissance » rend les enfants timides, craintifs et nerveux. Ils ressentent hostilité et désir de vengeance face à ceux qui leur donnent des ordres et « craquent » souvent, physiquement ou émotionnellement, sous l'effet du stress lié à l'apprentissage d'un comportement difficile ou désagréable pour eux.

Un jour ou l'autre, les parents perdent leur pouvoir

Le recours au pouvoir pour contraindre les enfants fonctionne uniquement dans certaines conditions. Le parent doit être assuré de posséder le pouvoir, les récompenses doivent être suffisamment attrayantes pour être désirées par l'enfant et les punitions suffisamment sévères pour que l'enfant évite le comportement indésirable. De plus, l'enfant doit être tributaire du parent. Plus il dépend de ce que le parent possède (récompenses), plus le parent a de pouvoir.

C'est vrai dans toutes les relations humaines. Si j'ai un fort besoin de quelque chose – par exemple de l'argent, pour acheter à manger à mes enfants – et si je dépends exclusivement d'une autre personne pour me procurer de l'argent – sans doute mon employeur –, alors de toute évidence cette personne aura un pouvoir considérable sur moi. Si je suis tributaire de cet unique employeur, j'aurais tendance à faire quasiment tout ce qu'il me demande, pour obtenir ce dont j'ai tant besoin. Cependant, une personne ne possède du pouvoir sur une autre que tant que celle-ci est en position de faiblesse, de désir, de besoin, de privation, de dépendance ou d'impuissance.

À mesure que l'enfant devient moins impuissant, moins tributaire du parent pour satisfaire ses besoins, celui-ci perd progressivement de son pouvoir. C'est pourquoi les parents découvrent, consternés, que les récompenses et les punitions qui portaient leurs fruits dans l'enfance deviennent moins efficaces avec le temps.

« Nous avons perdu toute influence sur notre fils », déplore un parent. « Avant, il respectait notre autorité, mais il est devenu ingérable. » Un autre confie : « Notre fille est devenue tellement indépendante… Nous n'avons plus aucun moyen de nous faire entendre. » Le père d'un adolescent de 16 ans a confié aux participants de son Atelier combien il se sent impuissant : « Nous n'avons plus aucun moyen de lui imposer notre autorité, à part la voiture. Et même ça, ça ne fonctionne plus vraiment, parce qu'il demande à ses copains de passer le chercher. Quand nous ne sommes pas à la maison, il sort au gré de ses envies. Maintenant que nous n'avons plus rien dont il a réellement besoin, je ne peux plus le sanctionner. »

Ils expriment ce que vivent la plupart des parents lorsque leurs enfants cessent d'être tributaires d'eux, un phénomène inéluctable à l'approche de l'adolescence. Les enfants tirent alors quantité de gratifications de leurs propres activités (école, sport, amis, accomplissements personnels). Ils commencent aussi à trouver des moyens d'échapper aux sanctions parentales. Dans les familles où les adultes se sont essentiellement appuyés sur le pouvoir pour contrôler leurs enfants et les diriger durant leurs jeunes années, ils subissent inévitablement un choc lorsque leur pouvoir s'estompe et qu'ils se retrouvent avec peu, voire pas du tout d'influence sur leurs enfants.

L'adolescence

J'ai désormais la conviction que la plupart des théories attribuent à tort le stress et les difficultés de l'adolescence à des éléments comme les changements physiques survenant chez le jeune, sa sexualité émergente, les nouvelles exigences sociales, le difficile passage de l'enfance à l'âge adulte, etc. Or si cette période est si difficile pour les jeunes et les parents, c'est en grande partie parce que les adolescents deviennent tellement indépendants de leurs parents qu'il n'est plus possible de les contrôler par des récompenses et des punitions. Et comme la plupart des parents s'appuient fortement sur ces outils, les adolescents réagissent en adoptant un comportement plus indépendant, ils font de la résistance, ils se rebellent et se montrent hostiles.

Les parents considèrent que la rébellion et l'hostilité sont des éléments inévitables de cette étape du développement. Je pense que c'est faux. La vérité, c'est plutôt que *les adolescents deviennent davantage capables de résister et de se rebeller.* Leurs parents ne peuvent plus les contrôler en recourant aux récompenses, les ados n'en ayant plus autant besoin qu'avant. Et les menaces de punition ne les touchent plus guère, car leurs parents ne peuvent plus faire grand-chose pour leur infliger de la souffrance ou un fort inconfort. Si l'adolescent « typique » se comporte comme il le fait, c'est parce qu'il possède désormais suffisamment de force et de ressources pour satisfaire lui-même ses besoins, et suffisamment de pouvoir pour ne plus avoir à craindre celui de ses parents.

Par conséquent, l'adolescent ne se rebelle pas contre ses parents, il se rebelle contre le *pouvoir des parents*. Si les pères et les mères s'appuyaient moins sur le pouvoir et davantage sur d'autres méthodes pour influencer leurs enfants, dès la petite enfance, les jeunes n'auraient rien contre quoi se rebeller à l'adolescence. C'est pourquoi le recours au pouvoir pour changer le comportement des enfants possède une limite de taille : inéluctablement, le pouvoir des parents disparaît un jour, généralement plus tôt qu'ils ne le pensent.

Éduquer en recourant au pouvoir exige des conditions très précises

Le recours aux récompenses et aux punitions pour influencer un enfant comporte une autre limite de taille : l'« éducation » doit avoir lieu dans des conditions très précises.

Les psychologues qui étudient le processus de l'apprentissage sur des animaux en laboratoire rencontrent d'importantes difficultés avec leurs « sujets », lorsque certaines conditions très strictes ne sont pas remplies. Nombre de ces conditions sont extrêmement difficiles à réunir pour éduquer des enfants par la récompense et la punition. Beaucoup de parents, au quotidien, enfreignent une ou plusieurs « règles » du « dressage » efficace.

- Le « sujet » doit être très motivé, son besoin de se « démener » pour obtenir la récompense doit être extrêmement important. Il faut que les rats aient vraiment faim pour apprendre à effectuer un parcours dans un labyrinthe et trouver la nourriture cachée au bout. Les parents cherchent souvent à influencer un enfant en lui faisant miroiter une récompense dont il n'a pas vraiment besoin (par exemple, promettre à votre fille que vous allez lui chanter une chanson si elle va se coucher rapidement, avant de constater que cela ne la motive guère).

- Si la punition est trop sévère, le sujet évitera totalement la situation. Si les rats reçoivent une décharge électrique pour leur apprendre à ne pas s'aventurer dans une impasse d'un labyrinthe, ils « cesseront d'essayer » de trouver leur chemin dans ce labyrinthe. Si vous punissez sévèrement un enfant qui a commis une erreur, il risque d'« apprendre » qu'il est préférable de cesser d'essayer de bien faire quelque chose.

- Pour qu'elle affecte son comportement, la récompense doit être donnée au sujet assez rapidement. Les rats que l'on dresse à appuyer sur le bon levier pour obtenir de la nourriture n'apprendront pas quel est le levier adéquat si vous retardez trop le moment où ils ont accès à la nourriture. Dites à un enfant qu'il pourra aller à la plage trois semaines plus tard s'il accomplit bien toutes les tâches ménagères dont il a la charge ; vous constaterez sans doute qu'une récompense aussi lointaine ne le motivera pas à faire ce qu'on attend de lui dans le présent.

- Les parents doivent faire preuve d'une grande constance dans l'attribution des récompenses et des punitions. Si vous donnez à manger à votre chien lorsque vous êtes à table en famille et que vous le punissez parce qu'il quémande quand il y a des invités, il ne comprendra plus rien et sera frustré. (Sauf s'il sait faire la différence entre les repas avec invités et ceux sans invités, comme notre chien !) Les parents manquent souvent de constance dans l'emploi des récompenses et des punitions. Par exemple, si vous autorisez parfois votre enfant à grignoter entre les repas, tout en le lui refusant les jours où il y a un plat spécial au dîner parce que vous ne voulez pas que son repas soit « gâché » (ou plutôt, que *votre* repas soit gâché ?)

- Les récompenses et les punitions sont rarement efficaces pour l'apprentissage de comportements complexes, sauf si on utilise des méthodes de « renforcement » très compliquées qui prennent beaucoup de temps. Certes, des psychologues ont réussi à apprendre à des poules à jouer au ping-pong et à des pigeons à guider des missiles. Cependant, ces prouesses exigent un dressage d'une difficulté hors du commun qui demande beaucoup de temps et des conditions extrêmement rigoureuses.

Les lecteurs qui ont eu des animaux comprendront aisément combien il serait difficile d'apprendre à un chien à jouer exclusivement dans son jardin, à aller chercher son pull quand il voit qu'il pleut ou à partager généreusement ses biscuits pour chiens avec des congénères. Pourtant, ces mêmes personnes ne douteraient pas une seconde qu'il est possible de recourir à la récompense et à la punition pour inculquer ces mêmes comportements à leurs enfants.

Les récompenses et les punitions peuvent permettre d'apprendre à un enfant à ne pas toucher aux objets posés sur une table basse ou à dire « s'il te plaît » lorsqu'il demande quelque chose à table. Cependant, les parents constateront que ce n'est pas efficace pour inculquer à un enfant de bonnes habitudes sur le plan scolaire, lui apprendre à être honnête ou gentil avec les autres enfants ou à se montrer coopératif au sein de la famille. Ces schémas de comportement complexes ne s'enseignent pas aux enfants, en réalité. C'est l'expérience personnelle des enfants dans diverses situations qui le leur apprend, influencée par quantité de facteurs.

J'ai souligné ici quelques-unes des limites seulement du recours à la récompense et à la punition dans l'éducation des enfants. Les psychologues spécialistes de l'apprentissage et de l'éducation pourraient en ajouter quantité d'autres. Apprendre à des animaux ou à des enfants à accomplir des actions complexes par la récompense et la punition est une spécialité à part entière, qui exige d'importantes connaissances ainsi qu'infiniment de temps et de patience. Mais ce qui est bien plus important pour nous, c'est que les dresseurs d'animaux de cirque et les spécialistes de psychologie expérimentale ne sont pas de bons exemples dont les parents pourraient s'inspirer pour apprendre à leurs enfants à se comporter comme ils le souhaitent.

Les effets du pouvoir parental sur l'enfant

En dépit des limites considérables du recours au pouvoir, cela reste, étrangement, la méthode de prédilection de la plupart des parents, toutes catégories socioprofessionnelles confondues.

Immanquablement, les formateurs des Ateliers Parents constatent que les participants sont étonnamment conscients des effets négatifs du pouvoir. Il suffit de demander aux parents de puiser dans leur expérience personnelle et de nous dire ce qu'ils ressentaient lorsque leurs propres parents exerçaient leur pouvoir sur eux. Paradoxalement, ils s'en souviennent, mais ils l'«oublient» lorsqu'ils se servent de leur pouvoir face à leurs enfants. Nous demandons toujours aux participants de nos Ateliers d'établir la liste de ce qu'ils faisaient, dans leur enfance, pour supporter le pouvoir de leurs parents. Chaque groupe dresse alors une liste de mécanismes d'adaptation, assez proche de celle-ci :

1. Résistance, défi, rébellion, négativisme ;

2. Ressentiment, colère, hostilité ;

3. Aagressivité, vengeance, contre-attaque ;

4. Mensonges, dissimulation des sentiments ;

5. Accuser les autres, dénoncer, tricher ;

6. Domination, harcèlement, rudoiement ;

7. Besoin de gagner, horreur de perdre ;

8. Constitution d'alliances, organisation contre les parents ;

9. Soumission, obéissance, conformité ;

10. Fayotage, servilité, flatterie ;

11. Conformisme, manque de créativité, peur d'essayer de nouvelles choses, besoin d'être assuré de réussir;
12. Repli sur soi, évasion, vie imaginaire, régression.

1. Résistance, défi, rébellion, négativisme

Un parent confie au groupe cet incident survenu avec son père, caractéristique de leurs relations :

> **Parent.** — *Si tu ne te tais pas, tu vas te prendre une claque.*
> **Enfant.** — *Vas-y, tape-moi !*
> **Parent.** — (Gifle l'enfant.)
> **Enfant.** — *Mais tape-moi encore, plus fort. Je ne me tairai pas !*

Certains enfants se rebellent contre l'attitude autoritaire de leurs parents en faisant exactement l'inverse de ce que ceux-ci exigent. Une mère nous a dit :

> « *Il y a trois choses, essentiellement, pour lesquelles nous avons fait preuve d'autorité : nous avons exigé de notre fille qu'elle soit soigneuse et ordonnée, qu'elle aille à l'église et qu'elle ne consomme pas d'alcool. Nous avons toujours été sévères sur ces points-là. Aujourd'hui, sa maison est une porcherie, elle ne met jamais un pied à l'église et elle boit du vin presque tous les soirs.* »

Lors d'une consultation dans le cadre de sa thérapie, un adolescent m'a dit :

> « *Je n'essaie même pas d'avoir des bonnes notes au lycée, parce que mes parents m'ont tellement mis la pression pour être bon élève. Si j'avais des bonnes notes, ils seraient trop contents —*

genre on a eu raison de te pousser, ou on a gagné. Je ne vais pas leur faire ce plaisir. Donc je fais zéro effort. »

Un autre adolescent a parlé de la réaction de ses parents, qui le « harcèlent » au sujet de ses cheveux colorés :

« Je pense qu'en fait, je ne me teindrais pas les cheveux s'ils ne me harcelaient pas autant. Mais tant qu'ils essaieront de me faire changer d'avis, je me teindrai les cheveux, de la couleur que je veux. »

Ces réactions à l'autorité des adultes sont quasi universelles. Les enfants défient l'autorité des adultes et se rebellent contre elle depuis des générations et des générations. L'Histoire le montre, il n'y a guère de différence entre la jeunesse d'hier et celle d'aujourd'hui. Les enfants, comme les adultes, se battent avec l'énergie du désespoir lorsque leur liberté est menacée, et la liberté des enfants a été menacée à toutes les périodes de l'Histoire. Un moyen pour les enfants de faire face aux menaces pesant sur leur liberté et leur indépendance est d'affronter ceux qui voudraient les en priver.

2. Ressentiment, colère, hostilité

Les enfants en veulent à ceux qui possèdent du pouvoir sur eux. Cela leur paraît déloyal, et souvent injuste. Ils tiennent rigueur aux parents et aux professeurs d'être plus grands et plus forts qu'eux, lorsque ces avantages sont utilisés pour les contraindre ou pour restreindre leur liberté.

« Prends-en toi plutôt à quelqu'un de la même taille que toi ! » Voilà ce que les enfants ont souvent envie de dire à l'adulte qui recourt à son pouvoir face à lui.

Manifestement, c'est une réaction universelle chez l'être humain, quel que soit son âge : il ressent de la rancune et de la colère face aux personnes dont il est tributaire, à un degré plus ou moins important, pour satisfaire ses besoins. La plupart des gens ne réagissent pas favorablement face à ceux qui détiennent le pouvoir de distribuer ou pas des récompenses. Ils n'aiment pas que quelqu'un contrôle ce qui permet de satisfaire leurs besoins, préférant être eux-mêmes aux commandes. De plus, la plupart des gens aspirent à l'indépendance, car être tributaire d'autrui comporte un risque, celui que cet individu se révèle peu fiable – qu'il soit injuste, déraisonnable ou peu cohérent, ou bien encore qu'il ait des préjugés. Le détenteur du pouvoir pourrait aussi exiger qu'on se conforme à ses valeurs et à ses normes, en contrepartie de ses récompenses. C'est pourquoi les salariés d'un employeur très paternaliste – qui se montre généreux dans la distribution d'« avantages » et de « bonus » (à condition que les salariés, reconnaissants, se plient à la gestion autoritaire de la direction) – sont souvent hostiles et éprouvent du ressentiment vis-à-vis « de la main qui les nourrit ». Les historiens spécialistes des relations sociales constatent que les grèves les plus violentes surviennent dans les entreprises ayant pratiqué une gestion « paternaliste bienveillante ». C'est pour cela aussi que les dons des « pays riches » aux « pays pauvres » entraînent souvent une réaction d'hostilité de la part du bénéficiaire, en état de dépendance vis-à-vis du pays plus riche, souvent à la consternation du donateur.

3. Agressivité, vengeance, contre-attaque

Comme la domination autoritaire des parents frustre souvent les besoins de l'enfant, et que la frustration génère généralement de l'agressivité, les parents qui recourent à l'autorité peuvent s'attendre à des réactions agressives. En représailles, les enfants tentent de rabaisser les parents, les critiquent durement, répondent mal, se murent dans le silence ou adoptent diverses autres réactions agressives dont ils pensent qu'elles feront enrager les parents ou les blesseront.

L'idée sur laquelle repose cette réaction est la suivante : « Tu m'as fait mal, alors je te fais mal. Ainsi, tu éviteras peut-être de me faire mal de nouveau. » Dans les cas les plus extrêmes, dont les journaux se font volontiers l'écho, les enfants vont jusqu'à tuer leurs parents. Il ne fait aucun doute que quantité d'agressions contre les autorités scolaires (vandalisme), la police ou des responsables politiques sont motivées par un désir de vengeance.

4. Mensonges, dissimulation des sentiments

Certains enfants apprennent tôt que mentir permet d'échapper à de nombreuses punitions. Cela peut même procurer des récompenses. Immanquablement, les enfants apprennent quelles sont les valeurs de leurs parents – ce que ceux-ci vont approuver ou désapprouver. Les enfants que j'ai reçus en thérapie dont les parents recourent abondamment aux récompenses et aux punitions m'ont tous confié combien ils mentent à leurs parents. Une adolescente m'a expliqué :

> « Ma mère ne veut pas que je sorte avec ce garçon. Alors je demande à mon amie de passer me chercher et on dit à ma mère qu'on va au cinéma. En fait, je vais retrouver mon copain. »

Une autre m'a dit :

> « Ma mère m'interdit de porter des vêtements décolletés. Alors je mets un autre vêtement par-dessus, et une fois que j'ai quitté la maison, je l'enlève. Puis je le remets avant de rentrer. »

Bien que les enfants mentent souvent parce que leurs parents recourent abondamment aux récompenses et aux punitions, j'ai la conviction que le mensonge n'est pas une tendance naturelle chez l'enfant. C'est une réaction apprise, un mécanisme d'adaptation face aux parents qui cherchent à les maîtriser par des récompenses et des punitions. Il est peu probable que les enfants mentent dans les familles où ils sont acceptés et où leur liberté est respectée.

Les parents qui se plaignent que leurs enfants ne partagent pas leurs problèmes avec eux ou ne leur parlent pas de ce qu'il se passe dans leur vie sont généralement des parents qui ont abondamment recouru aux punitions. Leurs enfants ont appris à évoluer dans un tel environnement, où en dire le moins possible est souvent la meilleure stratégie.

5. Accuser les autres, dénoncer, tricher

Dans les familles avec plusieurs enfants, ceux-ci sont de toute évidence en concurrence pour bénéficier des récompenses parentales et éviter les punitions. Ils découvrent rapidement un autre mécanisme d'adaptation : mettre les autres enfants dans une situation défavorable, les discréditer, leur donner le mauvais rôle, moucharder, leur faire porter le chapeau, etc. L'idée est simple : « En mettant l'autre dans une mauvaise position, peut-être que cela me mettra en valeur ». Quel constat d'échec pour les parents, qui aimeraient que leurs enfants aient un comportement coopératif... En utilisant la carotte et le bâton, ils alimentent un comportement compétitif : rivalités entre frères et sœurs, disputes, enfants qui « rapportent » :

> *« Elle a eu plus de glace que moi ! »*
> *« Pourquoi est-ce que moi, je dois faire du jardinage et pas Joe ? »*

« C'est lui qui a commencé, il m'a tapé. »

« Quand Ericka avait mon âge et qu'elle faisait ce que je viens de faire, elle n'était jamais punie. »

« Comment ça se fait que vous ne grondez jamais Eddie ? »

Une grande partie des chamailleries dues à la rivalité et au cafardage entre enfants est liée aux récompenses et aux punitions données par les parents. Comme nul n'a le temps, le caractère ou la sagesse nécessaires pour les distribuer de manière toujours parfaitement équitable, les parents génèrent inévitablement des rivalités. Il est naturel que chaque enfant veuille obtenir la plupart des récompenses et voir ses frères et sœurs récolter la plupart des punitions.

6. Domination, harcèlement, rudoiement

Pourquoi un enfant cherche-t-il à en dominer ou à en harceler d'autres plus jeunes que lui ? Une explication est que ses parents ont utilisé leur pouvoir pour le dominer. Et lorsqu'il est à son tour en position de pouvoir face à un autre enfant, il essaie lui aussi de dominer. On peut observer ce phénomène lorsque des enfants jouent avec des poupées. Ils traitent généralement ces jouets (leurs « enfants ») comme leurs parents les traitent. Les psychologues le savent : on peut savoir comment un enfant est traité par ses parents en l'observant jouer aux poupées. Si l'enfant est dominateur, autoritaire et sévère, en punissant sa poupée lorsqu'il joue au papa ou à la maman, c'est certainement qu'il est lui-même traité ainsi.

Par conséquent, les parents qui se servent de leur autorité pour diriger et contrôler leur progéniture courent involontairement le risque d'avoir un enfant autoritaire avec ses camarades.

7. Besoin de gagner, horreur de perdre

Les enfants élevés dans un environnement où les récompenses et les punitions sont légion peuvent ressentir un fort besoin d'être mis en valeur ou de gagner, et aussi d'éviter d'être dans une posture défavorable ou de perdre. C'est particulièrement vrai dans les familles qui attribuent beaucoup de récompenses, avec une profusion d'évaluations positives, des récompenses sous forme d'argent, des bons points, des bonus, etc.

Malheureusement, ces parents sont nombreux, notamment dans les classes moyennes et supérieures. S'il y a des pères et des mères qui refusent le recours aux punitions pour se faire obéir de leurs enfants, rares sont ceux qui remettent en question l'intérêt de la récompense. Le parent américain a été submergé d'articles et de livres expliquant qu'il faut féliciter et récompenser les enfants. La plupart des pères et des mères ont adhéré inconditionnellement à ce conseil. Résultat : un pourcentage élevé d'enfants américains sont manipulés, au quotidien, par leurs parents, à grand renfort de félicitations, de privilèges, de récompenses, de bonbons, de glaces, d'argent, etc. Pas étonnant que cette génération d'enfants élevés à coups de bons points soit tellement focalisée sur la réussite, souhaitant apparaître sous son meilleur jour, se démarquer et surtout, éviter de perdre.

Cette éducation reposant sur les récompenses possède un autre aspect négatif. C'est le sort que subit généralement l'enfant dont les capacités, intellectuelles ou physiques, sont limitées, ce qui lui rend difficile l'accès aux récompenses. Je pense notamment à l'enfant dont les frères et sœurs ont été plus gâtés par la génétique, ce qui fait de lui un « loser » dans la plupart des choses qu'il entreprend, à la maison, sur l'aire de jeux ou à l'école. Dans beaucoup de familles, il y a un ou plusieurs enfants de ce type, qui vont traverser l'existence en subissant la douleur d'échecs fréquents et la frustration de voir les autres accéder aux récompenses. Ces enfants ont une mauvaise estime de soi, ils se découragent et deviennent défaitistes. Ce que je veux dire, c'est qu'un environnement familial où on distribue beaucoup de récompenses sera plus néfaste pour les enfants qui ne parviennent pas à obtenir ces récompenses que pour les autres.

8. Constitution d'alliances, organisation contre les parents

En grandissant, les enfants dont les parents se font obéir en recourant à leur autorité et à leur pouvoir découvrent une autre façon de réagir : c'est le phénomène courant des alliances, avec d'autres enfants de la famille ou non. Les enfants découvrent que « l'union fait la force ». Ils peuvent « s'organiser », tout comme les salariés s'organisent face au pouvoir des patrons et de la direction de leur entreprise.

Les enfants créent souvent des alliances pour faire front commun face aux parents. Ils peuvent :

- S'entendre pour donner la même version d'un événement ;
- Raconter à leurs parents que tous les autres enfants ont le droit de faire telle ou telle chose – pourquoi eux ne le pourraient-ils pas ?
- Influencer d'autres enfants à participer avec eux à une activité douteuse, dans l'espoir d'échapper ainsi à une punition.

De nos jours, les adolescents ont conscience du véritable pouvoir qu'ils peuvent obtenir en s'organisant et en s'unissant face à l'autorité des parents ou des adultes – pour preuve, le nombre croissant d'enfants qui consomment de la drogue avec leurs amis, qui ne font pas leurs devoirs, qui sèchent l'école à plusieurs, et la multiplication des bandes et des gangs.

L'autoritarisme demeurant la méthode de prédilection des parents et des autres adultes pour maîtriser et contrôler le comportement des enfants, les adultes provoquent précisément le phénomène qu'ils déplorent, à savoir que les adolescents forment des alliances pour opposer leur pouvoir à celui des adultes. La société se polarise : les jeunes qui s'organisent contre les adultes, les démunis contre les nantis. Au lieu de s'identifier à leur famille, les enfants s'identifient de plus en plus à leurs camarades, pour combattre le pouvoir de tous les adultes.

9. Soumission, obéissance, conformité

Certains enfants choisissent de se soumettre à l'autorité parentale pour des raisons qui, souvent, ne sont pas bien comprises. Ils réagissent par la soumission, l'obéissance et la conformité. Cette réaction à l'autorité parentale intervient souvent dans les familles où les parents ont été extrêmement sévères. S'ils se sont vu infliger des punitions sévères, les enfants apprennent à se soumettre par peur des sanctions. Ils peuvent alors réagir au pouvoir parental par la peur, comme les chiens qui deviennent craintifs et soumis par peur des punitions sévères. Chez les jeunes enfants, la probabilité de voir des punitions sévères générer de la soumission est plus élevée, car d'autres réactions, comme la rébellion ou la résistance, paraissent trop risquées. Ils n'ont quasiment pas d'autre choix que de réagir au pouvoir parental par l'obéissance et la conformité. Puis à l'entrée dans l'adolescence, cette réaction peut changer du tout au tout, car les enfants gagnent alors en force et en courage pour résister et se rebeller.

Certains enfants restent soumis et obéissants durant l'adolescence, et parfois même à l'âge adulte. Ce sont ces enfants-là qui ont le plus souffert du pouvoir parental subi tôt dans leur vie, car ils conservent une peur profonde des individus occupant une position de pouvoir, quel que soit le contexte. Ces adultes restent des enfants toute leur vie, se soumettant avec passivité à l'autorité, niant leurs propres besoins, ayant peur d'être eux-mêmes, terrorisés par les conflits, trop conformes pour imposer leurs convictions. Ce sont ces adultes qui remplissent les cabinets des psychologues et des psychiatres.

10. Fayotage, servilité, flatterie

Une manière de réagir face à une personne qui possède le pouvoir de récompenser et de punir est de « se la mettre dans la poche », de gagner ses faveurs en redoublant d'efforts pour se faire aimer. Certains enfants adoptent cette attitude avec leurs parents et les autres adultes. L'idée est la suivante : « Si je parviens à faire quelque chose qui lui fera plaisir et l'amènera à me préférer, alors peut-être que l'adulte me donnera davantage de récompenses et moins de punitions ». Les enfants apprennent très tôt que les adultes ne manient pas équitablement la carotte et le bâton. Il est possible de s'attirer les bonnes grâces des adultes, qui ont parfois des « chouchous ». Certains enfants apprennent à en profiter et adoptent des comportements de « fayot », parfois désignés par d'autres expressions beaucoup moins polies.

Malheureusement, si certains parviennent à déployer un talent certain pour s'attirer les bonnes grâces des adultes, cela leur vaut aussi une forte antipathie de la part des autres enfants. Les «fayots» sont souvent moqués ou rejetés par leurs camarades, qui voient clair dans leur jeu et qui jalousent leur position de faveur.

11. Conformisme, manque de créativité, peur d'essayer de nouvelles choses, besoin d'être assuré de réussir

L'autoritarisme parental génère du conformisme plutôt que de la créativité chez les enfants, tout comme une ambiance de travail autoritaire en entreprise nuit à l'innovation. La créativité naît de la liberté d'expérimenter, d'essayer des choses et des associations nouvelles. Les enfants élevés dans une famille recourant beaucoup aux récompenses et aux punitions ne jouiront probablement pas du même sentiment de liberté que ceux élevés dans des environnements plus tolérants. Le pouvoir génère de la peur, la peur entrave la créativité et alimente le conformisme. L'enfant se dit alors : «Pour obtenir des récompenses, je me tiens à carreau et je me conforme à ce qui est considéré comme un bon comportement. Et surtout, je ne m'aventure pas à faire quoi que ce soit d'inhabituel, qui risquerait de me valoir une punition.»

12. Repli sur soi, évasion, vie imaginaire, régression

Lorsque l'autorité parentale devient trop difficile à subir, les enfants tentent parfois de s'évader ou de se replier sur eux-mêmes. Le pouvoir des parents peut provoquer un repli sur soi si les punitions sont trop sévères, si les parents manquent de constance dans l'octroi des récompenses, si les récompenses sont trop difficiles à obtenir ou si les comportements nécessaires pour échapper aux sanctions sont trop compliqués à apprendre. Toutes ces situations peuvent inciter l'enfant à baisser les bras et à ne pas chercher à respecter les règles du jeu. Il cesse alors d'essayer d'affronter le réel, trop douloureux ou trop difficile à comprendre. Cet enfant ne peut s'adapter aux forces prévalant dans son environnement. Il ne peut gagner. Son organisme lui dit donc, d'une manière ou d'une autre, qu'il est plus sûr de s'évader.

Le repli sur soi et l'évasion peuvent être quasi permanents ou occasionnels, et adopter les formes suivantes :

- Rêveries et monde imaginaire ;
- Inactivité, passivité, apathie ;
- Régression vers un comportement enfantin ;
- Temps excessif consacré à la télévision ou aux jeux vidéo ;
- Maladie ;
- Fugue ;
- Appartenance à une bande de jeunes ;
- Consommation de stupéfiants ;
- Troubles du comportement alimentaire ;
- Automutilations (scarifications, etc.) ;
- Dépression.

Quelques problèmes plus graves associés à l'autoritarisme parental

Même après s'être vus rappeler leurs propres mécanismes d'adaptation dans l'enfance et même après s'être servis de notre liste pour identifier les mécanismes d'adaptation spécifiques utilisés par leurs enfants, certains participants de nos Ateliers Parents restent convaincus que l'autoritarisme et le pouvoir sont justifiés dans l'éducation. Par conséquent, dans la plupart des Ateliers, nous approfondissons la discussion sur les attitudes et les sentiments autour de la question de l'autorité parentale.

Les enfants ne sont-ils pas demandeurs d'autorité et de limites?

Une idée communément admise, tant chez les professionnels de l'éducation que dans le grand public, est que les enfants sont demandeurs d'autorité : ils aiment que leurs parents restreignent leur comportement en leur fixant des limites. L'argument est le suivant : des parents qui font preuve d'autorité seraient rassurants pour les enfants. Sans limites, les enfants seraient non seulement déchaînés et indisciplinés, mais ils ne se sentiraient pas en sécurité. Le corollaire de cette idée, c'est que si les parents ne recourent pas à leur autorité pour fixer des limites, les enfants y verront une preuve d'indifférence et se sentiront mal aimés.

Si je soupçonne que bien des gens adhèrent à cette idée parce qu'elle leur permet de justifier le recours au pouvoir, je ne veux pas la rejeter en bloc en la discréditant. L'idée comporte une part de vérité, il convient donc de l'examiner attentivement.

Le bon sens et l'expérience permettent de dire que les enfants sont effectivement demandeurs de limites de la part de leurs parents. Ils ont besoin de savoir jusqu'où ils peuvent aller avant que leur comportement devienne inacceptable. Ce n'est qu'une fois qu'ils le sauront qu'ils pourront décider de ne pas adopter ce comportement. C'est vrai pour toutes les relations humaines.

Par exemple, je suis beaucoup plus à l'aise quand je sais lesquels de mes comportements sont inacceptables pour mon épouse. L'un d'eux qui me vient à l'esprit est d'aller jouer au golf ou d'aller travailler au bureau un jour où nous recevons des invités. En sachant à l'avance que mon comportement sera inacceptable, car ma femme aura besoin de mon aide, je peux décider de ne pas aller jouer au golf ou de ne pas aller travailler, et éviter ainsi sa contrariété ou sa colère, et probablement aussi un conflit.

Cependant, vouloir connaître les «limites de l'acceptation parentale», pour un enfant, est une chose. Dire que cet enfant veut que ses parents *imposent des limites* à son comportement en est une autre, très différente. Pour reprendre l'exemple de mon couple : cela m'aide de savoir ce que penserait ma femme si j'allais jouer au golf ou au bureau un jour où nous avons des invités. Mais je serais certainement contrarié si elle essayait de *fixer des limites à mon comportement* en décrétant des choses telles que : «Je ne peux pas t'autoriser à aller jouer au golf ou à aller au bureau les jours où nous avons des invités. Il y a des règles à respecter. Tu ne peux pas faire cela, un point c'est tout.»

Je n'apprécierais vraiment pas cette approche autoritaire. D'ailleurs, il est même ridicule d'imaginer que ma femme essaierait de me contrôler ainsi. Les enfants ne réagissent pas différemment aux limites fixées par les parents. Ils ressentent eux aussi irritation et ressentiment lorsqu'un parent décide, de manière unilatérale, d'imposer une limite à leur comportement. Je n'ai jamais rencontré d'enfant souhaitant que ses parents lui fixent des limites en décrétant des choses comme :

> *«Je veux que tu sois rentré à minuit. Et je ne tolérerai aucune excuse en cas de retard.»*

> *«Non, pas question, je ne te laisserai pas prendre la voiture.»*

> *«Tu ne peux pas jouer avec ton camion dans le salon.»*

«Je t'interdis de fumer de l'herbe.»
«Hors de question que tu sortes avec ce garçon.»

Le lecteur aura reconnu dans toutes ces phrases des messages «contenant des solutions», dont nous avons parlé plus haut. Remarquez aussi qu'il s'agit toujours de Messages-Tu.

Voici un principe bien plus sain que celui en vertu duquel «les enfants veulent que leurs parents fassent preuve d'autorité et leur fixent des limites»:

> *Les enfants ont besoin et sont demandeurs d'informations de la part de leurs parents qui leur permettront de savoir ce que ceux-ci pensent de tel ou tel comportement, afin que les enfants puissent eux-mêmes modifier les comportements inacceptables. En revanche, les enfants ne souhaitent pas que les adultes essaient de limiter ou de modifier leurs comportements en recourant à leur autorité ou en menaçant de le faire. Autrement dit, les enfants veulent limiter eux-mêmes leurs comportements s'il apparaît que ceux-ci doivent être limités ou modifiés. Comme les adultes, les enfants préfèrent être leur propre autorité régissant leur comportement.*

Autre chose: oui, les enfants préféreraient que tous leurs comportements soient jugés acceptables par leurs parents, de sorte qu'ils n'aient pas besoin de limiter ou de modifier un seul comportement. Moi aussi, je préférerais que ma femme trouve tous mes comportements acceptables, de manière inconditionnelle. C'est ce que je préférerais. Simplement, je sais que c'est non seulement irréaliste, mais aussi impossible.

Par conséquent, ni les parents ni les enfants ne devraient s'attendre à ce que tous leurs comportements soient acceptés. En revanche, les enfants sont en droit d'attendre que leurs parents le leur disent toujours lorsqu'ils *n'acceptent pas* un comportement. («Je n'aime pas qu'on me tire par le bras quand je parle avec un ami.») Ce qui n'est pas du tout la même chose que de vouloir des parents qui recourent à leur autorité pour fixer des limites.

L'autorité n'est-elle pas bénéfique dès lors que les parents font preuve de constance?

Certains parents justifient leur recours au pouvoir par l'idée que c'est efficace et non dommageable à partir du moment où ils font preuve de constance. Dans nos Ateliers Parents, ces participants sont étonnés d'apprendre qu'ils ont tout à fait raison au sujet de la nécessité de cohérence. Nos formateurs leur expliquent que la constance est essentielle, *s'ils choisissent de recourir au pouvoir et à l'autorité*. De plus, les enfants préfèrent que les parents soient constants, *si ces parents choisissent de recourir au pouvoir et à l'autorité.*

Les «si» sont essentiels. Je ne dis pas que l'utilisation du pouvoir et de l'autorité n'est pas néfaste. Simplement, l'utilisation du pouvoir et de l'autorité sera encore plus néfaste si les parents sont inconstants. Je ne dis pas non plus que les enfants veulent que leurs parents soient autoritaires. Simplement, s'ils le sont, mieux vaut que ce soit avec constance. Si les parents pensent devoir faire preuve d'autoritarisme, la constance permettra à l'enfant de comprendre plus aisément quels sont les comportements qui sont punis de manière systématique, et lesquels sont récompensés.

Quantité d'expériences ont démontré les effets néfastes du manque de constance dans le recours aux récompenses et aux punitions pour modifier le comportement des animaux. Une expérience conduite par un psychologue, Norman Maier, est devenue un exemple classique. Norman Maier a donné des récompenses à des rats qui sautaient depuis une plateforme en direction d'une petite porte comportant un motif géométrique donné, comme un carré. La porte s'ouvrait et permettait au rat d'accéder à de la nourriture, qui était sa récompense. Puis Norman Maier a puni les rats qui sautaient depuis la plateforme vers une porte sur laquelle figurait un motif différent, un triangle. La porte ne s'ouvrait pas, le rat se cognait le museau et tombait dans un filet, tendu beaucoup plus bas. Cela a « appris » aux rats à faire la différence entre les carrés et les triangles, dans le cadre d'une expérience de conditionnement très simple.

Norman Maier a ensuite décidé d'être « inconstant » dans la distribution des récompenses et des punitions. Il a délibérément changé les conditions de l'expérience, en modifiant de manière aléatoire les figures géométriques sur les portes. Parfois, la porte comportant un carré s'ouvrait sur de la nourriture, parfois elle restait fermée, ce qui entraînait la chute de l'animal. Comme beaucoup de parents, le psychologue a été inconstant dans la distribution des récompenses et des punitions.

Quel en a été l'effet sur les rats ? Cela a provoqué des « névroses ». Certains rongeurs ont développé des maladies de peau, d'autres sont tombés dans un état catatonique, d'autres encore couraient partout dans leur cage. Certains rats ont refusé tout contact avec des congénères, d'autres ont refusé de s'alimenter. En faisant preuve d'inconstance, Norman Maier a provoqué chez ces animaux des « névroses expérimentales ».

L'inconstance dans l'utilisation des récompenses et des sanctions peut avoir un effet tout aussi néfaste sur les enfants. Elle ne leur permet pas d'apprendre le « bon » comportement (celui qui est récompensé) et d'éviter le comportement indésirable.

Ils ne peuvent réussir, ce qui peut provoquer frustration, confusion, colère et même «névrose».

Mais n'est-il pas de la responsabilité des parents d'influencer les enfants?

L'idée au sujet du pouvoir et de l'autorité exprimée le plus couramment par les parents est sans doute que ceux-ci sont justifiés, car il est de la «responsabilité» des parents d'influencer l'enfant à se comporter de diverses manières jugées souhaitables par les parents ou par la «société» (quel que soit le sens donné à ce terme). C'est une question vieille comme le monde: le pouvoir dans les relations humaines est-il justifié à partir du moment où il est exercé avec bienveillance et sagesse – «pour le bien de l'autre ou dans son intérêt» ou «pour le bon fonctionnement de la société»?

Cela soulève une question: *qui va décider* ce qui est dans l'intérêt de la société? L'enfant? Le parent? Qui sait mieux que l'autre? Voilà des questions ardues et laisser le parent déterminer ce qui est dans l'«intérêt» de l'enfant comporte des dangers.

Il peut ne pas avoir la sagesse nécessaire pour en décider. Tous les êtres humains sont faillibles – y compris les parents et toute personne détentrice d'un pouvoir. Et quiconque possède du pouvoir peut décréter que la décision est prise pour le bien de l'autre, même si ce n'est pas le cas. L'Histoire fourmille de personnages qui ont prétendu recourir à leur pouvoir pour le bien de ceux sur qui ils l'ont exercé. «Je fais ça pour ton bien»: voilà une justification du recours au pouvoir qui n'est pas très convaincante.

« Le pouvoir corrompt et le pouvoir absolu corrompt abso-lument », écrivait Lord Acton. Shelley, lui, a dit : « Le pouvoir, telle une immonde pestilence, souille tout ce qu'il touche. » Quant à Edmund Burke, il affirme que « Plus le pouvoir est grand, plus en abuser est dangereux. »

Les dangers du pouvoir, perçus à la fois par les person-nalités politiques et par les poètes, subsistent. Le recours au pouvoir est désormais grandement remis en question dans les relations internationales. Un gouvernement mondial, avec un tribunal mondial, pourrait bien voir le jour, par nécessité pour la survie de tous à l'ère de l'information. Nos lois ne justifient plus l'utilisation du pouvoir par un groupe ethnique contre un autre. Dans le monde de l'entreprise, le management auto-ritaire est jugé dépassé par nombre de gens. Le différentiel de pouvoir qui a longtemps existé entre mari et femme s'est réduit, lentement mais sûrement. Enfin, le pouvoir et l'auto-rité absolus de l'Église ont été contestés, à la fois de l'extérieur et de l'intérieur de cette institution.

L'un des derniers bastions du pouvoir dans les relations humaines est la famille, la relation parent-enfant. Une poche de résistance comparable se trouve dans les écoles, dans la relation enseignant-élève, où l'autoritarisme reste la méthode principale pour contrôler et diriger le comportement des élèves.

Pourquoi les enfants sont-ils les derniers à être protégés des méfaits potentiels du pouvoir et de l'autorité ? Est-ce parce qu'ils sont plus petits que les adultes ou parce que ceux-ci trouvent facile de justifier l'utilisation du pouvoir avec des phrases comme « Les parents savent ce qui est bon pour toi » ou « C'est pour ton bien » ?

J'ai la conviction que, à mesure que de plus en plus de gens commenceront à mieux comprendre les mécanismes du pouvoir et de l'autorité, et à considérer que c'est contraire à l'éthique, les parents seront de plus en plus nombreux à appliquer ces idées aux relations entre les adultes et les enfants. Ils percevront alors que dans ces relations aussi, c'est immoral, ce qui les contraindra à chercher de nouvelles méthodes créatives, ne reposant pas sur le pouvoir, que tous les adultes pourront employer avec les enfants et les adolescents.

Mais laissons de côté les aspects moraux et éthiques du recours au pouvoir sur autrui. La question des parents qui demandent : « N'est-il pas de ma responsabilité de me servir de mon pouvoir pour influencer mon enfant ? » révèle une erreur courante. Le pouvoir parental n'« influence » pas vraiment les enfants, il les *contraint* plutôt à se comporter de la manière qu'on leur impose. Le pouvoir n'« influence » pas dans le sens de persuader, convaincre, éduquer ou motiver l'enfant à se comporter d'une certaine manière. Le pouvoir *contraint* à un comportement ou il *empêche* un comportement. Or, lorsqu'il est contraint ou empêché d'adopter un comportement par une personne investie d'une autorité supérieure, l'enfant n'est pas réellement convaincu. D'ailleurs, il reviendra généralement à son comportement premier dès que l'autorité ou le pouvoir aura disparu, ses besoins et ses désirs restant inchangés. Souvent, il sera aussi déterminé à en faire voir de toutes les couleurs à ses parents, qui ont frustré ses besoins et qui l'ont humilié. Par conséquent, le pouvoir donne en réalité du pouvoir à ses victimes, il suscite de l'opposition et nourrit sa propre destruction.

En réalité, les parents qui recourent au pouvoir diminuent leur influence sur leurs enfants, parce que bien souvent, cela génère des comportements de rébellion (l'enfant réagit au pouvoir en faisant l'inverse de ce que veut le parent). J'ai entendu des parents dire : « Nous aurions plus d'influence sur notre enfant si nous recourions à notre pouvoir pour lui faire faire l'inverse de ce que nous souhaitons. Ainsi, il ferait ce que nous voulons ! »

Aussi paradoxal que cela puisse paraître, les parents perdent de leur influence en recourant au pouvoir. Ils auraient bien plus d'influence sur l'enfant en renonçant à leur pouvoir ou en refusant de s'en servir.

De toute évidence, les parents ont davantage d'influence sur leurs enfants si les méthodes utilisées ne produisent ni rébellion ni comportements inverses. Les méthodes ne recourant pas au pouvoir accroissent la probabilité de voir les enfants adhérer aux idées des parents ou de tenir compte des sentiments de ceux-ci, afin de modifier leur comportement dans le sens souhaité par les parents. Ils ne modifieront pas toujours leur comportement, mais parfois ils le feront. Alors que l'enfant rebelle, lui, ne changera que rarement son comportement par égard pour son père ou sa mère.

Pourquoi le recours au pouvoir a-t-il persisté dans l'éducation des enfants ?

Cette question, si souvent posée par les parents, m'a laissé perplexe et m'a donné matière à réflexion. On a du mal à comprendre comment quiconque pourrait justifier le recours au pouvoir dans l'éducation des enfants, ou dans toute relation humaine, compte tenu de ce que nous savons sur le pouvoir et son effet sur autrui. Mon travail auprès des parents m'a donné la conviction que quasiment tous détestent faire usage du pouvoir avec leurs enfants. Cela les met mal à l'aise et leur donne souvent un sentiment de culpabilité. Fréquemment, les parents s'excusent même auprès de leurs enfants après avoir utilisé leur pouvoir. Ou bien ils s'efforcent de dissiper leur sentiment de culpabilité avec les justifications habituelles du type « Si nous avons fait cela, c'est pour ton bien », « Un jour tu nous remercieras » ou « Le jour où tu seras parent, tu comprendras pourquoi nous devons t'interdire telle ou telle chose. »

Outre la culpabilité qu'elles suscitent, ces méthodes autoritaires ne sont guère efficaces, ce que reconnaissent les parents, surtout ceux dont les enfants sont suffisamment grands pour commencer à se rebeller, mentir, se défiler ou faire de la résistance passive.

J'en suis arrivé à la conclusion que si les parents, au fil des ans, ont continué à faire usage de pouvoir, c'est parce qu'ils n'avaient que très peu, voire pas du tout d'expérience, dans leur vie, de personnes ayant utilisé d'autres méthodes. La grande majorité des gens, dès leur plus jeune âge, ont été confrontés à des méthodes autoritaires – avec un pouvoir exercé par les parents, les enseignants, les directeurs d'école, les entraîneurs sportifs, les responsables de l'enseignement religieux, les oncles, les tantes, les grands-parents, les chefs scouts, les animateurs de colonies de vacances, les gradés à l'armée et les patrons. C'est pourquoi **les parents persistent à recourir au pouvoir, n'ayant ni la connaissance, ni l'expérience d'autres méthodes pour résoudre des conflits dans les relations humaines.**

11

La méthode de résolution de conflit sans perdant

Lorsque les parents, enfermés par la tradition dans l'une des deux méthodes autoritaires de résolution des conflits, découvrent qu'il existe une alternative, cela leur fait l'effet d'une révélation. Presque tous sont soulagés d'apprendre qu'il existe une troisième voie. Si cette méthode est facile à comprendre, les parents ont généralement besoin d'une formation, d'entraînement et de coaching pour pouvoir l'utiliser efficacement.

Cette alternative, c'est la **méthode de résolution de conflit sans perdant**. Dans nos Ateliers Parents, nous parlons de **Méthode III**. Bien que cette approche paraisse nouvelle à presque tous les parents pour résoudre des conflits avec leurs enfants, ils la reconnaissent immédiatement pour l'avoir vue appliquée ailleurs. Les couples utilisent souvent la Méthode III pour aplanir leurs différends, en trouvant une solution convenant à l'un et à l'autre. Les partenaires commerciaux s'en servent pour trouver des solutions à l'amiable en cas de conflit. En entreprise, syndicats et patronat négocient des accords auxquels les deux parties acceptent de se tenir. Et quantité de litiges juridiques sont résolus en dehors des tribunaux par des arbitrages négociés en utilisant la Méthode III et acceptés par les deux parties.

La Méthode III est souvent utilisée pour résoudre des conflits entre individus possédant un pouvoir égal ou comparable. Lorsqu'il n'y a que peu, ou pas, d'écart de pouvoir entre deux personnes, aucune des deux, pour des raisons évidentes, ne cherche à faire usage du pouvoir pour résoudre un conflit. Passer en force dans une situation où il n'y a pas d'écart de pouvoir entre deux personnes serait absurde et ridicule.

Imaginez la réaction de mon épouse si j'avais utilisé la Méthode I pour résoudre un conflit que nous avons eu parfois, concernant l'heure du coucher de notre fille, alors âgée de 6 ans. J'aimais bien jouer avec elle le soir et passer du temps avec elle. Je prenais plaisir à ces moments partagés. Et la coucher à 20 heures ne nous laissait pas beaucoup de temps ensemble. Ma femme, elle, aimait bien que notre fille aille au lit à 20 heures, pour ne pas qu'elle soit de mauvaise humeur le lendemain. Imaginez un peu, si j'avais dit à ma femme : « J'ai décidé que nous allions la coucher à 21 heures, pour qu'elle et moi puissions passer un plus long moment ensemble. » Une fois remise de sa surprise et de son incrédulité initiales, elle m'aurait certainement répondu quelque chose comme :

« *Ah oui,* tu *as décidé !* »

« *Eh bien moi, j'ai décidé qu'elle irait se coucher à 20 heures pile !* »

« *Bravo ! Eh bien, je te souhaite bien du plaisir quand tu iras la réveiller demain matin et quand tu devras t'occuper d'elle une fois qu'elle sera tombée malade parce qu'elle manquait de sommeil !* »

J'ai eu la sagesse de comprendre que l'utilisation de la Méthode I dans cette situation aurait été ridicule. Et ma femme a suffisamment de force (de pouvoir) dans notre relation pour résister à une tentative aussi absurde de m'imposer en gagnant et en faisant d'elle la perdante.

Peut-être est-ce un principe : deux personnes ayant un pouvoir égal ou quasi-égal (dans une relation égalitaire) ne tentent que rarement d'utiliser la Méthode I. Si d'aventure, l'une d'elles s'y aventurait, l'autre ne permettrait pas que le conflit soit résolu ainsi. En revanche, lorsqu'une personne pense avoir (ou est certaine d'avoir) plus de pouvoir que l'autre, elle pourra être tentée d'employer la Méthode I. Si l'autre estime que la première personne a plus de pouvoir qu'elle, elle n'aura d'autre choix que de se soumettre, sauf si elle décide de résister ou de se battre, en utilisant pour cela les pouvoirs qu'elle pense posséder.

Vous l'aurez compris, la Méthode III ne fait pas appel au pouvoir. C'est une méthode sans pouvoir, ou plutôt une méthode sans perdant. Les conflits sont résolus sans qu'une personne perde et l'autre gagne. **Les deux individus impliqués sont gagnants l'un et l'autre, parce que la solution, par définition, est acceptable pour l'un et pour l'autre.** Il s'agit d'une résolution de conflit par *consensus sur la solution*.

Dans ce chapitre, je vais montrer comment cela fonctionne[1]. Commençons par une rapide description de la Méthode III.

> *Le parent et l'enfant se trouvent dans une situation de conflit de besoins. Le parent demande à l'enfant de participer à la recherche d'une solution acceptable pour l'un et pour l'autre. Tous deux peuvent proposer des solutions. Ils en font ensuite*

---

1. Les deux chapitres qui suivent abordent les problèmes que rencontrent les parents pour accepter cette méthode et pour la mettre en œuvre chez eux.

une évaluation critique et s'entendent sur une solution accep-
table pour l'un et pour l'autre. Une fois la solution identifiée, il
ne sera pas nécessaire d'en convaincre l'autre, puisque le parent
et l'enfant l'ont déjà acceptée. Il ne sera pas nécessaire non plus
de faire usage du pouvoir pour mettre en pratique la solution,
car personne n'y oppose de résistance.

Reprenons l'exemple du manteau, abordé plus haut. Voici comment le problème a été résolu en utilisant la Méthode III, tel que l'a rapporté le parent concerné :

Jane. — *Salut papa ! Je pars à l'école.*

Parent. — *Chérie, il pleut et tu n'as pas mis ton manteau.*

Jane. — *Je n'en ai pas besoin.*

Parent. — *Il pleut vraiment beaucoup et j'ai peur que tu t'en-rhumes si tu sors comme ça.*

Jane. — *Oui, mais je ne veux pas mettre mon manteau.*

Parent. — *On dirait que tu ne veux vraiment pas porter ce manteau.*

Jane. — *Exactement, je le déteste.*

Parent. — *Oui, tu détestes* vraiment *ce manteau*

Jane. — *Oui, il est moche. Personne ne met des trucs pareils à l'école.*

Parent. — *Et tu ne veux pas être la seule à porter un vêtement différent.*

Jane. — *Non. Tout le monde a des blousons vraiment cools.*

Parent. — *Je vois. Bon, on a vraiment un problème. Tu ne veux pas mettre ton manteau parce que tu le trouves moche, et moi, je ne veux pas que tu risques de prendre froid et de rater des jours d'école. Est-ce que tu aurais une solution qui nous* *conviendrait à tous les deux ? Comment est-ce qu'on pourrait régler cela, de manière satisfaisante pour tous les deux ?*

Jane. — (Pause.) *Peut-être qu'aujourd'hui, je pourrais emprunter le vieil imperméable de maman ?*

Parent. — *Ce vieux truc ?*

Jane. — *Oui, il est trop bien. C'est vintage.*

Parent. — *Tu penses qu'elle serait d'accord pour te le prêter aujourd'hui ?*

Jane. — *Je vais aller lui poser la question.* (Revient quelques minutes plus tard avec le manteau de sa mère ; les manches sont trop longues, mais elle les a retroussées.) *Maman dit qu'elle est d'accord.*

Parent. — *Il te convient, ce manteau ?*

Jane. — *Oui, super !*

Parent. — *Eh bien, je suis sûr qu'avec ça, tu ne te feras pas mouiller. Alors si ça te convient, ça me va aussi.*

Jane. — *Bon, il faut que j'y aille.*

Parent. — *Bye, chérie. Passe une bonne journée !*

Que s'est-il passé ici ? De toute évidence, Jane et son père ont résolu leur conflit de manière satisfaisante pour l'un et pour l'autre, assez rapidement de surcroît. Le père n'a pas eu à perdre de temps pour supplier et essayer de « vendre » sa solution comme l'exige la Méthode I. Il n'y a pas eu de recours au pouvoir – ni de la part du père, ni de celle de Jane. Et ils se quittent en bons termes. Le père souhaite une bonne journée à sa fille, et le pense sincèrement. Jane, elle, peut partir à l'école sans crainte d'être gênée par un manteau « trop moche ».

Voici maintenant un autre type de conflit qui parlera à bien des parents et qui a été résolu ici par une famille grâce à la Méthode III. Inutile d'illustrer ce qu'auraient donné les deux autres méthodes. La plupart des parents ne connaissent que trop bien les batailles perdant-gagnant portant sur la propreté et le rangement dans la chambre de leurs enfants. Une mère ayant achevé sa formation dans un Atelier Parents nous a rapporté la scène suivante :

Mère. — *Ellie, ça m'épuise de te rappeler sans cesse à l'ordre au sujet de ta chambre. Quel bazar ! Il y a des vêtements partout par terre, et lorsque je veux faire une lessive, je dois faire le tri entre ce qui est propre et ce qui ne l'est pas. C'est super-frustrant pour moi et ça me prend un temps fou.*

Ellie. — *Désolée, mais je n'ai pas le temps de faire le ménage ni de ranger mes vêtements. J'ai mes entraînements de foot, mes devoirs à faire... Et en plus, tu es vraiment pointilleuse, question rangement.*

Mère. — *D'accord. Donc toi, tu es trop occupée pour ranger et moi, j'en ai assez de l'état de ta chambre. Pourquoi est-ce qu'on n'essaierait pas une méthode que j'ai apprise aux Ateliers Parents ? On va voir si on peut trouver une solution qui nous conviendrait à l'une et à l'autre. Tu es partante ?*

Ellie. — *Je veux bien essayer, mais je suis sûre qu'au final, je vais devoir ranger ma chambre.*

Mère. — *Non, ce que je te propose, c'est qu'on trouve une solution qui nous convienne à toutes les deux, et pas seulement à moi.*

Ellie. — *Écoute... Tu détestes cuisiner, mais tu aimes bien ranger, et moi, je déteste ranger et j'adore cuisiner. Et si je préparais le dîner deux soirs par semaine pour nous et si toi de ton côté, tu faisais le ménage dans ma chambre une ou deux fois par semaine ?*

Mère. — *Tu penses que ça pourrait marcher ? Vraiment ?*

Ellie. — *Oui, je pense que c'est bien.*

Mère. — *Ok. Alors on va essayer. Et tu feras la vaisselle, aussi ?*

Ellie. — *Évidemment.*

Mère. — *Super. Maintenant, le ménage sera fait dans ta chambre et je gagnerai du temps en faisant les lessives.*

Ces deux illustrations de la Méthode III mettent en évidence un point fondamental, qui n'est pas toujours immédiatement compris par les parents. Avec cette méthode, différentes familles trouveront généralement des solutions différentes au même problème. **C'est un moyen d'arriver à une solution acceptable à la fois pour le parent et pour l'enfant, et non une méthode permettant de trouver une solution universelle convenant à toutes les familles.** Pour résoudre le problème du manteau avec la Méthode III, une autre famille aurait pu avoir l'idée que Jane prenne un parapluie. Dans une troisième famille, le père aurait conduit Jane à l'école en voiture, dans une quatrième Jane aurait porté le manteau « trop moche » ce jour-là et serait allée en acheter un autre plus tard.

Nombre de livres sur l'éducation destinés aux parents sont focalisés sur des solutions ; ils préconisent de résoudre tel problème par telle solution standard. On croirait lire des recettes de cuisine, formulées par des experts. Ces livres proposent les « meilleures solutions » pour quantité de situations : l'heure du coucher, les enfants qui prennent trop de temps à table, la télévision, le rangement de la chambre, la participation aux tâches ménagères, etc.

La thèse que je défends, c'est que les parents n'ont besoin d'apprendre qu'une seule méthode de résolution des conflits.

Une méthode qui s'applique aux enfants de tous âges. Avec cette approche, il n'y a pas de « meilleure » solution applicable à toutes les familles, ni même à la plupart d'entre elles. *Une solution qui sera la meilleure pour une famille – à savoir une solution acceptable pour l'enfant et le parent – ne sera pas forcément la « meilleure » pour une autre.*

Voici comment une famille a résolu un problème lié à l'utilisation par le fils de sa nouvelle minimoto. Le père a expliqué :

> « *Nous avons autorisé Rob, 13 ans et demi, à s'acheter une minimoto. Un voisin s'est plaint parce que notre fils circule avec son engin dans la rue, ce qui est interdit. Une autre voisine est venue nous voir parce que Rob a roulé sur sa pelouse, fait une roue arrière et endommagé le gazon. Il a aussi abîmé les plates-bandes de fleurs de sa mère. Nous avons réfléchi ensemble et nous avons listé diverses possibilités :*
>
> *1. Rob ne fait plus de minimoto, sauf quand nous partons faire du camping.*
>
> *2. Rob ne fait plus de minimoto ailleurs que sur notre terrain.*
>
> *3. Rob ne roule plus sur les fleurs de sa mère.*
>
> *4. Nous mettons la minimoto dans la voiture et maman conduit Rob au parc pour quelques heures chaque semaine.*
>
> *5. Rob peut faire de la minimoto dans les champs, s'il y va à pied, en poussant la moto.*
>
> *6. Rob peut construire un tremplin sur un terrain vague.*
>
> *7. On ne roule pas sur les pelouses d'autrui.*
>
> *8. Pas de roues arrière sur la pelouse de maman.*
>
> *9. Vendre la minimoto.*
>
> *Nous avons éliminé les solutions 1, 2, 4 et 9, mais nous sommes tombés d'accord sur toutes les autres. Nous sommes*

deux semaines plus tard et jusque-là, tout se passe bien. Tout le monde est satisfait. »

La Méthode III permet donc à un parent à nul autre pareil et à un enfant à nul autre pareil de résoudre chacun de leurs conflits à nuls autres pareils en trouvant leurs propres solutions, acceptables pour l'un et pour l'autre.

Cette approche de l'éducation est non seulement plus réaliste, mais elle simplifie aussi considérablement la formation des parents désireux de gagner en efficacité. La découverte d'une méthode unique permettant à la plupart des parents d'apprendre à résoudre les conflits nous permet d'être bien plus optimistes quant au projet d'améliorer l'efficacité des futurs parents. En réalité, apprendre à être un parent efficace n'est peut-être pas aussi complexe que les parents et les professionnels l'ont longtemps cru.

Pourquoi la Méthode III est-elle aussi efficace ?

L'enfant est motivé pour appliquer la solution

La résolution de conflit par la Méthode III assure une plus forte motivation de l'enfant pour appliquer la décision, car elle repose sur le *principe de la participation* :

L'individu est plus motivé pour appliquer une décision dans laquelle il a été impliqué qu'une décision qui lui a été imposée.

La validité de ce principe a été démontrée à maintes reprises par des expériences menées en entreprise. Lorsque les salariés ont leur mot à dire dans la prise de décision, ils sont plus motivés pour appliquer cette décision que lorsqu'elle a été prise de manière unilatérale par la direction. Et les supérieurs hiérarchiques qui autorisent une forte participation de leurs équipes dans les questions qui les concernent obtiennent une productivité plus élevée, une meilleure satisfaction au travail, une meilleure ambiance et un turn-over plus bas.

Si la Méthode III ne garantit pas que les enfants appliqueront toujours, avec enthousiasme, les solutions trouvées, elle améliore grandement la probabilité qu'ils le fassent. Les enfants considèrent qu'une décision prise avec la Méthode III est aussi *leur* décision. Ils se sont engagés en faveur d'une solution et ils se sentent une responsabilité de la mettre en pratique. Ils réagissent aussi favorablement au fait que leurs parents ont refusé de se positionner en gagnants face à eux, ce qui aurait fait d'eux des perdants.

Les solutions nées de l'utilisation de la Méthode III sont souvent des idées proposées par l'enfant. Bien sûr, cela accroît son envie de voir cette solution fonctionner. Un parent qui a participé à nos formations nous a rapporté cet exemple de résolution de conflit par la Méthode III.

Wilbur, 4 ans et demi, décrète qu'il n'a pas envie d'aller avec sa mère rendre visite à des amis. Ces amis ont une petite fille, Becky, avec qui Wilbur s'entend bien. Il ne veut vraiment pas aller chez eux et sa mère est perplexe.

Mère. — *Tu n'as pas envie d'aller chez Becky.*

Wilbur. — *Non.*

Mère. — *Il y a quelque chose dans la maison de Becky qui ne te plaît pas.*

Wilbur. — *Oui. Vanessa.* (Vanessa est la grande sœur de Becky.)

Mère. — *Il y a un problème avec Vanessa.*

Wilbur. — *Oui. J'ai peur qu'elle me donne des coups de pied et qu'elle me tape. C'est pour ça que je ne veux pas aller chez eux.*

Mère. — *Tu as peur que Vanessa te fasse mal et c'est pour ça que tu ne veux pas aller chez eux.*

Wilbur. — *Oui.*

Mère. — *Alors, on a un problème. J'aimerais vraiment aller chez eux pour voir mes amis. Mais toi, tu ne veux pas y aller, à cause de Vanessa. Qu'est-ce qu'on pourrait faire ?*

Wilbur. — *Rester à la maison.*

Mère. — *Ça ne m'irait pas. Et si tu restais avec moi pendant qu'on est chez eux ? Comme ça, tu n'aurais pas besoin d'aller jouer avec Vanessa.*

Wilbur. — *Euh… bon… J'ai une idée ! Je sais ce que je peux faire pour empêcher Vanessa de me taper !* (Il va chercher une feuille de papier et un crayon.) *Comment est-ce qu'on écrit «Ne me tape pas» ?* (La mère écrit la phrase et Wilbur la recopie de son mieux.)

Wilbur. — *J'ai une pancarte, sur laquelle il y a écrit «Ne me tape pas». Donc si Vanessa veut me taper, je lui montrerai la pancarte et elle saura qu'il ne faut pas le faire.* (Wilbur part dans sa chambre en courant et réunit les jouets qu'il veut emporter.)

Cette anecdote illustre à quel point la motivation de l'enfant peut être forte pour mettre en pratique une solution lorsqu'il a participé à la prise de décision. Quand les décisions sont prises avec la Méthode III, l'enfant a le sentiment de s'engager – il s'est investi dans le processus de résolution de problème. De plus, le parent montre qu'il fait confiance à l'enfant pour se tenir à sa partie de l'accord. Et un enfant qui sent qu'on lui fait confiance aura plus probablement un comportement digne de confiance.

De meilleures chances de trouver une solution de qualité

La Méthode III produit non seulement des solutions qui ont plus de chances d'être acceptées et appliquées, mais aussi des solutions de meilleure qualité que les deux autres méthodes – des solutions plus créatives, plus efficaces pour résoudre le conflit ; des solutions qui répondent à la fois aux besoins de l'enfant et du parent et auxquels ni l'un, ni l'autre n'auraient pensé tout seuls. La solution trouvée au problème de la chambre en désordre, par la famille où la fille a proposé de faire la cuisine certains jours, est une bonne illustration de solution très originale. La mère et la fille ont toutes deux reconnu que l'accord qu'elles ont trouvé les a surprises.

Une autre solution de qualité a été élaborée avec la Méthode III dans une famille où il y avait un conflit entre les parents et leurs deux filles au sujet du volume sonore de la télévision, que les enfants aimaient bien regarder à l'heure du dîner. L'une des filles a proposé de couper le son, en disant qu'elles profiteraient autant de leurs émissions en bénéficiant seulement de l'image. Tout le monde est tombé d'accord sur cette solution – pour le moins originale, qui aurait sans doute paru inacceptable aux enfants dans d'autres familles.

La Méthode III développe les capacités de réflexion de l'enfant

La Méthode III encourage la réflexion chez l'enfant, elle l'oblige même à réfléchir. Le parent lui dit : « Nous avons un conflit, creusons-nous les méninges pour trouver une bonne solution.» La Méthode III constitue un exercice intellectuel, à la fois pour le parent et l'enfant. C'est presque comme une charade ou une devinette, qui exige le même type d'exercice de réflexion ou de recherche de solution. Je ne serais pas étonné qu'à l'avenir, des études montrent que les enfants élevés dans des familles employant la Méthode III développent des capacités intellectuelles supérieures à ceux issus de famille utilisant l'une des deux autres méthodes.

Moins d'hostilité, plus d'amour

Les parents qui recourent avec constance à la Méthode III constatent généralement une baisse considérable de l'hostilité de la part des enfants. Ce qui n'a rien d'étonnant : lorsque deux personnes, quelles qu'elles soient, s'entendent sur une solution, il est rare qu'il y ait de la rancune et de l'hostilité. Quand le parent et l'enfant travaillent ensemble à la résolution d'un conflit et parviennent à une solution satisfaisante pour tous, cela suscite généralement des sentiments profonds d'amour et de tendresse. Lorsqu'il est résolu par une solution acceptable pour l'enfant et le parent, le conflit rapproche. Tous sont satisfaits de voir le problème résolu, chacun ayant aussi la satisfaction de ne pas être perdant. De plus, chaque protagoniste apprécie grandement la bonne volonté de l'autre à tenir compte de ses besoins et à respecter ses droits. Ainsi, la Méthode III renforce et approfondit les liens au sein de la famille.

Beaucoup de parents expliquent que tout de suite après la résolution d'un conflit, toute la famille ressent une joie particulière. Souvent, on rit, on se manifeste son affection, on se serre dans les bras et on s'embrasse. Cette joie et cet amour transparaissent à travers l'extrait suivant d'un enregistrement réalisé lors d'une séance avec une mère et ses trois adolescents,

deux filles et un garçon. La famille venait de passer la semaine
à résoudre différents conflits avec la Méthode III.

> **Ann.** — *Nous nous entendons beaucoup mieux maintenant.
> Nous nous aimons bien, tous.*
>
> **Psychologue.** — *Vous sentez une vraie différence dans votre
> attitude générale et dans ce que vous ressentez les uns pour les
> autres.*
>
> **Kathy.** — *Oui, maintenant je les adore, vraiment. Je respecte
> maman et maintenant, j'aime bien Ted, donc je me sens vrai-
> ment mieux.*
>
> **Psychologue.** — *Tu es heureuse de faire partie de cette famille.*
>
> **Ted.** — *Ouais, moi aussi je trouve qu'on assure.*

Une mère m'a écrit ce qui suit, environ un an après avoir
participé à un Atelier Parents :

> *« Les changements dans notre famille ont été discrets, mais bien
> réels. Les enfants les plus grands, en particulier, apprécient
> cette évolution. Autrefois, il y avait un véritable « nuage de
> pollution émotionnelle » qui flottait dans l'air ; des sentiments
> de critique, de rancune et d'hostilité qui couvaient, jusqu'à ce
> qu'une explosion se produise. Depuis que nous avons participé
> aux Ateliers Parents et que nous avons partagé nos compétences
> nouvelles avec les enfants, cette pollution émotionnelle a dis-
> paru. Désormais, l'atmosphère est respirable, durablement. Il
> n'y a pas de tensions à la maison, hormis les petites frictions
> liées aux contraintes de la vie quotidienne. Nous gérons les pro-
> blèmes à mesure qu'ils surgissent, et chacun tient compte des
> sentiments des autres et des siens. Mon fils, qui a 18 ans, dit
> qu'il sent les tensions dans les familles de ses copains, et qu'il
> apprécie qu'il n'y en ait pas chez nous. Les Ateliers Parents ont*

permis de combler le fossé qu'il y avait entre nous. Et comme nous communiquons librement, mes enfants sont ouverts à mes valeurs et à ma vision des choses. Et leurs idées m'enrichissent. »

La Méthode III exige moins de rappels à l'ordre

La Méthode III exige très peu de rappels à l'ordre, car lorsque les enfants adhèrent à une solution acceptable, ils la mettent généralement en pratique, reconnaissants de ne pas avoir été contraints d'accepter une solution dans laquelle ils sont perdants.

La Méthode I, en revanche, demande généralement des rappels à l'ordre, la solution imposée par le parent n'étant généralement pas acceptable pour l'enfant. Moins une solution est acceptable pour ceux qui doivent l'appliquer, plus les rappels à l'ordre sont nécessaires : il faut répéter, cajoler, rappeler, vérifier, harceler, etc. Un père a confié lors d'un Atelier Parents qu'il n'avait plus besoin de rappeler ses enfants à l'ordre :

> *« Dans notre famille, les samedis matin étaient toujours un peu compliqués. Tous les samedis, je devais me battre avec les enfants pour qu'ils accomplissent les tâches qui leur étaient assignées. C'était toujours la même chose, un vrai bras de fer, de la colère et de l'amertume. Après que nous avons utilisé la Méthode III pour régler le problème de la participation aux tâches ménagères, les enfants se sont mis à faire ce qu'ils avaient à faire, d'eux-mêmes. Plus besoin de le leur rappeler et de se répéter. »*

La Méthode III fait disparaître la nécessité de recourir au pouvoir

La méthode sans perdant rend inutile le recours au pouvoir, tant pour le parent que pour l'enfant. Tandis que la

Méthode I et la Méthode II génèrent des luttes de pouvoir, la Méthode III repose sur une posture totalement différente : le parent et l'enfant ne s'affrontent pas, ils *coopèrent* pour accomplir une tâche commune. Les enfants n'ont donc pas besoin de développer diverses stratégies face au pouvoir parental.

Dans la Méthode III, le parent est respectueux des besoins de l'enfant. Mais il est aussi respectueux de ses propres besoins. Cette méthode transmet à l'enfant le message suivant : « Je respecte tes besoins et ton droit à les satisfaire, mais je respecte aussi mes besoins à moi et mon droit à les satisfaire. Essayons de trouver une solution qui sera acceptable pour nous deux. Ainsi, tes besoins seront satisfaits et les miens aussi. Il n'y aura pas de perdant, nous serons tous deux gagnants. »

En rentrant à la maison un soir, une adolescente de 16 ans a dit à ses parents :

> *« Vous savez, ça me fait bizarre quand j'entends mes potes parler de leurs parents et dire qu'ils sont trop injustes. Ils n'arrêtent pas de raconter qu'ils se sont mis en colère contre leurs parents et qu'ils les détestent. Moi, je ne dis rien, parce que je ne ressens rien de tel. Ça ne me parle pas. L'autre jour, quelqu'un m'a demandé pourquoi je ne suis pas énervée contre mes parents, ce que notre famille a de différent. D'abord, je n'ai pas su quoi répondre, puis après y avoir réfléchi, j'ai dit que dans notre famille, on sait que nos parents ne nous forceront jamais à faire quelque chose. Nous n'avons pas peur qu'ils nous obligent à faire des trucs ou qu'ils nous punissent. Nous savons qu'on va toujours trouver une solution qui conviendra à tout le monde. »*

Les parents qui participent à nos formations perçoivent très vite l'attrait d'une famille où on ne fait pas appel au pouvoir. Ils voient les implications exaltantes de ce mode de fonctionnement. La possibilité d'élever des enfants qui auront moins besoin de mettre en place des mécanismes d'adaptation néfastes et défensifs.

Leurs enfants auront beaucoup moins besoin de développer des comportements de résistance et de rébellion (n'ayant rien à quoi résister et rien contre quoi se rebeller); beaucoup moins besoin de développer des habitudes de soumission et de reddition (beaucoup moins besoin de développer des habitudes exigeant soumission ou reddition); beaucoup moins besoin de se replier sur eux-mêmes ou de fuir (n'ayant rien à éviter ou à fuir); beaucoup moins besoin de contre-attaquer ou de dénigrer les parents (ceux-ci ne cherchant pas à gagner en faisant usage de leur plus grande taille psychologique).

La Méthode III permet de mettre le doigt sur les véritables problèmes

Lorsque les parents emploient la Méthode I, ils passent souvent à côté de la possibilité de découvrir ce qui préoccupe vraiment l'enfant. Ils imaginent rapidement *leurs solutions*, puis utilisent leur pouvoir pour imposer ces solutions rapides, ce qui empêche l'enfant d'exprimer des sentiments plus profonds, ceux qui déterminent de manière beaucoup plus fondamentale son comportement du moment. Par conséquent, la Méthode I empêche les parents de découvrir le problème de fond fondamental et ne leur permet pas d'apporter une contribution importante au développement et à l'épanouissement à long terme de l'enfant.

La Méthode III, quant à elle, déclenche souvent une réaction en chaîne. Elle aide l'enfant à mettre le doigt sur le véritable problème qui le pousse à se comporter d'une certaine manière. Une fois ce véritable problème identifié, une solution adaptée au conflit se dessine souvent spontanément, comme une évidence. La Méthode III est en réalité un *processus de résolution de problème* : elle permet généralement au parent et à l'enfant, dans un premier temps, de déterminer la nature du problème de fond, ce qui améliore les chances de trouver une solution qui résoudra le véritable problème, pas le problème « visible » initial, souvent superficiel ou symptomatique. Le « problème du manteau » en est une excellente illustration, car il est apparu que l'enfant avait peur d'être gêné de porter un vêtement jugé moche. Voici d'autres exemples.

Quelques mois après la rentrée, Nathan, 5 ans, s'est mis à ne plus vouloir aller à l'école. Après l'y avoir emmené de force pendant plusieurs jours, sa mère a décidé d'essayer de résoudre le problème. Elle explique qu'il ne lui a fallu que dix minutes pour identifier la véritable raison : Nathan craignait que sa mère ne vienne pas le chercher. De plus, le moment entre la fin de l'école et l'arrivée de sa maman lui semblait interminable. Il se demandait aussi si celle-ci ne cherchait pas à se débarrasser de lui en l'envoyant à l'école.

La mère a expliqué ses sentiments à son fils : non, elle ne cherchait pas à se débarrasser de lui et elle aimait beaucoup l'avoir à la maison, mais elle accordait aussi beaucoup d'importance à l'école. Le processus de résolution de problème de la Méthode III a fait émerger plusieurs solutions et ils ont choisi la suivante : la mère viendra le chercher dès la fin des cours. Elle a expliqué qu'ensuite, Nathan est parti joyeusement à l'école et qu'il a souvent parlé de la solution qu'ils avaient trouvée, montrant ainsi combien c'était important à ses yeux.

Un conflit identique survenu dans une autre famille a été résolu autrement, la Méthode III ayant permis d'identifier un problème fondamental différent. Dans cette famille, Bonnie, 5 ans, refusait de se lever et de s'habiller pour aller à la maternelle, causant chaque matin un problème à toute la famille.

Voici une retranscription *in extenso* assez longue, mais belle et émouvante, de l'enregistrement d'une séance au cours de laquelle Bonnie et sa maman s'efforcent de trouver une solution créative. Cet échange illustre non seulement comment le processus aide le parent à mettre le doigt sur un problème sous-jacent, mais aussi combien l'écoute active est fondamentale dans la résolution de conflit par la Méthode III et combien cette méthode induit une acceptation totale de la solution. Enfin, elle montre aussi, de manière touchante, qu'avec la Méthode III, les enfants, tout comme les parents, s'efforcent, une fois qu'une solution acceptable pour tous a été trouvée, de l'appliquer.

La mère vient de résoudre un problème impliquant ses quatre enfants. Ensuite, elle se tourne vers Bonnie pour aborder un problème qu'elle a uniquement avec la fillette.

Mère. — *Bonnie, il y a un problème dont j'aimerais qu'on parle : c'est que tu prends tellement de temps pour t'habiller le matin que tu mets tout le monde en retard. Parfois, ça empêche même Terri d'arriver à l'heure à l'arrêt de bus. Et moi, je dois monter dans ta chambre et t'aider à t'habiller. Du coup, je n'ai pas le temps de préparer le petit déjeuner pour tout le monde, et je dois me dépêcher, et crier à Terri de se dépêcher et d'aller prendre le bus. C'est vraiment un gros problème.*

Bonnie. — (Énergiquement.) *Mais je n'aime pas m'habiller le matin !*

Mère. — *Tu n'aimes pas t'habiller pour aller à l'école.*

Bonnie. — *Je n'ai pas envie d'aller à l'école. J'aime bien rester à la maison et lire des livres quand tout le monde est réveillé et habillé.*

Mère. — *Tu préférerais rester à la maison au lieu d'aller à l'école ?*

Bonnie. — *Oui.*

Mère. — *Tu préférerais rester à la maison et t'amuser avec maman ?*

Bonnie. — *Oui… Pour jouer et lire des livres.*

Mère. — *Tu n'as pas beaucoup d'occasions de faire ça…*

Bonnie. — *Non. Je ne peux même pas faire les jeux qu'on fait aux anniversaires, mais on ne les fait pas non plus à l'école. À l'école, on joue à des jeux différents.*

Mère. — *Tu aimes bien les jeux qu'il y a à l'école.*

Bonnie. — *Pas trop, parce qu'on fait toujours les mêmes trucs.*

Mère. — *Tu aimes bien y jouer une fois de temps en temps, mais pas tout le temps.*

Bonnie. — *Oui, c'est pour ça que j'aime bien faire des jeux à la maison.*

Mère. — *Parce que ce sont des jeux différents de ceux de l'école et que tu n'aimes pas faire la même chose tous les jours.*

Bonnie. — *Oui, je n'aime pas quand on est obligé de faire les mêmes choses tous les jours.*

Mère. — *C'est chouette d'avoir des choses un peu différentes à faire.*

Bonnie. — *Oui. Comme faire du dessin et des arts plastiques à la maison.*

Mère. — *Tu fais des arts plastiques à l'école ?*

Bonnie. — *Non, on fait seulement des coloriages, de la peinture et du dessin.*

Mère. — *On dirait que la chose principale qui te déplaît à l'école, c'est que vous faites tout le temps la même chose, c'est ça ?*

Bonnie. — *Non, pas tous les jours. On ne fait pas toujours les mêmes jeux.*

Mère. — *Ah bon, vous ne faites pas les mêmes jeux tous les jours ?*

Bonnie. — (Frustrée.) *Je fais les mêmes jeux tous les jours, mais parfois, on apprend de nouveaux jeux. Mais je n'aime pas ça, c'est tout. J'aime bien rester à la maison.*

Mère. — *Tu n'aimes pas apprendre de nouveaux jeux.*

Bonnie. — (Très agacée.) *Mais si…*

Mère. — *Mais tu aimerais mieux rester à la maison.*

Bonnie. — (Soulagée.) *Oui, vraiment. J'aime bien rester à la maison et jouer à des jeux et regarder des livres et rester à la maison et dormir… quand toi, tu es à la maison.*

Mère. — *Seulement quand je suis à la maison.*

Bonnie. — *Quand tu restes à la maison toute la journée, je veux rester à la maison. Et quand tu pars, moi je vais à l'école.*

Mère. — *On dirait que tu trouves que maman n'est pas assez souvent à la maison.*

Bonnie. — *Non. Tu dois tout le temps aller au lycée pour faire tes cours, le matin ou le soir.*

Mère. — *Et toi, tu préférerais que je ne m'absente pas autant.*

Bonnie. — *Oui.*

Mère. — *Tu ne me vois pas assez.*

Bonnie. — *Mais tous les soirs, je vois une baby-sitter, Susan, quand tu es partie.*

Mère. — *Et tu préférerais me voir, moi.*

Bonnie. — *Oui.*

Mère. — *Du coup, tu te dis que peut-être, les matins où je ne travaille pas…*

Bonnie. — *Je reste à la maison.*

Mère. — *Tu aimerais bien rester à la maison pour être avec maman.*

Bonnie. — *Oui.*

Mère. — *Alors, voyons voir… J'ai des cours à assurer. Je me demande quelle solution on pourrait trouver. Tu as des idées ?*

Bonnie. — (Hésitante.) *Non.*

Mère. — *Je me disais qu'on pourrait peut-être trouver des moments où on se verrait davantage l'après-midi, pendant que Ricky fait sa sieste.*

Bonnie. — (Joyeuse.) *Oh oui, j'aimerais bien !*

Mère. — *Ça te plairait.*

Bonnie. — *Oui.*

Mère. — *Tu aimerais bien passer du temps juste avec maman.*

Bonnie. — *Oui, sans Randy, sans Terri, sans Ricky. Juste toi et moi, et on jouerait à des jeux et on lirait des histoires. Mais je ne voudrais pas que tu lises des histoires, parce que ça te donnerait sommeil. Quand tu lis des histoires, ça t'endort toujours…*

Mère. — *Oui, c'est vrai. Alors peut-être qu'au lieu de faire la sieste… Parce que ça, c'est un autre problème. Ces derniers temps, tu ne dors plus à l'heure de la sieste, et je me suis dit que tu n'en avais peut-être plus vraiment besoin.*

Bonnie. — *J'aime pas les siestes, mais de toute façon, là, on n'est pas en train de parler de ça.*

Mère. — *Tu as raison, on ne parle pas de la sieste. Mais je me disais qu'au lieu de faire la sieste, on pourrait profiter de l'heure de la sieste, l'heure où tu faisais la sieste avant, pour passer du temps ensemble.*

Bonnie. — *Ensemble.*

Mère. — *Oui. Alors peut-être que tu n'aurais plus autant envie de rester à la maison le matin. Tu crois que ça pourrait résoudre le problème ?*

Bonnie. — *Je n'ai rien compris à ce que tu as dit, là.*

Mère. — *J'ai dit que peut-être que si nous pouvions passer quelques heures ensemble l'après-midi, pour faire seulement des choses que tu as envie de faire, et où maman ne travaillerait pas, des moments où on ferait juste ce que tu as envie de faire, alors peut-être que tu aurais envie d'aller à l'école le matin, si tu sais qu'on va passer du temps ensemble l'après-midi.*

Bonnie. — *Oui, c'est ça que je veux faire. Je veux aller à l'école le matin. Et quand ça sera l'heure de la sieste – parce qu'on qu'on se repose déjà à l'école – tu ne travailleras pas. Tu resteras à la maison et tu feras ce que je veux.*

Mère. — *Seulement ce que tu as envie que maman fasse, pas de ménage.*

Bonnie. — (Fermement.) *Non, pas de ménage.*

Mère. — *Super. Alors on essaie ça ? On commence tout de suite, dès demain ?*

Bonnie. — *D'accord, mais il faut qu'on fasse une pancarte, parce que sinon tu ne vas pas t'en souvenir.*

Mère. — *Si je ne m'en souviens pas, il faudra qu'on cherche de nouveau une solution.*

Bonnie. — *Oui. Mais maman, tu devrais dessiner une pancarte et la mettre sur la porte de ta chambre, pour t'en souvenir. Et en mettre une dans la cuisine aussi pour y penser. Comme ça, quand je rentrerai de l'école, tu t'en souviendras parce que tu verras la pancarte. Et quand tu te lèveras le matin, tu y penseras parce que tu auras vu la pancarte.*

Mère. — *Comme ça, je n'oublierai pas, et je ne risquerai pas de faire une sieste ou de commencer à faire le ménage, sans faire exprès.*

Bonnie. — *Oui.*

Mère. — *Parfait, c'est une bonne idée. Je vais faire une pancarte alors.*

Bonnie. — *Et tu la fais ce soir, quand je dors.*

Mère. — *D'accord.*

Bonnie. — *Et après, tu pourras aller à ta réunion.*

Mère. — *D'accord. On dirait que nous avons résolu ce problème, n'est-ce pas ?*

Bonnie. — (Heureuse.) *Oui !*

Cette mère, qui a utilisé si efficacement la Méthode III pour résoudre ce problème familial assez courant et persistant, a rapporté plus tard que Bonnie avait cessé de traîner le matin et de se plaindre. Plusieurs semaines plus tard, la fillette a annoncé à ses parents qu'elle préférait aller jouer, plutôt que de passer autant de temps à la maison avec sa mère. La leçon à retenir, ici, c'est qu'une fois que les véritables besoins de l'enfant ont été identifiés grâce au processus de résolution de problème et qu'une solution *adaptée* à ses besoins a été trouvée, le problème a disparu, une fois les besoins temporaires de l'enfant satisfaits.

Traiter les enfants comme on traite les adultes

L'approche sans perdant de la Méthode III montre aux enfants que leurs parents considèrent que les besoins des enfants sont importants également, et qu'on peut faire confiance aux enfants pour être respectueux des besoins des parents en retour. Il s'agit de traiter les enfants comme on traite ses amis ou son conjoint. La méthode est bien perçue par les enfants, qui apprécient qu'on leur fasse confiance et qu'on les traite en égaux. (La Méthode I traite les enfants comme s'ils étaient immatures, irresponsables et privés de cerveaux.)

L'échange suivant m'a été soumis par un père qui a participé à nos Ateliers Parents :

Père. — *J'ai besoin qu'on parle de quelque chose avant que tu ailles te coucher. Tous les soirs, maman ou moi, voire tous les deux, nous devons te sermonner et te répéter d'aller te coucher à l'heure convenue, à 20 heures. Parfois, nous devons même t'obliger. Je n'aime pas faire cela et je me demandais ce que toi, tu ressens.*

Laura. — *Je n'aime pas quand vous me répétez les choses… Et je n'aime pas non plus aller me coucher aussi tôt. Je suis grande maintenant, et je devrais pouvoir aller me coucher plus tard que Peter [son frère, plus jeune de deux ans].*

Mère. — *Tu trouves que nous te traitons de la même manière que Peter et que ce n'est pas juste.*

Laura. — *Oui, j'ai deux ans de plus que lui.*

Père. — *Et tu trouves qu'on devrait te traiter comme une grande.*

Laura. — *Oui !*

Mère. — *Ça n'est pas faux. Mais si nous te laissons aller te coucher plus tard et qu'en plus, tu traînes pour aller au lit, j'ai peur que tu t'endormes vraiment tard.*

Laura. — *Mais je ne traînerais pas ! C'est juste si je pouvais rester réveillée un tout petit peu plus longtemps…*

Père. — *Peut-être que tu pourrais nous montrer que tu es capable de coopérer pendant quelques jours, et ensuite, nous changerons peut-être l'heure du coucher !*

Laura. — *Ça non plus, c'est pas juste !*

Père. — *Ça ne serait pas juste que tu « mérites » le droit d'aller te coucher plus tard, tu veux dire ?*

Laura. — *Je trouve que je devrais avoir le droit de me coucher plus tard parce que je suis plus grande. (Silence.) Peut-être que je pourrais aller me coucher à 20 heures et lire dans mon lit jusqu'à 20 h 30 ?*

Mère. — *Tu serais au lit à l'heure habituelle, mais la lumière resterait allumée pour te permettre de lire ?*

Laura. — *Oui. J'aime bien lire dans mon lit.*

Père. — *Ça me paraît bien. Mais qui est-ce qui va surveiller l'heure ?*

Laura. — *Oh, je le ferai. J'éteindrai la lumière à 20 h 30 pile !*

Mère. — *Bon, ça m'a l'air d'être une très bonne idée, Laura. On fait ça pendant quelques jours à l'essai ?*

Ce père a décrit la suite ainsi :

« *Après cette discussion, nous n'avons quasiment plus eu de problèmes concernant l'heure du coucher. Les rares fois où la lumière de Laura n'était pas éteinte à 20 h 30, l'un de nous est allé la voir pour lui dire quelque chose comme : « Il est 20 h 30, Laura, et nous avons convenu qu'il fallait éteindre à cette heure ». Elle a toujours bien réagi à ces rappels. Cette solution a permis à Laura d'être une grande et de lire au lit, comme papa et maman.* »

La Méthode III comme « thérapie » pour l'enfant

Souvent, la Méthode III entraîne des changements dans le comportement de l'enfant qui ne sont pas sans rappeler ceux qui surviennent lorsque les enfants suivent une thérapie avec un psychothérapeute. Cette méthode de résolution des conflits et des problèmes possède une composante susceptible d'avoir un effet thérapeutique.

Un père ayant participé aux Ateliers Parents nous a soumis deux exemples où la Méthode III a produit des changements « thérapeutiques » immédiats chez son fils de 5 ans :

> *« Il s'était mis à s'intéresser beaucoup à l'argent et souvent il allait piocher dans mon vide-poches pour y prendre des pièces de monnaie. Nous avons eu une séance de résolution de conflit avec la Méthode III, qui a débouché sur la décision de lui donner 10 centimes par jour comme argent de poche. Résultat : il a cessé de se servir dans ma monnaie et il a fait preuve d'une grande rigueur pour économiser son argent afin d'acheter diverses choses qu'il voulait. »*

> *« Nous étions assez préoccupés par l'intérêt de notre fils de 5 ans pour une série TV de science-fiction qui, manifestement, était à l'origine de ses cauchemars. À la même heure, il y avait sur une autre chaîne un programme assez éducatif et qui ne faisait pas peur. Il aimait bien ce programme aussi, mais il ne le regardait que rarement. Notre séance avec la Méthode III nous a permis de trouver la solution suivante : alterner les programmes, un jour sur deux. Ses cauchemars ont diminué et il a fini par regarder davantage le programme éducatif que la série de science-fiction. »*

D'autres parents ont fait état de changements importants chez leurs enfants après l'utilisation de la Méthode III pendant une certaine période – amélioration des résultats scolaires, meilleures relations avec leurs camarades, plus d'ouverture dans l'expression de leurs émotions, moins de colères, moins d'hostilité face à l'école, une attitude plus responsable concernant les devoirs, plus d'indépendance, plus de confiance en soi, plus de joie de vivre, des habitudes alimentaires plus saines et autres améliorations appréciées des parents.

12

Méthode sans perdant : les craintes et les préoccupations des parents

Quasiment tous les parents qui participent à nos Ateliers comprennent facilement la méthode de résolution de conflit sans perdant et la perçoivent d'emblée comme une alternative prometteuse. Cependant, lorsqu'il s'agit de passer de la *théorie* des Ateliers à l'application *pratique* de la nouvelle méthode à la maison, ils sont nombreux à éprouver des craintes légitimes et à exprimer des préoccupations compréhensibles à son sujet.

« En théorie, ça paraît formidable », entendons-nous souvent dire. « Mais est-ce que ça va vraiment fonctionner dans la pratique ? » L'appréhension face à la nouveauté est dans la nature humaine. Nous demandons à être convaincus avant d'abandonner nos habitudes. De plus, les parents sont réticents à « se lancer dans des expériences » avec leurs enfants, qui leur sont si chers.

Voici, pour commencer, quelques-unes des principales craintes et préoccupations exprimées par les parents, ainsi que les réponses que nous leur fournissons, dans l'espoir qu'ils essaieront authentiquement la méthode sans perdant.

Le bon vieux «conseil de famille», présenté sous un nouveau nom?

Dans un premier temps, certains parents font preuve de réticences vis-à-vis de la Méthode III, estimant qu'elle ressemble fort au «conseil de famille» que leurs parents ont essayé avec eux. Lorsque nous leur demandons de décrire le fonctionnement de ces réunions, ils dépeignent quasiment tous quelque chose qui ressemble à ceci:

> *Tous les dimanches, mon père et ma mère nous faisaient asseoir à la table de la salle à manger pour tenir un conseil de famille et discuter de divers problèmes. En général, ce sont eux qui soulevaient la plupart des questions. Mais parfois, nous, les enfants, nous évoquions un sujet. C'est surtout mon père et ma mère qui parlaient, et c'est mon père qui menait les débats. Souvent, ils nous faisaient la leçon et ils nous sermonnaient. En général, nous étions invités à donner notre avis, mais c'est presque toujours eux qui décidaient de la solution. Au début, on trouvait ça pas mal, mais c'est très vite devenu ennuyeux. Si je me souviens bien, cela n'a pas duré très longtemps. Les sujets abordés étaient les tâches ménagères et l'heure du coucher, et nous devions faire preuve de plus de considération vis-à-vis de notre mère pendant la journée.*

Bien que cette description ne s'applique pas à l'intégralité des conseils de famille, ceux-ci étaient assez centrés sur les parents. Le père était indiscutablement celui qui menait les débats, les solutions émanaient invariablement des parents, les enfants se faisaient sermonner, les sujets étaient généralement plutôt abstraits et ne suscitaient pas de controverse, et l'atmosphère était généralement assez agréable et détendue.

La Méthode III n'est pas une réunion à heure fixe, mais une *méthode* permettant de résoudre les conflits, de préférence dès qu'ils se présentent. De plus, tous les conflits n'impliquent pas la totalité de la famille ; la plupart ont lieu entre un parent et un enfant. Il n'est pas nécessaire, ni souhaitable, que les autres membres de la famille soient présents.

La Méthode III n'est pas non plus l'occasion, pour les parents, de sermonner ou d'« éduquer » les enfants, car cela implique généralement que le prédicateur ou le professeur ait déjà la réponse. Avec la Méthode III, le parent et l'enfant cherchent leur réponse personnelle et il n'y a généralement pas de réponse toute faite aux problèmes destinés à être résolus par une solution sans perdant. De plus, il n'y a pas d'« animateur des débats » ou de « président de séance » ; le parent et l'enfant sont des participants, sur un pied d'égalité, qui s'efforcent de trouver une solution à leur problème commun.

En général, on applique la Méthode III de manière spontanée, dès que le problème se pose, pour le résoudre. Nous parlons de problèmes qui se « règlent à chaud », car les personnes concernées s'attaquent aux conflits dès qu'ils se présentent, plutôt que d'attendre de les évoquer de manière abstraite lors d'un conseil de famille plus formel.

Enfin, l'atmosphère lors de la résolution de conflit avec la Méthode III n'est pas toujours détendue. Les conflits entre le parent et l'enfant suscitent généralement beaucoup d'émotions, qui peuvent s'exprimer de manière assez vive.

- Le mois dernier, vous avez acheté une voiture pour votre fils, qui a accepté de payer l'essence et l'assurance. Là, il vient vous trouver pour vous annoncer qu'il n'a pas l'argent pour payer l'assurance ce mois-ci.

- Vos adolescents se couchent plus tard que vous en semaine. Ils jouent sur leurs consoles ou regardent la télévision, ce qui vous empêche de dormir alors que vous travaillez le lendemain.

- Vous avez fini par acheter un chiot pour votre fille de 10 ans, qui s'est engagée à lui donner à manger et à aller le promener. Or toute la semaine, elle n'a fait ni l'un, ni l'autre.

Des conflits de ce type peuvent faire surgir des émotions très fortes. Lorsque les parents découvrent la différence entre le conseil de famille à l'ancienne et la résolution de conflit, ils comprennent qu'il ne s'agit pas d'une méthode ancienne présentée sous un jour nouveau.

La Méthode III, envisagée comme une faiblesse des parents

Certains parents, notamment des pères, estiment, lorsqu'ils découvrent la Méthode III, qu'elle revient à «céder» à l'enfant, à «faire preuve de faiblesse», à «renoncer à ses convictions.» Un parent, après avoir entendu dans un Atelier l'enregistrement de la séance où Bonnie et sa mère résolvent le problème du départ à l'école, a protesté, en colère: «Mais enfin, cette mère a tout simplement cédé à l'enfant! Maintenant, elle va devoir passer une heure avec cette gamine gâtée tous les après-midi. L'enfant a gagné, non?» Bien sûr que l'enfant a «gagné». Mais la mère aussi. Elle n'aura plus à subir ce stress émotionnel cinq matins par semaine.

Cette réaction est compréhensible, les gens ayant tellement l'habitude d'envisager les conflits *en termes de gagnant et de perdant*. Ils se disent que si l'un obtient satisfaction, l'autre est forcément perdant. Car il y a forcément un perdant.

Lorsqu'ils découvrent la méthode, les parents ont du mal à comprendre qu'il est possible que *le parent et l'enfant* obtiennent satisfaction. La Méthode III se distingue de la Méthode II, où l'enfant obtient satisfaction au détriment du parent. Il n'est que trop naturel que dans un premier temps, les parents se disent: «Si je renonce à la Méthode I, je vais me retrouver avec la Méthode II». «Si je ne m'impose pas, c'est l'enfant qui s'imposera.» C'est l'approche traditionnelle du conflit, à savoir que c'est «l'un ou l'autre».

Les parents ont besoin d'être accompagnés pour comprendre que la Méthode III est radicalement différente de la Méthode II. Il est nécessaire de leur rappeler, de manière répétée, qu'avec la Méthode III, *leurs besoins aussi* doivent être satisfaits; eux aussi doivent accepter la solution qui a été trouvée. S'ils ont le sentiment d'avoir cédé à l'enfant, c'est qu'ils ont utilisé la Méthode II, pas la III. Par exemple, dans le conflit entre Bonnie et sa mère (avec l'enfant qui ne voulait pas aller à l'école), il faut que la mère accepte authentiquement de consacrer à la fillette une heure d'attention exclusive, comme elle l'a fait ici. Sinon, elle céderait à Bonnie (Méthode II).

Certains parents ne voient pas, dans un premier temps, que la mère de Bonnie non seulement n'a plus besoin de répéter à sa fille de se dépêcher le matin et de s'énerver, mais qu'en plus, elle ne ressent plus de culpabilité en envoyant Bonnie à l'école. De surcroît, elle a eu la satisfaction d'identifier le besoin de Bonnie qui n'était pas satisfait et de trouver une solution pour y répondre.

Quelques parents continuent malgré tout à percevoir la Méthode III comme impliquant nécessairement un «com-

promis». Et pour eux, compromis est synonyme de renonce-
ment et de faiblesse, impliquant qu'on obtient moins que ce
qu'on souhaitait initialement. Lorsque je les entends exprimer ces sentiments, je pense souvent à la phrase prononcée
par le président John F. Kennedy dans son discours inaugu-
ral : «N'ayez pas peur de négocier, mais ne négociez jamais
par peur.» La Méthode III implique, certes, une négociation,
mais pas une négociation sans le courage de persister dans la
résolution du problème jusqu'à obtention d'une solution qui
réponde à la fois aux besoins du parent et de l'enfant.

Nous n'associons pas la Méthode III à la notion de «faire
un compromis» dans le sens «accepter moins que ce qu'on
veut», faire une concession, parce que d'après notre expérience, les solutions trouvées apportent presque toujours plus
à l'enfant et au parent que ce qu'ils en attendaient. Il s'agit
presque toujours de ce que les psychologues appellent des
«solutions élégantes» – bonnes, voire souvent meilleures,
pour l'un et pour l'autre. La Méthode III ne signifie donc pas
que les parents cèdent ou se font marcher sur les pieds. Bien
au contraire. Dans le conflit présenté ci-dessous, impliquant
toute une famille, voyez comme la solution est gratifiante
aussi bien pour les parents que pour les enfants. La mère a
décrit ceci :

> «Alors que la fête de Thanksgiving approchait, nous nous
> sommes demandé ce que nous allions faire. Comme d'habitude,
> j'ai ressenti le besoin de préparer un dîner de famille, avec la
> traditionnelle dinde, et d'organiser une réunion de famille for-
> melle. Mes trois fils et mon mari, John, ont exprimé d'autres
> envies. Nous avons donc tenté de résoudre ce problème. John
> voulait faire des travaux de peinture dans la maison, et il
> n'avait pas envie de passer un temps fou à préparer un repas

compliqué et à rester à table. Mon fils, qui est étudiant, voulait inviter à la maison un ami de fac qui n'avait jamais fait de vrai repas de Thanksgiving en famille. Mon fils lycéen, lui, préférait aller passer les quatre jours dans notre maison de campagne. Et mon plus jeune fils n'avait pas la moindre envie de « s'endimancher » et de subir l'épreuve d'un dîner formel. Quant à moi, bien évidemment, j'accordais beaucoup d'importance au sentiment d'unité familiale attaché à ce repas, et j'avais besoin de me prouver que j'étais une bonne mère, en préparant un dîner élégant autour de la traditionnelle dinde. La solution que nous avons trouvée est que j'allais préparer une dinde que nous emporterions dans notre maison de campagne, une fois que John aurait terminé ses travaux de peinture. Mon fils inviterait son copain de fac à venir avec nous et les enfants aideraient John à repeindre, pour que nous puissions partir plus rapidement. Résultat : pour une fois, il n'y a pas eu de claquements de portes, ni d'éclats de colère. Tout le monde s'est bien amusé, c'était la meilleure fête de Thanksgiving que la famille ait jamais passé. Même l'invité de mon fils a mis la main à la pâte pour la peinture. C'est la première fois que nos fils aidaient leur père à bricoler dans la maison sans que ça crée de problèmes. John était euphorique, les garçons enthousiastes. Et moi, j'étais contente du rôle que j'ai joué pour Thanksgiving, sans avoir tout le travail habituel pour préparer un grand dîner. Le résultat a largement surpassé nos espérances. Plus jamais je n'imposerai des décisions à ma famille ! »

Dans ma propre famille, voici quelques années, un conflit est apparu au sujet des vacances de Pâques, et la Méthode III a produit une solution inédite, acceptable pour tous, ce qui a été une surprise. Ma femme et moi ne nous sommes pas sentis faibles, pas le moins du monde. Nous étions heureux d'avoir évité le problème des vacances à Newport Beach.

Notre fille de 15 ans avait été invitée à aller passer les vacances de Pâques avec plusieurs amies à Newport Beach («là où il y a des garçons», mais aussi de la bière, de l'herbe et la police). Ma femme et moi avions de sérieuses appréhensions à l'idée de voir notre fille exposée à ce nous avions si souvent entendu raconter au sujet de ces vacances où des milliers d'étudiants se retrouvent tous les ans. Nous lui avons fait part de nos craintes, ce qu'elle a entendu, sans toutefois lui faire passer sa forte envie d'être à la plage avec ses copines. Nous savions que cela nous empêcherait de dormir et craignions de vivre dans l'attente d'un coup de fil en pleine nuit, pour nous annoncer une catastrophe. L'écoute active a permis de mettre au jour un élément surprenant : les principaux besoins de notre fille étaient d'être avec une amie en particulier, à un endroit où il y aurait des garçons, et à la plage, pour qu'elle puisse revenir au lycée bronzée. Deux jours après l'apparition du conflit, qui n'avait pas encore été résolu, notre fille a proposé une solution inédite. Pourquoi ne partirions-nous pas en week-end ? («Ça fait longtemps que vous n'êtes pas partis en week-end, non ?») Elle pourrait proposer à son amie de venir avec nous et nous pourrions loger à l'hôtel installé sur le site d'un de mes parcours de golf préférés, qui se trouve aussi être proche d'une plage – pas Newport Beach, mais une autre plage, où il y aurait sans doute aussi des garçons. Nous avons littéralement sauté de joie en entendant cette proposition, soulagés d'éviter les angoisses qu'aurait généré son départ pour Newport Beach sans surveillance. Elle aussi était ravie, car cette solution satisfaisait tous ses besoins. Nous sommes partis comme prévu. Le soir, nous nous sommes bien amusés tous les quatre ensemble, après une journée passée à jouer au golf pour

*ma femme et moi, et à la plage pour les deux filles. Il se trouve
qu'il n'y avait pas beaucoup de garçons sur cette plage, ce qui
a déçu les filles. Mais elles ne se sont pas plaintes et elles n'ont
exprimé aucun ressentiment à notre égard concernant la décision que nous avions prise.*

Cet exemple illustre aussi que parfois, certaines solutions
adoptées grâce à la Méthode III ne sont pas parfaites. Il arrive
que de manière imprévisible, ce qui apparaît comme une solution répondant aux besoins de tous se révèle décevante pour
une personne. Cependant, dans les familles qui se servent
de la Méthode III, cela ne cause manifestement pas de rancune ni d'amertume, sans doute parce qu'il est clair que ce ne
sont pas les parents qui ont provoqué la déception de l'enfant
(comme dans la Méthode I), mais que c'est le hasard, le destin
ou la météo. Ils peuvent incriminer des éléments externes ou
imprévisibles, mais pas les parents. L'autre facteur qui intervient, c'est qu'avec la Méthode III, les enfants considèrent que
la solution retenue est autant la leur que celle des parents.

« Un groupe ne sait pas prendre des décisions »

Selon une idée reçue, seuls des individus seraient capables de
prendre des décisions, chose que les groupes ne savent pas
faire. « Un chameau, c'est ce qu'on obtient quand on demande
à un groupe de concevoir un cheval. » Les parents citent
volontiers cette phrase pour illustrer leur idée qu'un groupe ne
peut prendre de décisions, ou prendre forcément une décision
moins bonne qu'une décision individuelle. Une autre phrase
que citent volontiers les participants de nos Ateliers Parents,

c'est que «Il faut bien que *quelqu'un* prenne une décision pour le groupe.»

Cette idée reçue a la vie dure, car rares sont les gens ayant eu l'occasion de faire partie d'un groupe qui savait prendre des décisions efficacement. Tout au long de leur existence, la plupart des adultes ont été privés de cette expérience par ceux qui avaient du pouvoir sur eux et qui ont utilisé exclusivement la Méthode I pour régler des problèmes ou résoudre des conflits : parents, professeurs, oncles, tantes, chefs scouts, entraîneurs sportifs, baby-sitters, supérieurs militaires, patrons, etc. Dans notre société dite «démocratique», très peu d'adultes ont eu l'occasion de vivre l'expérience de groupes où les problèmes et les conflits étaient résolus démocratiquement. Pas étonnant, donc, que les parents soient sceptiques quant à la capacité d'un groupe à prendre une décision : ils n'ont jamais eu l'occasion d'assister à cela ! Cela a des implications effrayantes, quand on pense que les personnalités politiques nous répètent qu'il est essentiel d'apprendre à nos enfants à devenir des citoyens responsables.

C'est sans doute pour cela que certains parents ont besoin qu'on leur démontre de manière répétée qu'un groupe familial peut prendre et va prendre des décisions de qualité pour résoudre des problèmes, même des problèmes qui sont souvent plutôt ardus et complexes, comme les conflits portant sur les thèmes suivants :

- Argent de poche et budget ;
- Entretien du logement ;
- Participation aux tâches ménagères ;
- Achats de la famille ;
- Utilisation du téléviseur ;

- Utilisation de la console de jeu;
- Vacances;
- Comportement des enfants lorsque les parents reçoivent des invités;
- Utilisation du téléphone portable;
- Heure du coucher;
- Repas;
- Place de chacun dans la voiture;
- Utilisation de l'ordinateur;
- Aliments disponibles;
- Répartition des chambres et des rangements;
- État des chambres, etc.

La liste est interminable. Les familles peuvent prendre des décisions collectivement, et la preuve leur en sera fournie chaque jour, lorsqu'ils emploieront la méthode sans perdant. Bien sûr, les parents doivent s'engager à utiliser la Méthode III et se donner la possibilité, à eux et à leurs enfants, de découvrir qu'on peut faire confiance à un groupe pour concevoir des solutions créatives et acceptables pour tous.

«La Méthode III prend trop de temps»

La perspective de devoir consacrer un temps fou à la résolution de problème inquiète beaucoup de parents. M. W, un dirigeant d'entreprise très occupé et surmené par ses obligations professionnelles, déclare: «Je ne peux humainement pas trouver le temps de m'installer autour d'une table pendant une heure avec chacun de mes enfants à chaque fois qu'un problème surgit, c'est ridicule!» Mme B., mère de cinq enfants, explique : « Je n'avancerais jamais dans mon programme de la journée si je devais utiliser la Méthode III avec chacun de mes cinq enfants : ils sont vraiment difficiles à gérer ! »

Oui, indéniablement, la Méthode III prend du temps. La durée nécessaire dépend de la nature du problème et de la bonne volonté du parent et de l'enfant à trouver une solution sans perdant. Voici quelques constats découlant de l'expérience des parents ayant authentiquement essayé d'appliquer la Méthode III.

1. Beaucoup de conflits se règlent rapidement, en quelques minutes, dix tout au plus.

2. Certains problèmes demandent plus de temps – comme l'argent de poche, la participation aux tâches ménagères, la télé, l'heure du coucher. Cependant, une fois ces questions réglées par la Méthode III, elles le sont généralement de manière définitive. Contrairement aux décisions prises avec la Méthode I, elles ne reviennent pas constamment sur la table.

3. Sur le long terme, les parents gagnent du temps, n'étant pas contraints de passer de longues heures à rappeler à l'ordre, vérifier, contrôler et gronder.

4. Dans un premier temps, lorsqu'une famille décide d'adopter la Méthode III, les premières séances durent généralement plus longtemps, parce que les enfants (et les parents) n'ont pas encore l'expérience de ce processus nouveau, parce que les enfants ne croient pas aux bonnes intentions des parents (« C'est quoi, cette nouvelle technique pour nous embobiner ? »), parce qu'il y a une rancune résiduelle ou parce qu'ils campent sur leur posture habituelle du gagnant-perdant (« Je veux m'imposer »).

Le résultat le plus significatif dans les familles qui utilisent la méthode sans perdant – un résultat que je n'avais
pas anticipé – c'est qu'au bout d'un certain temps, les
conflits deviennent rares, ce qui représente un gain de temps
considérable.

«On dirait que nous sommes à court de problèmes à
résoudre», nous a confié une mère moins d'un an après avoir
participé aux Ateliers Parents.

Une autre mère, à qui j'avais demandé de me fournir des
exemples de l'utilisation de la Méthode III dans sa famille,
m'a écrit ceci: «Nous aimerions beaucoup pouvoir répondre
à votre demande en vous fournissant des exemples concrets,
mais nous n'avons pas rencontré beaucoup de conflits ces derniers temps qui nous auraient donné l'occasion d'appliquer
la Méthode III». Dans ma propre famille, si peu de conflits
parent-enfant sérieux se sont produits que là, maintenant, je
n'arrive sincèrement pas à me souvenir d'un seul cas, tout simplement parce que les choses ont pu s'aplanir facilement, sans
évoluer en véritables «conflits» dignes de ce nom.

Je pensais que des conflits allaient continuer à surgir, au fil
des ans, et je suis certain que la plupart des parents participant
à nos Ateliers le croyaient aussi. Alors, qu'est-ce qui explique
cette baisse? Après y avoir réfléchi, je me dis que c'est logique:
la Méthode III amène les enfants et les parents à adopter les
uns vis-à-vis des autres une posture totalement différente.
Comme ils savent que leurs parents ont renoncé à utiliser leur
pouvoir pour s'imposer – pour gagner en ne respectant pas les
besoins des enfants –, les enfants n'ont plus aucune raison de
tenter d'obtenir gain de cause ni de se défendre vigoureuse-
ment contre le pouvoir parental. Par conséquent, les conflits de
besoins les plus importants disparaissent presque totalement.

Les enfants deviennent accommodants, aussi respectueux des besoins des parents que des leurs. Lorsque les enfants ont des besoins, ils les expriment et leurs parents trouvent des solutions pour y répondre ; lorsque les parents ont des besoins, ils les expriment et les enfants trouvent des solutions pour y répondre. Lorsque les uns ou les autres ont des difficultés à y répondre, tous envisagent cela davantage comme un problème à résoudre que comme une bataille à mener.

De plus, un autre phénomène se produit : les parents et les enfants vont chercher à prévenir les conflits. C'est le cas de cette adolescente qui prend soin de laisser un mot sur la porte de la maison pour rappeler à ses parents qu'elle aura besoin de la voiture le soir. Ou bien elle leur demande à l'avance si cela les dérangerait qu'elle invite une amie à dîner le vendredi suivant. Remarquez qu'elle ne demande pas leur *permission* ; obtenir la permission de ses parents est un concept pratiqué dans les familles utilisant la Méthode I, qui implique que les parents pourraient le lui refuser. Dans une famille qui applique la Méthode III, l'enfant dit « Je fais ce que j'ai prévu de faire, sauf si je découvre que cela peut interférer avec ce que vous avez prévu de faire. »

« N'est-il pas justifié que les parents utilisent la Méthode I, parce qu'ils ont plus d'expérience que les enfants ? »

Cette idée a la vie dure. Nous avons vu plus haut quantité de justifications pour cela :

> « *Nous le savons mieux que toi, de par notre expérience.* »
> « *Quand tu seras plus grand, tu nous remercieras de t'avoir obligé à faire ceci ou cela.* »

« Si nous te l'interdisons, c'est pour ton bien. »

« Nous voulons simplement t'empêcher de commettre les mêmes erreurs que nous. »

« Nous ne pouvons pas te laisser faire quelque chose que tu regretteras plus tard, nous le savons », etc.

Beaucoup de parents qui tiennent ces propos, ou d'autres de même nature, croient sincèrement ce qu'ils disent. Aucune attitude n'est plus difficile à modifier dans nos Ateliers que celle reposant sur l'idée qu'il est justifié pour les parents de recourir au pouvoir – voire qu'il est de leur responsabilité de le faire – parce qu'ils savent davantage de choses ou qu'ils sont plus intelligents, plus raisonnables, plus mûrs ou plus expérimentés.

Ce n'est pas une attitude propre aux parents, au demeurant. Tout au long de l'Histoire, les tyrans se sont servis de cet argument pour justifier leur recours au pouvoir sur ceux qu'ils ont opprimés. La plupart d'entre eux avaient une piètre opinion de leurs sujets, quels qu'ils fussent : esclaves, paysans, barbares, populations indigènes, chrétiens, hérétiques, « populace », roturiers, ouvriers, juifs, latinos, asiatiques, femmes, etc. De manière quasi universelle, ceux qui exercent du pouvoir sur autrui cherchent à trouver des arguments pour justifier cette oppression et ce manque d'humanité en considérant que ceux qui subissent ce pouvoir leur sont inférieurs.

Comment pourrait-on réfuter l'idée que les parents possèdent plus de sagesse et d'expérience que leurs enfants ? Cela paraît l'évidence même. Et pourtant, lorsque nous demandons aux participants à nos Ateliers si leurs propres parents ont pris des décisions qui manquaient de sagesse en utilisant la Méthode I, ils répondent tous par l'affirmative. Comme les parents oublient facilement leur expérience d'enfant ! Comme il est aisé d'oublier que les enfants, parfois, savent mieux que les parents s'ils sont fatigués ou s'ils ont soif ; qu'ils connaissent mieux les qualités de leurs amis, leurs propres aspirations et objectifs, la manière dont leurs professeurs les traitent, les besoins et les envies de leur corps, les personnes qu'ils aiment et celles qu'ils n'aiment pas ; ce qu'ils apprécient et ce qu'ils n'apprécient pas.

Les parents, porteurs d'une sagesse supérieure ? Non, pas pour quantité de choses concernant leurs enfants. Il n'empêche qu'indéniablement, les adultes possèdent une sagesse et une expérience précieuses, qu'il convient d'exploiter.

Beaucoup de parents participant à nos Ateliers ne perçoivent pas, dans un premier temps, que la méthode sans perdant mobilise à la fois *la sagesse du parent et celle de l'enfant*. Ni l'une, ni l'autre ne sont exclues du processus de résolution de problème (contrairement à la Méthode I, qui ne tire pas profit de la sagesse de l'enfant, ni de la Méthode II, qui n'exploite pas la sagesse du parent).

La mère d'adorables jumelles exceptionnellement intelligentes nous a rapporté une séance de résolution de problème fructueuse, portant sur la question de savoir si ses filles devaient sauter une classe (pour rendre l'apprentissage plus intéressant et plus stimulant) ou pas (pour rester avec leurs amis). C'est le type de problème qui est traditionnellement résolu exclusivement par les « experts » – les enseignants et les parents. Ici, la mère avait des idées sur la question, mais elle avait aussi confiance dans la sagesse de ses filles et leurs sentiments, dans leur évaluation de leur potentiel intellectuel et dans leur jugement de ce qu'il serait préférable pour elles. Après plusieurs jours à peser le pour et le contre, notamment en écoutant les idées et les contributions de leur mère et les informations fournies par leur professeur, les jumelles ont accepté la solution de sauter une classe. Cette décision familiale s'est révélée excellente, sans réserve, à la fois pour le bonheur des jumelles et pour leurs résultats scolaires.

« La Méthode III peut-elle fonctionner avec de jeunes enfants ? »

« Je comprends comment la Méthode III peut fonctionner avec des enfants d'un certain âge, qui maîtrisent bien le langage, qui sont plus mûrs et capables de raisonner, mais pas avec des petits, de 2 à 6 ans. Ils sont trop jeunes pour savoir ce qui est bon pour eux, ne faut-il pas utiliser la Méthode I avec eux ? »

Cette question revient dans tous les Ateliers Parents. Cependant, l'expérience de familles qui pratiquent la Méthode III avec de très jeunes enfants montre que cela peut fonctionner. Voici une courte séance avec une petite fille de 3 ans et sa mère, qui nous a soumis cette situation :

Laurie. — *Je ne veux plus aller chez ma nounou.*

Mère. — *Tu n'aimes pas aller chez Mme Crockett quand je vais travailler.*

Laurie. — *Non, je ne veux pas y aller.*

Mère. — *Je dois aller au travail et tu ne peux pas rester à la maison toute seule, mais j'ai bien compris que tu n'aimes pas aller là-bas. Est-ce qu'il y a quelque chose qu'on pourrait faire pour que ce soit plus facile pour toi de rester là-bas ?*

Laurie. — (Silence.) *Je pourrais rester sur le trottoir pendant que tu t'en vas.*

Mère. — *C'est important pour Mme Crockett que tu sois à l'intérieur de la maison, avec les autres enfants, pour qu'elle sache où tu es.*

Laurie. — *Je pourrais te regarder repartir par la fenêtre alors.*

Mère. — *Ça irait mieux si on faisait ça ?*

Laurie. — *Oui.*

Mère. — *D'accord. Alors essayons de faire ça la prochaine fois.*

Voici comment une petite fille de 2 ans a réagi à la méthode III utilisée par sa mère dans la situation suivante :

« *Un soir, j'étais en train de préparer le dîner et ma fille s'amusait sur son cheval à bascule. Puis elle a pris la ceinture qui sert à attacher l'enfant et elle a essayé de la fermer toute seule. N'y arrivant pas, elle s'est mise à crier d'une voix stridente, de frustration, et son visage est devenu tout rouge. En entendant ses cris, j'ai senti la colère me gagner. Alors comme je le fais habituellement, je me suis agenouillée à côté d'elle pour fermer la ceinture à sa place. Mais elle s'est débattue et elle a continué à hurler. Là, j'étais prête à soulever tout le monde, le cheval à bascule et elle, pour les mettre dans sa chambre et claquer la porte pour ne plus entendre ses hurlements. Puis j'ai eu un déclic. Je me suis agenouillée à côté d'elle, j'ai posé mes mains sur les siennes et j'ai dit : "Tu es vraiment en colère parce que tu n'arrives pas à le faire toute seule." Elle a hoché la tête, cessé de crier et quelques sanglots avalés plus tard, elle était de nouveau en train de se balancer joyeusement. Et moi, je me suis dit "Incroyable, est-ce que c'est vraiment aussi simple ?"* »

À cette mère sidérée, je suis obligé de répondre que non, ce n'est pas toujours aussi simple ! Cependant, la Méthode III fonctionne étonnamment bien avec des tout-petits, et même avec des bébés. Je me souviens très bien cette anecdote, qui s'est produite dans notre famille.

Alors que notre fille n'avait que cinq mois, nous sommes partis passer une semaine dans une cabane, sur les bords d'un lac. Jusque-là, nous nous disions que nous avions une chance inouïe, parce que notre bébé avait toujours fait ses nuits, dormant de 23 heures à 7 heures. Le changement d'environnement a fait tourner notre chance. Elle s'est mise à se réveiller à 4 heures, pour avoir son biberon. Or à cette heure-là, sortir du lit pour lui préparer à manger était une véritable épreuve. Car dans le nord du Wisconsin, au mois de septembre, il faisait un froid de canard dans notre cabane, équipée d'un poêle à bois. Nous devions donc soit allumer un feu à 4 heures du matin, soit, tout aussi peu réjouissant, nous envelopper de couvertures et essayer de rester au chaud pendant une heure, le temps de préparer le biberon, de le réchauffer et de donner à manger à notre bébé. Nous nous sommes dit qu'il s'agissait vraiment d'une situation de «conflit des besoins», nécessitant une résolution de problème. Après nous être creusé la tête, ma femme et moi avons décidé de proposer à notre bébé une solution alternative, en espérant qu'elle la trouverait acceptable. Au lieu de la réveiller pour lui donner à manger à 23 heures, nous l'avons laissée dormir jusqu'à minuit le lendemain, puis nous lui avons donné le biberon. Le lendemain, elle a dormi jusqu'à 5 heures. Jusque-là, ça se passait plutôt bien. Le soir, nous lui avons donné un peu plus de lait que d'habitude, puis nous l'avons couchée à minuit et demi. Ça a marché. Le lendemain matin, et les autres jours, elle ne s'est pas réveillée avant 7 heures, heure où nous avions prévu de nous lever de toute façon pour aller pêcher dans le lac. Personne n'a été perdant, il n'y a eu que des gagnants.

Non seulement il est possible d'utiliser la Méthode III avec des bébés, mais il est important de commencer à le faire très tôt dans la vie de l'enfant. **Plus on démarre tôt, plus l'enfant apprend vite à entretenir avec autrui des relations de manière démocratique, à respecter les besoins des autres et à reconnaître quand ses besoins à lui sont respectés.**

Les parents qui participent à nos Ateliers lorsque leurs enfants sont plus grands et qui les initient à la Méthode III après qu'ils ont été habitués aux deux méthodes reposant sur des luttes de pouvoir ont invariablement plus de mal que les parents qui utilisent d'emblée la Méthode III.

Un père a raconté aux participants de son Atelier Parents que les premières fois où son épouse et lui ont essayé la Méthode III, leur fils aîné a décrété : « C'est quoi, cette nouvelle technique psychologique que vous essayez d'utiliser pour nous faire faire ce que vous voulez ? » Ce fils perspicace, habitué à la résolution de conflit gagnant-perdant (où les enfants sont généralement les perdants) avait du mal à croire aux bonnes intentions de ses parents et à leur désir d'essayer la méthode sans perdant. Dans le chapitre qui suit, je vous expliquerai comment gérer des résistances de ce type émanant d'adolescents.

« N'y a-t-il pas des situations où il faut utiliser la Méthode I ? »

C'est devenu une plaisanterie entre formateurs des Ateliers Parents : dans quasiment chaque nouveau groupe, il se trouve un parent qui remet en cause la validité de la Méthode III ou qui évoque ses limites en posant une des deux questions suivantes.

- «Mais si mon enfant part sur la route en courant au moment où une voiture arrive? Est-ce que dans ce cas, je ne suis pas obligé d'utiliser la Méthode I?»

- «Mais si mon enfant a une crise d'appendicite aiguë? Est-ce que dans ce cas, je ne suis pas obligé d'utiliser la Méthode I pour le conduire à l'hôpital?»

Notre réponse à ces deux questions est «Oui, bien sûr». Il s'agit de situations de crise qui requièrent une action immédiate et ferme. Cependant, avant ce situation de crise où l'enfant court sur la route ou celle où il doit être hospitalisé, on peut recourir à des méthodes sans pouvoir.

Si un enfant va sur la route, son parent peut commencer par lui parler du danger que représentent les voitures, faire avec lui le tour du jardin et lui expliquer que tout ce qui est situé hors de ces limites n'est pas sûr, lui montrer la photo d'un enfant qui a été par une voiture, faire clôturer le jardin ou le surveiller lorsqu'il joue devant la maison, pendant quelques jours, pour le rappeler à l'ordre à chaque fois qu'il franchit les limites. Même si j'avais opté pour une approche impliquant des punitions, je ne risquerais certainement pas la vie de mon enfant en partant du principe que la punition à elle seule suffira à le dissuader d'aller sur la route. Je préférerais employer des méthodes plus sûres.

Avec un enfant malade qui doit se faire opérer, recevoir une piqûre ou prendre des médicaments, les méthodes ne recourant pas au pouvoir peuvent là aussi être très efficaces. L'échange qui suit s'est déroulé entre une fillette de 9 ans et sa mère, alors qu'elles allaient chez l'allergologue pour entamer un traitement impliquant des piqûres deux fois par semaine contre le rhume des foins. Sa mère a utilisé uniquement l'écoute active.

Lindsay. — (Dans un long monologue.) *Je n'ai pas envie de me faire faire ces piqûres. Qui a envie d'avoir des piqûres ? Les piqûres, ça fait mal. Ça va durer une éternité. Deux fois par semaine. Je préfère encore avoir le nez qui coule et éternuer... Pourquoi est-ce que tu as pris rendez-vous ?*

Mère. — *Hm – mmmm.*

Lindsay. — *Maman, tu te souviens de la fois où j'ai eu plein d'échardes dans mon genou et où j'ai eu une piqûre ensuite ?*

Mère. — *Oui, je m'en souviens. Le médecin t'a enlevé les échardes et ensuite, tu as eu un vaccin antitétanique.*

Lindsay. — *L'infirmière m'a dit de regarder une affiche au mur, et que je n'allais même pas remarquer la piqûre.*

Mère. — *Certaines infirmières arrivent à faire des piqûres sans qu'on sente quoi que ce soit.*

Lindsay. — (À leur arrivée.) *Hors de question que j'aille me faire faire ces piqûres.*

Mère. — (Par-dessus son épaule tout en entrant dans le cabinet.) *Tu n'as vraiment pas envie d'y aller.*

Lindsay. — (Marche exagérément lentement.)

La mère a expliqué comment s'était passée la suite : Lindsay a fini par entrer dans le cabinet du médecin, le rendez-vous a eu lieu comme prévu, elle a reçu ses injections et l'infirmière l'a complimentée de se montrer aussi coopérative. La mère de Lindsay a également ajouté ceci :

«*Avant d'avoir participé aux Ateliers Parents, je l'aurais sermonnée sur la nécessité de faire ce que le médecin a dit, ou je lui aurais expliqué combien mes piqûres contre les allergies me sou-*

lagent ou que les piqûres ne font pas très mal, ou je lui aurais fait la leçon sur la chance qu'elle a de ne pas avoir d'autres problèmes de santé. Ou bien j'aurais été agacée et je lui aurais dit d'arrêter de se plaindre. Et tout cela ne lui aurait pas donné l'occasion de se souvenir de cette infirmière qui fait tellement bien les piqûres "qu'on ne se rend même pas compte qu'on est en train de se faire faire une piqûre". »

« Mes enfants ne vont-ils pas cesser de me respecter ? »

Certains parents, en particulier des pères, craignent que la Méthode III amène leurs enfants à ne plus les respecter. Ils nous disent des choses comme :

> *« J'ai peur que mes enfants me marchent sur les pieds. »*
>
> *« Est-ce que les enfants ne devraient pas avoir du respect pour leurs parents ? »*
>
> *« Je pense que les enfants doivent respecter l'autorité parentale. »*
>
> *« Est-ce que vous suggérez que les parents traitent leurs enfants en égaux ? »*

Beaucoup de parents se méprennent sur le sens du mot « respecter ». Parfois, lorsqu'ils utilisent ce mot, comme dans « respecter mon autorité », ils veulent dire, en réalité, « craindre ». Ils redoutent que leurs enfants n'aient plus peur d'eux et qu'en conséquence, ils ne leur obéissent plus ou résistent aux efforts parentaux visant à les contrôler. Lorsque nous leur soumettons cette définition du mot respect, certains parents répondent : « Non, ce n'est pas cela que je veux dire. Je souhaite que mes enfants me respectent pour mes compétences, mes connaissances, etc. Je ne désire pas du tout qu'ils me craignent.»

Nous leur demandons alors: «Et vous, comment en venez-vous à respecter un autre adulte pour ses compétences et ses connaissances?» En général, ils nous répondent: «Eh bien, cette personne doit avoir fait la démonstration de ses capacités. Elle doit *avoir gagné mon respect*.» En général, ces parents comprennent alors qu'eux aussi doivent gagner le respect de leurs enfants, en démontrant leurs compétences ou leurs connaissances.

La plupart des parents, lorsqu'ils réfléchissent à la question, prennent conscience qu'ils ne peuvent pas exiger le respect, qu'il faut le mériter. Si leurs capacités et leurs connaissances sont dignes de respect, leurs enfants les respecteront. Si ce n'est pas le cas, ils ne les respecteront pas.

Les parents qui ont authentiquement fait l'effort de remplacer les méthodes gagnant-perdant par la Méthode III constatent généralement que leurs enfants leur portent un respect d'un genre nouveau. Un respect qui ne repose pas sur la crainte, mais sur un *changement de leur perception du parent en tant qu'individu*. Un directeur d'école m'a écrit ceci, dans une lettre émouvante:

> *«Voici la meilleure illustration de ce que les Ateliers Parents m'ont apporté: dès l'instant où je suis arrivé dans la vie de sa mère, ma belle-fille, âgée alors de 2 ans et demi, ne m'a pas aimé. Le mépris qu'elle affichait à mon encontre m'a vraiment blessé. En général, les enfants m'aiment bien. Mais pas Rachel. J'ai commencé à ne pas l'aimer non plus, et même à la détester. À tel point qu'un matin, très tôt, j'ai fait un rêve dans lequel les sentiments qu'elle m'inspirait étaient si antagonistes, si horribles que l'intensité de ces sentiments négatifs m'a réveillé, en*

état de choc. J'ai compris alors que j'avais besoin de consulter.
J'ai entamé une thérapie, qui a permis de me détendre un peu,
mais Rachel ne m'aimait toujours pas. Six mois après la fin
de ma thérapie, Rachel avait alors 10 ans, j'ai participé aux
Ateliers Parents, puis je suis devenu moi-même formateur. Un
an plus tard, notre relation, à Rachel et à moi, était devenue
excellente, celle dont j'avais toujours rêvé. Aujourd'hui, elle a
13 ans. Nous nous respectons, nous nous aimons beaucoup, nous
rions ensemble, discutons, jouons, travaillons, et parfois même
nous pleurons ensemble. Il y a environ un mois, Rachel m'a fait
le plus beau cadeau qui soit. Nous étions en famille dans un
restaurant chinois et à la fin du repas, nous avons ouvert nos
fortune cookies, ces biscuits qui contiennent des petits messages.
Rachel a lu le sien, silencieusement, puis elle me l'a tendu, en
disant : "Tiens, ça c'est pour toi, papa." Le message disait : "Vos
enfants seront une source de bonheur pour vous, et vous pour
eux." Vous voyez, j'ai de bonnes raisons de vous remercier pour
vos Ateliers Parents. »

Le respect dont Rachel fait preuve à l'égard de son beau-père est de celui dont la plupart des parents – ils en conviendront sans peine – aimeraient bénéficier de la part de leurs fils et de leurs filles. La Méthode III permet aux enfants de perdre le « respect » reposant sur la crainte, mais le parent est-il vraiment perdant si, en contrepartie, il gagne un respect différent, bien meilleur ?

13

Appliquer la méthode « sans perdant »

Convaincus par la méthode sans perdant, les participants à nos Ateliers se posent néanmoins des questions sur la démarche à adopter pour *démarrer*. De plus, certains rencontrent des difficultés lors de cette période initiale. Voici quelques pistes sur la **mise en place de la méthode**, sur la gestion des problèmes les plus courants et sur la manière de résoudre les conflits agaçants qui surgissent entre les enfants.

Comment commencer ?

Les parents qui obtiennent les meilleurs résultats dans la mise en place de la méthode sans perdant sont ceux qui suivent le conseil suivant : *s'installer autour d'une table avec les enfants et leur expliquer le fonctionnement de la méthode.* Souvenez-vous que les enfants sont aussi peu coutumiers de cette démarche que les adultes. Habitués à voir les conflits avec les parents résolus par la Méthode I ou la Méthode II, ils ont besoin qu'on leur explique en quoi la Méthode III se distingue de ce qu'ils connaissent.

Pour cela, les parents présentent les trois méthodes et expliquent ce qui les différencie. Ils admettent alors que souvent, ils ont gagné au détriment des enfants qui ont perdu, ou vice versa. Puis ils expriment leur volonté de renoncer aux méthodes gagnant-perdant et d'essayer la méthode sans perdant.

En général, cette entrée en matière éveille la curiosité des enfants. Ils ont envie de découvrir la Méthode III et sont pressés de l'appliquer. Certains parents expliquent qu'ils ont suivi une formation pour devenir des pères et des mères plus efficaces et qu'ils aimeraient essayer cette nouvelle méthode. Bien sûr, cette approche ne convient pas pour des petits de moins de trois ans. Avec eux, lancez-vous tout simplement, sans explications.

Les six étapes de la méthode sans perdant

Il est utile pour les parents de savoir que la méthode sans perdant comporte véritablement six étapes distinctes. Suivre ces étapes améliore considérablement les chances de réussite.

1. Identifier et définir le conflit.
2. Générer des solutions possibles.
3. Évaluer ces solutions.
4. Choisir la meilleure solution, celle qui est la plus acceptable.
5. Mettre au point la mise en œuvre de cette solution.
6. Faire le point, pour évaluer le bon fonctionnement de la solution.

Il y a un certain nombre de points fondamentaux à comprendre pour chaque étape.

Lorsque les parents les ont intégrés et les appliquent, ils évitent bien des difficultés et des pièges. Bien que certains conflits rapides à résoudre puissent être réglés sans passer par toutes ces étapes, les parents obtiennent de meilleurs résultats quand ils ont compris les enjeux de chacune d'elles.

Planter le décor pour la Méthode III

C'est *la* phase déterminante, où les parents veulent assurer l'implication de l'enfant. Ils doivent donc obtenir son attention, puis s'assurer de sa volonté à participer à la résolution du problème. Les chances de réussite seront considérablement améliorées s'ils se souviennent des points suivants.

- Annoncez à l'enfant, clairement et de manière concise, qu'il y a un problème, qui doit être résolu. Ne tournez pas autour du pot en disant des choses inefficaces comme : « Est-ce que tu serais partant pour résoudre ce problème » ou « Je pense que ça pourrait être une bonne idée d'essayer de résoudre ce problème. »

- Soyez très clair sur le fait que vous voulez que l'enfant participe à l'identification d'*une solution acceptable pour tous*, une solution « qui nous conviendra à tous les deux », où il n'y a pas de perdant, et qui satisfera ses besoins et les vôtres. Il est essentiel qu'il soit convaincu de votre sincérité dans la recherche d'une solution sans perdant. Il doit savoir que la méthode utilisée est la Méthode III, la méthode sans perdant, et pas une méthode avec un perdant et un gagnant, présentée sous un nouveau nom.

- Mettez-vous d'accord sur le moment où vous allez vous y mettre. Choisissez un moment où l'enfant n'est pas occupé ni sur le point de partir, afin qu'il ne résiste pas et qu'il ne soit pas contrarié d'avoir été interrompu ou mis en retard.

1. Identifier et définir le conflit

C'est l'étape la plus décisive de la Méthode III, celle où on définit à la fois les besoins des parents et ceux des enfants. Souvent, ce qui apparaissait initialement comme un problème ou un conflit se révèle être un «problème-écran», et non le problème réel.

De plus, les parents arrivent, inconsciemment, avec des solutions préconçues, qui vont répondre à leurs besoins, au lieu d'exprimer le besoin lui-même. Car même lorsque les gens emploient le mot «besoin», ce qu'ils formulent est souvent la solution qui répondrait à un besoin.

Si l'écoute active est la compétence la plus importante pour faire la distinction entre les besoins et les solutions, les questions : «Qu'est-ce que cela m'apportera ?» et «Qu'est-ce que cela t'apportera ?» peuvent également être très utiles. Par exemple, si vous dites «J'ai besoin d'une nouvelle voiture», s'agit-il d'un besoin ou d'une solution ? Posez la question : «Qu'est-ce que ça m'apportera ?» Les réponses possibles sont : «Cela me permettra d'aller travailler en toute sécurité», «Cela boostera mon image/mon ego», «Cela me fera faire des économies, car mon ancienne voiture consomme trop et me coûte une fortune en réparations». Ces réponses constituent les besoins, la nouvelle voiture est la solution.

Imaginons que votre enfant dise : «J'ai besoin d'avoir ma chambre à moi», ce qui est une solution. Qu'est-ce que le fait d'avoir sa chambre apportera à l'enfant ? Cela lui apportera de l'intimité, ou bien le sentiment d'avoir un espace à lui, ou du calme. Ce sont les besoins sous-jacents. La chambre est la solution.

Si les besoins sous-jacents du parent et de l'enfant ne sont pas clairement compris et définis, le processus ne fonctionnera pas. Les étapes suivantes seront biaisées et le conflit ne sera pas résolu.

- Dites clairement à l'enfant, et aussi vivement que vous le ressentez, les sentiments précis que vous éprouvez, vos besoins qui ne sont pas satisfaits ou ce qui vous dérange. À ce stade, il est essentiel d'utiliser des Messages-Je : « *Je* m'inquiète que tu sois blessé et que *ma* voiture soit abîmée si tu continues à rouler trop vite en ne respectant pas les limitations de vitesse ». Ou « Je suis contrariée parce que c'est moi qui accomplis la plus grande partie des tâches ménagères. Je n'ai pas le temps de me détendre. » Évitez les messages qui dénigrent l'enfant ou qui contiennent des reproches, comme « Tu es imprudent avec ma voiture » ou « Les enfants, vous vous comportez en parasites à la maison. »

- Pratiquez abondamment l'écoute active, pour identifier clairement les besoins de l'enfant.

- Ensuite, formulez le problème ou le conflit, afin que l'enfant et vous soyez d'accord sur le problème à résoudre.

2. Générer des solutions possibles

À ce stade du processus, l'idée essentielle est de générer une grande diversité de solutions. Le parent peut proposer : « Quelles sont les différentes choses que nous pourrions faire ? » « Réfléchissons à des solutions possibles », « Creusons-nous la tête pour trouver différentes solutions » ou « Il doit y avoir plein de différentes manières de régler ce problème. » Les points suivants seront utiles :

- Dans un premier temps, essayez d'obtenir les solutions des enfants – vous pourrez ajouter les vôtres plus tard. Il est possible qu'initialement, les plus petits n'arrivent pas à imaginer des solutions.

- Le point le plus important est de ne pas évaluer, juger ou dénigrer les propositions. Elles seront passées en revue à l'étape suivante. Acceptez *toutes* les idées. S'il s'agit de problèmes complexes, il pourra être utile de noter les solutions proposées par écrit. N'évaluez pas les suggestions et n'en qualifiez pas certaines de «bonnes», cela impliquerait que d'autres sur la liste le sont moins.

- À ce stade, efforcez-vous de ne pas faire de commentaires montrant qu'une ou plusieurs des solutions proposées seraient inacceptables pour vous.

- Si vous utilisez la méthode sans perdant avec plusieurs enfants et si vous voyez que l'un d'eux ne formule pas de propositions, il vous faudra peut-être l'encourager à faire une contribution.

- Continuez à demander à l'enfant d'autres solutions, jusqu'à ce qu'il soit à court d'idées.

3. Évaluer les solutions

À cette étape, il est légitime de commencer l'évaluation des différentes solutions. Le parent pourra dire par exemple: «Bon, laquelle vous semble la meilleure?», «Voyons voir, quelle est la solution qui pourrait nous convenir?», «Qu'est-ce que nous pensons de ces différentes idées?» ou «Y a-t-il une solution qui vous paraît meilleure que les autres?»

En général, en éliminant les solutions qui ne sont pas acceptables pour les parents et celles qui ne le sont pas pour

les enfants (quelles qu'en soient les raisons), il en reste généralement une ou deux qui se détachent comme étant les meilleures. À ce stade, les parents doivent se souvenir de rester
honnêtes en exprimant leurs sentiments : «Cette solution ne
me plairait pas», «Ça ne satisferait pas mon besoin» ou «Je ne
pense pas que celle-là soit très équitable pour moi.»

4. Choisir la meilleure solution

Cette étape n'est pas aussi difficile que les parents le craignent
souvent. Si vous avez respecté les étapes précédentes et si les
idées et les réactions ont été exprimées librement et sincèrement, une solution nettement meilleure que les autres émerge
en général de la discussion. Parfois, un parent ou un enfant a
proposé une solution très originale qui est de toute évidence
la meilleure, et qui est aussi acceptable pour tout le monde.

Voici quelques conseils pour faire le choix final.

- Vérifiez les solutions restantes pour voir ce qu'en pensent
  les enfants, en demandant par exemple : «Est-ce que cette
  solution vous conviendrait?», «Bon, cette idée plaît à tout
  le monde?», «Est-ce que cette solution pourrait résoudre
  notre problème?» ou «Est-ce que ça va fonctionner?»

- Ne considérez pas qu'une décision est forcément définitive et impossible à changer. Vous pourriez dire: «Bon,
  essayons cette solution, pour voir si ça fonctionne» ou
  «On dirait que tout le monde est d'accord avec cette
  solution. On va faire comme cela et on verra si cela
  règle vraiment le problème» ou bien encore «Je serais
  d'accord pour accepter cette solution; est-ce que vous
  seriez partants pour l'essayer?»

- Si la solution implique différents éléments, il peut être utile de les noter noir sur blanc, pour éviter tout oubli.

- Assurez-vous qu'il est clair que tout le monde va s'engager à mettre en œuvre cette décision : « Bon, voilà ce que nous décidons tous de faire… » ou « Bien, nous sommes tombés d'accord et chacun va s'engager à respecter sa partie du marché. »

5. Définir la mise en œuvre de la décision

Parfois, une fois qu'une décision a été prise, il peut être utile de définir en détail sa mise en œuvre. Les parents et les enfants pourront être amenés à se poser les questions suivantes : « *Qui* fait *quoi* et *quand* ? » ou « De quoi avons-nous besoin pour mettre en œuvre cette décision ? » ou « Quand est-ce qu'on commence ? »

Dans les conflits portant sur les *tâches ménagères* par exemple, « À quelle fréquence ? », « Quels jours ? » et « Quel est le niveau de qualité attendu ? » sont des points qu'il est généralement bon de préciser.

Dans les conflits sur *l'heure du coucher*, la famille pourra définir qui surveillera l'heure et qui dira qu'il faut éteindre.

Et dans les conflits portant sur la *propreté de la chambre de l'enfant*, il pourra être utile de définir le « degré de propreté » attendu. Certaines décisions peuvent nécessiter des achats, comme un panneau d'affichage pour centraliser les messages, un panier à linge avec des codes couleurs, un téléviseur supplémentaire, un sèche-cheveux, etc. Dans ces cas, il faudra également déterminer qui achètera ces objets et qui les paiera.

Il est préférable de commencer à aborder les questions liées à la mise en œuvre uniquement lorsqu'un accord clair a été obtenu au sujet de la décision finale. Notre expérience nous a permis de constater qu'une fois la décision finale prise, les questions de mise en pratique sont généralement réglées assez facilement.

6. Faire le point pour évaluer le bon fonctionnement de la solution

Les décisions initiales adoptées par le biais de la méthode sans perdant ne font pas toutes leurs preuves. Par conséquent, les parents doivent parfois faire le point avec l'enfant, pour vérifier que la décision lui convient toujours. Il arrive que les enfants prennent des engagements qui se révèlent ensuite difficiles à appliquer. Il se peut aussi que le parent ait du mal à se tenir à ce qu'il a convenu, pour diverses raisons. C'est pourquoi il est bon que le parent fasse le point, au bout d'un certain temps : « Comment se passe la solution que nous avons trouvée ? », « Est-ce que tu es toujours satisfait de ce que nous avons décidé ? » Cela montrera à l'enfant que la satisfaction de ses besoins vous tient à cœur.

Il arrive que l'évaluation de la solution fasse apparaître des informations qui exigent une révision de la décision initiale. Sortir les poubelles tous les jours peut se révéler impossible ou inutile. Ou bien rentrer à la maison à 23 heures le week-end peut apparaître infaisable lorsque les enfants vont au cinéma dans une ville voisine. Une famille a constaté que leur solution sans perdant pour résoudre le problème de la participation aux tâches ménagères demandait à leur fille, qui avait accepté de faire la vaisselle tous les soirs, environ cinq à six heures de travail par semaine, alors que leur fils, dont le rôle était de faire le ménage une fois par semaine dans la salle de bains familiale et le séjour, ne mettait qu'à peu près trois heures. Cela semblait injuste pour la fille. Par conséquent, la décision a été modifiée, après quelques semaines d'essai.

Bien évidemment, les séances de résolution de conflit sans perdant ne se déroulent pas toutes en respectant rigoureusement les six étapes. Parfois, il suffit de proposer une solution pour résoudre le conflit. D'autres fois, la solution émerge à l'étape 3, lors de l'évaluation des solutions proposées. Quoi qu'il en soit, il est utile de garder à l'esprit les six étapes.

Pratiquer l'écoute active et utiliser des Messages-Je : une nécessité

Dans la mesure où la méthode sans perdant implique que les personnes concernées s'assoient autour d'une table pour résoudre le problème, une communication efficace est indispensable. Par conséquent, les parents doivent pratiquer abondamment l'écoute active et envoyer des Messages-Je clairs. Ceux qui n'ont pas appris ces compétences obtiennent rarement de bons résultats avec la méthode sans perdant.

L'écoute active est indispensable, au départ, parce que les parents doivent comprendre les sentiments ou les besoins des enfants. Que veulent-ils ? Pourquoi persistent-ils à vouloir une chose, même lorsqu'ils savent que ce n'est pas acceptable pour leurs parents ? Quels sont les besoins qui les incitent à se comporter d'une certaine manière ?

Pourquoi Bonnie ne veut-elle pas aller à l'école maternelle ? Pourquoi Jane ne veut-elle pas mettre le manteau « moche » ? Pourquoi Nathan pleure-t-il et se met-il en colère contre sa mère lorsqu'elle le dépose chez sa nounou ? Quels sont les besoins de ma fille qui font que c'est si important pour elle d'aller à la plage pendant les vacances de Pâques ?

L'écoute active est un outil efficace pour aider un enfant à s'ouvrir et à révéler ses véritables besoins et sentiments. Lorsque le parent les a cernés, il est souvent facile d'envisager une autre façon de satisfaire ces besoins, qui n'impliquera pas un comportement inacceptable pour le parent.

Dans la mesure où des sentiments vifs peuvent se manifester lors du processus de résolution de problème – aussi bien de la part des parents que des enfants – l'écoute active est d'une importance fondamentale pour favoriser l'expression et la dissipation de ces sentiments et pour permettre au processus de résolution de se poursuivre efficacement.

Enfin, l'écoute active montre aux enfants que les solutions qu'ils proposent sont comprises et acceptées comme étant formulées de bonne foi, ce qui est important ; que les parents sont demandeurs de leurs réflexions et de leurs évaluations concernant toutes les solutions proposées ; et que les parents acceptent ce que les enfants expriment.

Les Messages-Je sont essentiels au processus de résolution sans perdant, car ils permettent à l'enfant de savoir ce que ressentent les parents, sans que ceux-ci ne dénigrent le caractère de l'enfant, le culpabilisent ou le couvrent de honte. Dans le contexte de la résolution de conflit, les Messages-Tu suscitent généralement d'autres Messages-Tu en retour, ce qui conduit à une escalade verbale improductive, chacun cherchant alors à défaire l'autre avec des insultes.

Les Messages-Je doivent aussi être utilisés pour faire savoir aux enfants que les parents ont des besoins et qu'ils veilleront à ce que ceux-ci ne soient pas ignorés simplement parce que les enfants ont les leurs. Les Messages-Je informent l'enfant des limites du parent – ce qu'il ne peut pas tolérer et ce qu'il ne veut pas sacrifier. Les Messages-Je peuvent communiquer des choses comme « Je suis un être humain avec des besoins et des sentiments », « J'ai le droit de profiter de la vie », « J'ai des droits dans notre famille ».

Résolution de problème sans perdant :
la première fois

Dans nos Ateliers Parents, nous expliquons aux participants qu'il est préférable, pour la première séance de résolution de problème sans perdant, de s'attaquer à un conflit existant depuis longtemps, plutôt qu'à un problème plus récent et explosif. Il est utile également, lors de cette première séance, de donner aux enfants l'occasion d'identifier des problèmes qui les dérangent. Par conséquent, une première séance de résolution de conflit sans perdant pourrait être présentée par un parent comme ceci :

> *« Maintenant que nous avons tous compris ce qu'est la résolution de problème sans perdant (ou la Méthode III), identifions quelques conflits existants au sein de la famille. Pour commencer, les enfants, dites-moi quels sont les problèmes que vous voyez ? Quels problèmes aimeriez-vous régler ? Quelles sont les situations qui vous contrarient, les enfants ? »*

Commencer par des problèmes identifiés par les enfants présente des avantages évidents. Tout d'abord, ils sont ravis de constater que cette nouvelle méthode peut fonctionner à leur avantage. Ensuite, cela évite qu'ils se disent – à tort – que les parents ont trouvé une nouvelle technique pour satisfaire leurs seuls besoins. Une famille qui a commencé ainsi s'est retrouvée avec une liste de griefs relatifs au comportement des parents :

- Papa ne va pas faire les courses assez souvent, du coup il n'y a pas assez à manger à la maison.

- Parfois, maman n'a pas envie de laisser les enfants aller chez leur père alors que c'est son week-end de garde.

- Souvent, maman ne dit pas aux enfants à quelle heure elle va rentrer du travail et quand elle préparera le dîner.

- Un parent fait des promesses à sa fille et souvent, il ne les tient pas.

Après avoir pu énumérer leurs doléances, ces adolescents se sont montrés beaucoup plus réceptifs quant aux problèmes soulevés par leur père et leur mère quant à leurs comportements.

Parfois, il est judicieux que la famille commence par définir les règles du jeu fondamentales qui permettront le bon déroulement des séances de résolution de conflit sans perdant.

- Les parents peuvent par exemple proposer que tout le monde s'entende sur le fait qu'on laisse parler les gens sans les interrompre.

- Il est bon de préciser également qu'il n'y aura pas de vote, l'objectif étant de trouver une solution acceptable pour tout le monde.

- Convenez aussi, lorsque deux personnes résolvent un conflit qui n'implique pas toute la famille, que ceux qui ne sont pas concernés quittent la pièce.

- Décidez également qu'il n'y aura pas d'empoignades.

- Une famille a fixé pour règle que pendant les séances, personne ne se servirait de son téléphone.

- Il peut être utile d'utiliser un tableau et un feutre, ou un bloc-notes, pour aborder des problèmes complexes.

Problèmes que les parents sont susceptibles de rencontrer

Les parents commettent souvent des erreurs lors de la mise en œuvre de la nouvelle méthode. Et les enfants, eux aussi, ont besoin de temps pour apprendre à résoudre les conflits sans recourir au pouvoir, surtout les adolescents, qui ont vécu pendant des années l'expérience des méthodes gagnant-perdant. Par conséquent, parents et enfants doivent désapprendre leurs anciens schémas de comportement et en acquérir de nouveaux, ce qui ne se fait pas toujours facilement. L'expérience recueillie par les parents ayant participé à nos Ateliers nous a permis d'identifier les erreurs et les problèmes les plus courants.

Méfiance et résistance initiales

Certains parents se heurtent à une résistance lors de l'introduction de la méthode sans perdant. C'est presque toujours le cas lorsqu'il y a des adolescents dans la famille, habitués à des années de lutte continuelle de pouvoir avec leurs parents. Voici quelques témoignages de parents :

> « *Jenny a tout simplement refusé de s'asseoir autour de la table avec nous.* »
>
> « *David s'est mis en colère et a quitté la séance de résolution de problème, parce qu'il n'a pas pu imposer son point de vue.* »
>
> « *Hannah s'est murée dans le silence.* »
>
> « *Stephen a décrété qu'au final, nous allions imposer notre point de vue, comme nous le faisons toujours.* »

Pour les parents, la meilleure façon d'aborder cette méfiance et cette résistance est de laisser temporairement de côté la résolution du problème et d'essayer de comprendre, avec empathie, ce que l'enfant est réellement en train de dire. Pour le découvrir, le meilleur outil est l'écoute active, qui encouragera l'enfant à exprimer davantage ses sentiments. Si c'est le cas, c'est un progrès, car une fois ces sentiments évacués, les enfants passeront généralement à la résolution du problème. S'ils restent en retrait et réticents, les parents pourront exprimer leurs propres sentiments, sous la forme de Messages-Je, bien sûr :

> *« Je ne veux plus recourir au pouvoir dans cette famille, mais je ne veux pas non plus devoir me soumettre au vôtre. »*

> *« Nous cherchons très sincèrement à trouver une solution que vous pourrez accepter. »*

> *« Nous n'essayons pas de vous faire céder, et nous n'avons pas non plus envie de céder. »*

> *« Nous en avons assez des disputes dans la famille. Je pense que cette nouvelle méthode va nous permettre de résoudre nos conflits. »*

> *« J'aimerais vraiment que vous essayiez. On verra bien ce que ça donne. »*

En règle générale, ces messages sont efficaces pour dissiper la méfiance et la résistance. Si ce n'est pas le cas, les parents peuvent tout simplement laisser le problème tel quel, non résolu, un jour ou deux, puis essayer de nouveau d'appliquer la méthode sans perdant.

Nous disons aux parents : « Souvenez-vous comme vous étiez sceptique et méfiant lorsque nous vous avons présenté la méthode sans perdant dans nos Ateliers. Vous comprendrez mieux le scepticisme initial de vos enfants. »

«Que se passe-t-il si nous n'arrivons pas à trouver de solution acceptable?»

C'est l'une des craintes les plus couramment exprimées par les parents. Si elle est justifiée dans certains cas, seul un nombre étonnamment réduit de séances de résolution de conflit sans perdant ne débouche pas sur une solution acceptable. Lorsqu'une famille se trouve dans ce type d'impasse, c'est généralement que les parents et les enfants sont restés dans un état d'esprit de lutte de pouvoir, avec des perdants et des gagnants.

Dans ce cas, nous conseillons aux parents d'essayer toutes les solutions qui leur viennent à l'esprit. Voici quelques suggestions.

- Poursuivre la discussion.

- Revenir à l'étape 2 et générer davantage de solutions.

- Laisser la séance en stand-by et la reprendre le lendemain.

- Exprimer des encouragements forts, comme «Allez, il doit bien y avoir une manière de résoudre ce problème», «Faisons un effort pour trouver une solution acceptable», «Avons-nous exploré toutes les solutions possibles?», «Essayons encore, de toutes nos forces».

- Constater ouvertement l'existence d'une difficulté et essayer de découvrir s'il y a un problème sous-jacent ou un contentieux caché qui entrave le processus. Vous pourriez dire: «Je me demande ce qui fait que nous n'arrivons pas à trouver une solution?» «Est-ce qu'il y a d'autres choses dont nous n'avons pas parlé et qui nous empêchent d'avancer?»

En général, une ou plusieurs de ces approches portent leurs fruits et le processus de résolution de problème peut reprendre.

Revenir à la Méthode I après un échec de la Méthode III

«Nous avons essayé la méthode sans perdant, qui s'est révélée infructueuse. J'ai donc dû me résoudre à prendre les choses en main et à trancher.»

Certains parents sont tentés de revenir à la Méthode I, ce qui a généralement des conséquences désastreuses. Les enfants sont en colère, estimant avoir été dupés par des parents qui leur ont fait croire qu'ils allaient essayer une nouvelle méthode. Lorsque les parents tenteront de nouveau d'utiliser la méthode sans perdant, les enfants seront encore plus méfiants et sceptiques.

Nous déconseillons vivement aux parents un retour à la Méthode I. Il est tout aussi désastreux de revenir à la Méthode II et de laisser gagner les enfants, car à la prochaine utilisation de la méthode sans perdant, ils seront tentés de continuer à lutter jusqu'à obtenir gain de cause.

La sanction doit-elle être intégrée à la décision ?

Des parents nous ont rapporté qu'une fois une solution sans perdant trouvée, ils s'étaient retrouvés, eux ou leurs enfants, à intégrer à cet accord les sanctions ou les punitions à appliquer si les enfants ne respectaient pas la décision.

Ma réaction initiale, face à ce choix, a été de considérer que des sanctions et des punitions décidées par l'ensemble des participants étaient acceptables, dès lors qu'elles s'appliquaient aussi aux parents si ceux-ci ne se tenaient pas à leur partie de l'accord. Aujourd'hui, j'ai changé d'avis sur ce point.

Il est nettement préférable que les parents ne prévoient pas de punitions ou de sanctions en cas de non-respect d'un accord ou d'une décision prise avec la Méthode III. D'abord, les parents veulent faire comprendre aux enfants que les punitions ne seront plus du tout utilisées, même si cette proposition émane souvent des enfants. Ensuite, on obtient de bien meilleurs résultats en affichant une attitude de confiance dans la bonne volonté et dans l'intégrité des enfants. Les enfants nous disent: «Quand je vois qu'on me fait confiance, je risque moins de trahir cette confiance. En revanche, quand je constate que mes parents ou un prof ne me font pas confiance, je peux faire ce qu'ils pensent que j'ai déjà fait. Ils ont déjà une mauvaise opinion de moi. Puisque je suis déjà grillé, alors autant y aller et faire ce qu'ils ne veulent pas que je fasse.»

Avec la méthode sans perdant, les parents doivent partir du principe que *les enfants se tiendront à ce qui a été décidé.* Cela fait partie de la nouvelle méthode: se faire confiance mutuellement, faire confiance à l'autre pour respecter ses engagements, tenir ses promesses, respecter sa partie du contrat. Toute discussion concernant des sanctions et des punitions risque de communiquer de la défiance, des doutes, de la suspicion et du pessimisme. Cela ne signifie pas que les enfants respecteront systématiquement leurs engagements. Ils ne le feront pas toujours. Cela signifie seulement que *les parents doivent partir du principe qu'ils le feront.* «Innocent jusqu'à preuve du contraire» ou «Considéré comme responsable jusqu'à ce qu'il se comporte de manière irresponsable»: voilà ce qui résume la philosophie que nous préconisons.

Que faire lorsque les engagements ne sont pas respectés ?

Il est quasi inévitable que parfois, les enfants ne respectent pas leurs engagements. Pour les raisons suivantes, entre autres :

- Ils peuvent constater qu'ils ont pris un engagement trop difficile à tenir.

- Ils peuvent manquer d'expérience avec l'autodiscipline et la rigueur.

- Jusque-là, ils ont toujours été tributaires de l'autorité des parents pour faire preuve de discipline et de rigueur.

- Ils peuvent oublier.

- Ils peuvent essayer de mettre à l'épreuve la méthode sans perdant – pour voir si papa et maman sont déterminés à appliquer cette méthode ou pour voir s'il est possible de s'en sortir en ne respectant pas ses engagements.

- Ils peuvent avoir exprimé leur acceptation de la décision simplement parce qu'ils étaient lassés de la séance de résolution de problème, qui les a mis mal à l'aise.

Les participants à nos Ateliers Parents nous ont fait part de toutes ces raisons pour lesquelles leurs enfants n'avaient pas tenu leurs engagements.

Nous apprenons aux parents à parler directement et sincèrement à l'enfant, dès qu'il ne se tient pas à ce qui a été convenu. L'idée est de lui envoyer un Message-Je, sans faire de reproches, sans dénigrer, sans menacer. De plus, la mise au point devra intervenir le plus tôt possible, par exemple ainsi :

« Je suis déçu que tu n'aies pas respecté ton engagement. »

« Je suis surprise de constater que tu ne t'es pas tenue à ta partie de notre accord. »

« Dis donc, Ben, je ne trouve pas juste pour moi que j'aie respecté ma partie de notre accord, et pas toi. »

« Je pensais que nous avions décidé de _____, et là, je vois que tu n'as pas fait ce que tu t'étais engagé à faire. Ça ne me plaît pas. »

« Je pensais que nous avions résolu notre problème et ça m'agace de constater que manifestement, ce n'est pas le cas. »

Ces Messages-Je appelleront une réponse de la part de l'enfant, qui vous livrera davantage d'informations et vous aidera à comprendre pourquoi il n'a pas respecté ses engagements. Là aussi, il faudra écouter activement. Mais au final, le parent devra toujours faire comprendre clairement qu'avec la méthode sans perdant, chacun doit se montrer responsable et digne de confiance. Les engagements doivent être respectés : « Il ne s'agit pas d'un jeu. Nous essayons très sérieusement de respecter les besoins de chacun. »

Cela peut exiger beaucoup de discipline, beaucoup d'intégrité, beaucoup de travail. En fonction des raisons pour lesquelles l'enfant n'a pas tenu ses engagements, les parents constateront que :

1. Les Messages-Je portent leurs fruits ;

2. Ils doivent remettre le problème sur la table et trouver une meilleure solution ;

3. Il faut aider leur enfant à trouver des moyens de se souvenir de ce qu'il a à faire.

Si un jeune enfant a oublié de faire ce à quoi il s'était engagé, les parents pourront réfléchir avec lui à ce qu'il pourrait faire pour s'en souvenir la prochaine fois. A-t-il besoin d'une horloge, d'une minuterie? Doit-il se faire un mot ou laisser un message sur le panneau d'affichage? Peut-il se faire un pense-bête, utiliser un agenda ou un calendrier, mettre un rappel dans sa chambre?

Les parents doivent-ils rappeler à l'enfant ce qu'il a à faire? Doivent-ils assumer la responsabilité de lui dire ce qu'il doit faire, une fois qu'il s'y est engagé? Dans nos Ateliers Parents, nous répondons définitivement par la négative à ces questions. Outre le fait que c'est contraignant pour le parent, cela maintient l'enfant dans une situation de dépendance, ce qui ralentit son apprentissage de l'autodiscipline et le développement de son sens des responsabilités. Rappeler aux enfants de faire ce qu'ils se sont engagés à faire revient à les dorloter, à les traiter en personnes immatures et irresponsables. Et c'est ainsi qu'ils continueront à se comporter, sauf si les parents confient d'emblée *la responsabilité à l'enfant, à qui elle appartient*. Ensuite, si l'enfant ne se tient pas à ses engagements, envoyez-lui un Message-Je.

Les enfants habitués à être gagnants

Souvent, les parents qui ont longtemps été adeptes de la Méthode II font état de difficultés lors du passage à la Méthode III, car leurs enfants, habitués à imposer leur volonté la plupart du temps, rechignent énergiquement à s'impliquer dans une méthode de résolution des conflits qui peut nécessiter qu'ils donnent un peu, coopèrent ou fassent des compromis. Ces enfants sont tellement habitués à gagner au détriment de leurs parents qu'ils rechignent à renoncer à cette position avantageuse. Dans ces familles, lorsque les parents rencontrent initialement une forte résistance à la méthode sans perdant, ils se découragent et renoncent. Souvent, il s'agit de parents qui sont passés à la Méthode II par peur des colères ou des pleurs de leurs enfants.

Par conséquent, pour des parents qui ont été permissifs, le passage à la Méthode III demandera beaucoup plus de force et de fermeté que ce qu'ils ont eu l'habitude de manifester face à leurs enfants. Ils devront trouver une nouvelle source de force pour s'éloigner de leur posture précédente, celle de «la paix à tout prix». Souvent, il peut être utile de leur rappeler que le prix à payer, à l'avenir, sera terrible si leurs enfants gagnent systématiquement. Il faut les convaincre que les parents, eux aussi, ont des droits. Ou bien il faut leur rappeler qu'en cédant en permanence à l'enfant, ils l'ont rendu égoïste et sans considération pour autrui. Ils doivent être convaincus qu'être parent peut être une source de joie, lorsque leurs besoins aussi sont satisfaits. Ils doivent vouloir changer et ils doivent être préparés à de nombreuses protestations de l'enfant lors du passage à la Méthode III. Durant cette période de transition, les parents doivent également se préparer à gérer des émotions en recourant à l'écoute active et à exprimer leurs propres émotions, en formulant des Messages-Je clairs et précis.

Une mère avait des difficultés avec sa fille de 13 ans, habituée à s'imposer. Lors de la première tentative d'utilisation de la Méthode III, en constatant que les choses ne se passeraient pas comme elle le voulait, l'adolescente a piqué une colère et elle est partie dans sa chambre, en larmes. Au lieu d'aller la consoler ou de l'ignorer, comme elle le faisait habituellement, la mère lui a couru après et lui a dit: «Je suis vraiment en colère contre toi! Je soulève un problème qui me dérange et toi, tu pars en courant! J'ai vraiment le sentiment que tu te moques éperdu-

ment de ce que je ressens. Et ça ne me plaît pas. C'est injuste!
J'aimerais régler ce problème, maintenant. Je ne veux pas que
tu sois perdante, mais je ne vais certainement pas me retrou-
ver perdante pour te laisser gagner. Je pense que nous pouvons
trouver une solution qui nous conviendra à toutes les deux et où
nous serons toutes les deux gagnantes. Mais ça, je ne peux pas le
faire sans toi. Alors est-ce que tu veux bien revenir à table pour
que nous puissions trouver une bonne solution ?»

Après avoir séché ses larmes, l'adolescente est revenue s'installer
à la table et une heure plus tard, la mère et la fille avaient
trouvé une solution satisfaisante pour toutes les deux. L'ado-
lescente n'est plus jamais partie en courant lors d'une séance
de résolution de problème. Elle a cessé de chercher à exercer un
contrôle sur sa mère lorsqu'elle a compris que celle-ci n'allait
plus la laisser faire.

La méthode sans perdant appliquée aux conflits entre enfants

La plupart des parents abordent les conflits entre enfants, inévitables et courants, avec la même approche gagnant ou perdant que pour les conflits entre parents et enfants. Ils considèrent qu'ils doivent intervenir comme juges ou arbitres – ils endossent la responsabilité de déterminer ce qu'il s'est passé, de décider qui a tort et qui a raison, et de choisir la solution. Cette approche, aux inconvénients de taille, a généralement des conséquences négatives pour toutes les personnes impliquées. Souvent plus efficace pour résoudre ce type de conflits, la méthode sans perdant est aussi moins éprouvante pour les parents. De plus, elle contribue grandement à rendre les enfants plus mûrs, plus responsables, plus indépendants et plus autodisciplinés.

Lorsqu'ils abordent un conflit entre enfants comme un juge ou un arbitre, les parents commettent l'erreur de *s'approprier* le problème. En intervenant comme celui qui va aplanir le litige, ils privent les enfants de la possibilité d'assumer la responsabilité de la propriété du conflit et d'apprendre à le résoudre grâce à leur action. Cela empêche les enfants de grandir et de mûrir, et risque de les laisser éternellement dans une situation de dépendance à l'égard d'une autorité quelconque pour résoudre leurs conflits *à leur place*.

Du point de vue des parents, le pire effet de l'approche perdant ou gagnant est que leurs enfants continueront de soumettre tous leurs conflits aux parents. Au lieu de les résoudre tout seuls, ils s'adresseront aux adultes pour régler leurs disputes et leurs désaccords :

« Maman, Reid m'embête, dis-lui d'arrêter. »

« Papa, Maggie ne veut pas me laisser l'ordinateur. »

« Je veux dormir, mais Franklin n'arrête pas de parler. Tu peux lui dire de se taire ? »

« C'est lui qui m'a tapé en premier, c'est sa faute. Moi je ne lui ai rien fait. »

Ces « appels à l'autorité » sont courants dans la plupart des familles, car les parents se laissent impliquer dans les disputes de leurs enfants.

Dans les Ateliers Parents, il nous faut faire preuve de persuasion pour amener les parents à accepter ces disputes comme celles de leurs enfants, et à considérer que le problème appartient aux enfants. La plupart des disputes et conflits entre enfants se situent dans la zone des problèmes appartenant à l'enfant, c'est-à-dire dans la partie supérieure de notre schéma :

Lorsque les parents auront localisé ces conflits au bon endroit dans ce schéma, ils pourront les gérer avec les méthodes adaptées :

- Rester totalement extérieur au conflit ;
- Porte ouverte, invitations à parler ;
- Écoute Active.

Max et Brian tirent sur un camion : l'un tient l'avant du jouet, l'autre l'arrière. Tous deux hurlent, l'un d'eux pleure. Chacun essaie d'utiliser son pouvoir pour s'imposer. Si les parents restent extérieurs au conflit, les frères trouveront peut-être un moyen de le résoudre tout seuls. Si c'est le cas, tant mieux ; ils ont eu la possibilité d'apprendre à résoudre leur problème sans intervention extérieure. En restant en dehors du conflit, les parents ont aidé les deux garçons à grandir.

Si les enfants continuent à se disputer et si le parent se dit qu'il serait utile d'intervenir pour les aider à résoudre eux-mêmes le conflit, une invitation à en parler est souvent utile. Voici un exemple :

Max. — *Je veux le camion! Donne-moi ce camion! Lâche-le! Lâche-le!*

Brian. — *C'est moi qui l'avais en premier! Il m'a pris le camion! Je veux qu'il me rende mon camion!*

Parent. — *Je vois que vous avez un vrai problème au sujet de ce jouet. Est-ce que vous voulez venir me voir pour en parler? Je veux bien vous aider à en discuter.*

Parfois, une simple ouverture de porte suffit à faire cesser immédiatement le conflit. Comme si, dans certaines situations, les enfants préféraient trouver eux-mêmes une solution plutôt que de passer par le processus de la discussion en présence d'un parent. Ils se disent: «Bon, tout compte fait, ce n'est pas la peine.»

Certains conflits exigent un rôle plus actif de la part du parent. Dans ces cas-là, le parent peut favoriser la résolution du problème en recourant à l'écoute active et en intervenant non pas comme arbitre, mais comme «facilitateur». Voici comment cela fonctionne:

Max. — *Je veux le camion! Donne-moi ce camion! Lâche-le! Lâche-le!*

Parent. — *Max, tu veux vraiment ce camion.*

Brian. — *Mais c'est moi qui l'avais! Il est venu me prendre le camion. Je veux qu'il me le rende!*

Parent. — *Brian, tu te dis que c'est à toi d'avoir le camion parce que c'est toi qui étais en train de jouer avec. Tu es fâché avec Max parce qu'il t'a pris le camion. Je vois que vous avez un vrai conflit. Est-ce que vous auriez une idée de ce que vous pourriez faire pour résoudre ce problème? Des suggestions?*

Brian. — *Il devrait me laisser jouer avec le camion.*

Parent. — *Max, Brian propose cette solution.*

Max. — *Ben oui, parce que comme ça, il aurait le camion.*

Parent. — *Brian, Max dit qu'il n'aime pas cette solution parce que tu serais gagnant et lui perdant.*

Brian. — *Alors je le laisse jouer avec mes voitures jusqu'à ce que j'aie fini de m'amuser avec le camion.*

Parent. — *Max, Brian propose une autre solution : tu peux jouer avec ses voitures pendant qu'il joue avec le camion.*

Max. — *Est-ce que je pourrai jouer avec le camion à mon tour quand il aura terminé, maman ?*

Parent. — *Brian, Max aimerait être sûr que tu le laisseras jouer avec le camion quand tu auras terminé.*

Brian. — *D'accord. De toute façon, je ne vais pas jouer longtemps avec le camion.*

Parent. — *Max, Brian dit que ça lui convient.*

Max. — *C'est bon, alors.*

Parent. — *Bon, on dirait que vous avez résolu ce problème, n'est-ce pas ?*

Des parents nous ont rapporté de nombreux cas de résolution de conflit entre enfants qui se sont déroulés sur ce mode, avec le parent proposant d'utiliser la méthode sans perdant, puis faisant ensuite office de facilitateur entre les enfants à l'aide de l'écoute active. Aux parents qui ont du mal à croire qu'ils parviendront à impliquer leurs enfants dans l'approche sans perdant, rappelons que, en l'absence d'adultes, les enfants résolvent souvent leurs conflits ainsi, que ce soit à l'école, sur l'aire de jeux, en jouant, sur le terrain de sport et ailleurs. Lorsqu'un adulte est présent et se laisse entraîner dans le rôle de juge ou d'arbitre, les enfants sont tentés de le faire intervenir, chacun en appelant alors à l'autorité de l'adulte pour essayer de gagner aux dépens de l'autre.

En général, les parents apprécient beaucoup la méthode sans perdant pour résoudre les conflits entre enfants, car presque tous ont eu de mauvaises expériences en essayant d'aplanir des différends entre enfants. Immanquablement, lorsqu'un parent tente de résoudre un conflit, il y a toujours l'un des enfants qui trouve la décision du parent injuste et réagit alors avec de l'hostilité et du ressentiment vis-à-vis de l'adulte. Parfois, les parents s'attirent même la colère générale, par exemple en prenant aux enfants l'enjeu de la dispute (« Je confisque le camion, comme cela personne ne pourra s'amuser avec ! »)

De nombreux parents, après avoir essayé l'approche sans perdant et laissé aux enfants la responsabilité de trouver leur propre solution, nous confient combien *ils sont soulagés de ne plus se trouver en position de juge ou d'arbitre*. Ils nous disent : « Quel soulagement de ne plus devoir régler leurs conflits. Je finissais toujours par avoir le mauvais rôle, quelle que fût la décision que je prenais. »

Lorsqu'on laisse les enfants résoudre eux-mêmes leurs conflits avec cette méthode, cela a une autre conséquence : ils cessent progressivement de venir porter leurs disputes et leurs désaccords devant les parents. Au bout d'un moment, ils comprennent qu'aller voir le parent signifie que de toute façon, ils vont devoir trouver leur propre solution. Par conséquent, ils renoncent à cette habitude et se mettent à résoudre leurs conflits tout seuls. Un résultat qui ne déplaira pas à beaucoup de parents !

Lorsque les deux parents sont impliqués dans les conflits entre parents et enfants

Des problèmes épineux se posent parfois au sein de la famille lorsque surgissent des conflits impliquant les enfants et les deux parents.

Chacun pour soi

Il est essentiel que chaque parent s'engage dans la résolution de problème sans perdant «à titre individuel». Les adultes ne doivent pas se sentir obligés de faire «front commun» ou d'être systématiquement dans le même camp à chaque conflit, même si cette configuration se présentera parfois. L'élément essentiel, pour la résolution de conflit sans perdant, c'est que chaque parent soit lui-même; chacun doit exposer avec justesse ses propres sentiments, ses émotions et ses besoins. Chaque parent est un individu, distinct de l'autre parent dans le processus, et devra envisager la résolution de conflit comme une démarche impliquant différentes personnes, trois ou davantage, et non avec un camp des parents faisant front face aux enfants.

Certaines solutions envisagées durant la séance de résolution pourront être acceptables pour la mère et inacceptables pour le père. Parfois, le père et son fils adolescent pourront avoir le même point de vue sur un sujet donné, qui ne sera pas celui de la mère. D'autres fois, la mère sera du même avis que son fils, tandis que le père plaidera en faveur d'une solution différente. Et d'autres jours encore, le père et la mère auront des positions proches, éloignées de celles du fils. Il arrive aussi que tous les participants soient en désaccord. Les familles qui utilisent la méthode sans perdant découvrent que toutes ces configurations se présentent, en fonction de la nature du conflit. La clé, pour arriver à une résolution de conflit sans perdant, c'est que ces différences soient dépassées pour trouver une solution acceptable pour tout le monde.

Dans nos Ateliers, nous avons identifié, grâce aux témoignages des parents, les types de conflits qui suscitent généralement des points de vue très différents chez les pères et les mères.

- Les pères partagent plus souvent le point de vue des enfants dans les conflits impliquant un risque de blessures. Il semblerait que les pères acceptent plus facilement que les mères l'éventualité que les enfants se blessent.

- Les mères sont plus ouvertes que les pères à la perspective de voir leur fille s'engager dans une relation avec un garçon et sur tout ce qui tourne autour de cette thématique : maquillage, tenues vestimentaires, envoi de SMS et de photos. Les pères sont souvent réticents à l'idée que leurs filles fréquentent des garçons.

- Les pères et les mères sont souvent en désaccord sur les problèmes liés à l'heure du coucher.

- Les mères, en général, ont des exigences plus élevées que les pères en matière de rangement et de propreté dans la maison.

Indéniablement, les pères et les mères sont différents. Et si chacun est authentique et honnête, ces différences se manifesteront inévitablement lors des conflits entre les parents et leurs enfants. Lorsqu'ils expriment avec franchise les différences entre le père et la mère lors de la résolution du conflit, lorsqu'ils montrent leur nature humaine à leurs enfants, les parents découvrent que leurs enfants leur vouent un respect et une affection d'un genre nouveau. À cet égard, les enfants sont comme les adultes, eux aussi aiment les personnes qui se montrent humaines et ils apprennent à se méfier de celles qui ne le sont pas. Ils veulent avoir des parents authentiques, pas des figurants qui jouent un rôle de «parent», exprimant toujours un accord avec leur conjoint, réel ou feint.

Et si un parent utilise la Méthode III, et l'autre pas?

On nous demande souvent, dans nos Ateliers, s'il est possible qu'un parent résolve les conflits en utilisant la Méthode III, si l'autre ne le fait pas. La question se pose parce que les parents ne participent pas tous à nos Ateliers en couple, même si nous recommandons fortement que dans les familles composées de deux parents, l'un et l'autre participent.

Dans certaines situations où seul l'un des parents veut utiliser la méthode sans perdant (imaginons que ce soit la mère), elle commence tout simplement à résoudre tous ses conflits avec les enfants en utilisant cette méthode, tandis que le père continue à employer la Méthode I. Ce mode de fonctionnement n'entraîne pas forcément de difficultés importantes. Simplement, les enfants, bien conscients de la différence, se plaignent souvent auprès du père, pour lui dire qu'ils n'aiment plus son approche et qu'ils aimeraient qu'il adopte la même que leur mère. Certains pères réagissent en s'inscrivant à leur tour à un Atelier Parents. Voici un père représentatif, qui a dit, lors de son premier Atelier Parents:

> *« Je suis ici ce soir pour sauver ma peau, en quelque sorte, parce que je vois bien les bons résultats que ma femme obtient avec ses nouvelles méthodes. Sa relation avec les enfants s'est améliorée, ce qui n'est pas mon cas. Les enfants viennent lui parler, mais pas à moi. »*

Un autre père, lors de la première séance de l'Atelier Parent auquel il s'était inscrit après que sa femme avait suivi un Atelier précédent, a dit ceci :

> «*Mesdames, vous qui participez à cet Atelier sans vos maris, j'aimerais vous dire ce à quoi vous pouvez vous attendre de sa part. Lorsque vous commencerez à utiliser les nouvelles méthodes pour écouter les enfants, leur parler et résoudre les problèmes avec eux, ils se sentiront blessés, exclus. Ils auront le sentiment d'être dépossédés de leur rôle de père. Vous obtiendrez des résultats, et pas eux. Je me suis énervé contre ma femme et je lui ai dit : "Qu'est-ce que tu attends de moi ? Je n'ai pas suivi ton foutu cours, moi." Vous comprenez maintenant pourquoi je dis que je ne peux pas me permettre de ne pas suivre cette formation ?*»

Certains pères, qui n'acquièrent pas ces nouvelles compétences et qui persistent dans leur recours à la Méthode I, voient leur relation avec leur épouse s'altérer. Une femme nous a confié qu'elle a commencé à en vouloir à son mari, ce qui débouché sur de l'hostilité, car elle ne supportait plus de le voir résoudre les conflits en recourant à son pouvoir. «Je perçois maintenant tout le mal que la Méthode I fait aux enfants, et je ne peux pas rester les bras croisés, à le regarder malmener les enfants ainsi», a-t-elle confié au groupe. Une autre a dit : «Je vois qu'il est en train de détruire sa relation avec les enfants, ce qui me déçoit et m'attriste. Ils ont besoin d'une relation avec leur père, mais elle part rapidement à vau-l'eau.»

Certaines mères demandent l'aide des participants de leur Atelier Parents pour trouver le courage de parler ouvertement et avec franchise à leur mari. Je me souviens d'une jeune mère à qui l'Atelier a permis de prendre conscience combien elle avait peur de son conjoint et avait, pour cette raison, évité de lui dire ce qu'elle pensait de son utilisation de la Méthode I. Évoquer le sujet avec les autres participants lui a donné le courage de partager avec son mari les sentiments qu'elle avait identifiés au cours de l'Atelier :

> « J'aime trop mes enfants pour rester là sans rien dire pendant que tu leur fais du mal. Je sais que ce que j'ai appris dans les Ateliers Parents est meilleur pour eux et j'aimerais que toi aussi, tu apprennes ces méthodes. J'ai toujours eu peur de toi et je vois que tu as le même effet sur les enfants. »

L'effet de cette mise au point a surpris cette femme. Pour la première fois dans l'histoire de leur couple, il l'a écoutée. Il lui a dit qu'il ne s'était pas rendu compte à quel point il les dominait, elle et les enfants, et il a accepté de participer au prochain Atelier Parents de leur région.

Lorsque l'un des deux parents continue à employer la Méthode I, les choses ne se passent pas toujours aussi bien que dans cette famille. Je suis sûr que dans certaines familles, ce problème n'est jamais résolu. Bien que nous n'en ayons que rarement connaissance, il est probable que certains couples ne se rejoignent jamais sur leurs méthodes de résolution des conflits. Il se peut aussi qu'un parent ayant suivi nos formations revienne même à son ancien mode de fonctionnement, sous la pression d'un conjoint refusant de renoncer au pouvoir pour résoudre les conflits.

« Est-il possible de panacher les trois méthodes ? »

Occasionnellement, nous rencontrons un parent qui accepte la validité de l'approche sans perdant et qui est convaincu de son efficacité, sans toutefois être prêt à renoncer aux deux approches gagnant-perdant.

« Est-ce qu'un bon parent ne va pas utiliser un mélange judicieux de ces trois méthodes, en fonction de la nature du problème ? » a demandé un père dans l'un de mes Ateliers.

Si cette idée est compréhensible, compte tenu des réticences de certains parents à abandonner tout le pouvoir exercé sur leurs enfants, elle n'est pas tenable. Tout comme il n'est pas possible d'être « un peu enceinte », on ne peut pas être un peu démocratique dans la résolution des conflits. En réalité, les parents qui souhaitent utiliser un mélange de ces trois méthodes veulent en réalité se réserver le droit d'employer la Méthode I pour les conflits vraiment critiques. Autrement dit, leur point de vue est le suivant : « Sur les questions qui ne sont pas cruciales pour les enfants, je leur laisse voix au chapitre lors de la décision, mais je me réserve le droit de trancher sur les points très sensibles. »

Pour avoir vu des parents essayer cette approche mixte, nous pouvons constater, à la lumière de notre expérience, que cette démarche ne fonctionne tout simplement pas. Une fois qu'ils auront goûté au bonheur de résoudre un conflit sans perdant, les enfants vont en vouloir au parent qui revient à la Méthode I. Il se peut aussi qu'ils perdent tout intérêt pour la Méthode III qui ne sert qu'à résoudre les problèmes de moindre importance, et seront pleins de rancune d'être perdants sur les questions vraiment importantes.

La méthode du «judicieux mélange» a un autre effet négatif: c'est que les enfants se mettent à ne plus faire confiance à leurs parents lorsque la Méthode III est employée, car ils ont constaté que dès que les choses se compliquent et qu'un problème suscite des sentiments très forts chez le parent, celui-ci finira gagnant de toute façon. Alors, à quoi bon s'engager dans un processus de résolution de problème ? À chaque fois qu'un véritable conflit s'amorce, ils savent que l'adulte utilisera son pouvoir pour gagner, quoi qu'il arrive.

Certains parents s'arrangent en utilisant à l'occasion la Méthode I pour les problèmes qui ne suscitent pas de sentiments forts chez les enfants – les problèmes de moindre importance. En revanche, la Méthode III devrait toujours être utilisée lorsqu'un conflit est sensible, c'est-à-dire impliquant des convictions et des sentiments forts de la part de l'enfant. Peut-être est-ce un principe général, s'appliquant à toutes les relations humaines, que *lorsqu'un conflit a un enjeu qu'on ne trouve pas très important, on est disposé à céder au pouvoir de l'autre; en revanche, lorsque l'issue du conflit revêt une grande importance, on veut s'assurer qu'on a voix au chapitre dans la prise de décision.*

« Est-ce qu'il arrive que la méthode sans perdant ne fonctionne pas ? »

La réponse est: «Oui, bien sûr.» Dans nos ateliers, nous avons rencontré des parents qui, pour diverses raisons, n'arrivent pas à mettre en œuvre efficacement la Méthode III. Nous n'avons pas procédé à une étude systématique de ce groupe de parents. Mais lors de leur participation aux Ateliers Parents, les raisons de cet échec apparaissent souvent.

Certains ont trop peur d'abandonner leur pouvoir; la simple idée d'utiliser la Méthode III met en péril leurs valeurs et leurs convictions de longue date concernant la nécessité de recourir à l'autorité et au pouvoir dans l'éducation. Souvent, ces parents ont une perception extrêmement biaisée de la nature humaine. À leurs yeux, l'être humain n'est pas digne de confiance et ils sont convaincus que la disparition de l'autorité transformera leurs enfants en monstres sauvages et égoïstes. La plupart de ces parents n'essaient même pas d'appliquer la Méthode III.

Parmi ces parents ayant échoué avec la Méthode III, certains disent que leurs enfants ont tout simplement refusé d'adhérer à la démarche de résolution de problème sans perdant. En général, il s'agit d'adolescents d'un certain âge, qui ont déjà fait une croix sur leurs parents ou qui sont tellement amers ou en colère contre ceux-ci qu'ils se disent que la Méthode III apporterait à leurs parents des choses qu'ils ne méritent pas. J'ai reçu quelques-uns de ces enfants en thérapie, et je dois avouer que, souvent, je me suis dit que la meilleure chose pour eux serait de trouver le courage de couper les ponts avec leurs parents, de quitter le domicile familial et se mettre en quête de nouvelles relations plus satisfaisantes. L'un de ces adolescents, un lycéen perspicace, est arrivé tout seul à la conclusion que sa mère ne changerait jamais. S'étant familiarisé avec les principes de nos Ateliers Parents, en lisant les supports de formation de ses parents, ce garçon intelligent m'a confié :

> « C'est sûr, ma mère ne changera jamais. Elle n'applique jamais les idées développées dans les Ateliers Parents. J'imagine qu'il faut simplement que je cesse d'espérer qu'elle changera. C'est vraiment dommage, mais il n'y a rien à faire. Bon, il va falloir

que je me trouve un boulot et que je gagne assez d'argent pour
pouvoir partir de la maison. »

Toutes les personnes concernées par les Ateliers Parents en ont bien conscience : une formation de 24 heures ne peut pas changer tous les parents, notamment pas ceux qui appliquent leurs méthodes inefficaces depuis quinze ans, voire davantage. Chez certains, le programme ne parvient pas à provoquer un changement radical. C'est pourquoi il nous semble tellement important que les parents s'initient à cette nouvelle philosophie de l'éducation dès que leurs enfants sont petits. Comme dans toutes les relations humaines, les relations entre le parent et l'enfant peuvent tellement s'abîmer et se détériorer qu'elles deviennent irréparables, irrémédiablement.

14

Comment éviter
que vos enfants fassent
une croix sur vous

De plus en plus d'enfants font une croix sur leurs parents. À l'entrée dans l'adolescence, ces enfants rejettent leur père et leur mère, les renient, les congédient, coupent les ponts avec eux. Cela arrive dans des milliers de familles, toutes catégories socioprofessionnelles confondues. Par centaines, des enfants quittent leurs parents, physiquement ou psychologiquement, pour trouver des relations plus satisfaisantes ailleurs, souvent au sein de leur groupe d'amis.

Qu'est-ce qui explique ce phénomène? À la lumière de mon expérience acquise en travaillant avec des milliers de pères et de mères dans mes Ateliers Parents, je pense que ces jeunes ont vu leurs liens se distendre avec leur famille en raison du comportement de leurs parents, un comportement bien spécifique. Les enfants finissent par faire une croix sur leurs parents lorsque ceux-ci les houspillent et les harcèlent pour leur faire changer des convictions et des valeurs aux-quelles ces enfants tiennent. Les adolescents rompent avec leurs parents lorsqu'ils ont le sentiment que ceux-ci les privent de leurs droits civiques fondamentaux.

Ces parents perdent alors toute possibilité d'avoir une influence constructive sur leurs enfants, en cherchant trop désespérément et avec trop d'insistance à les influencer, préci-

sément dans les domaines où les adolescents tiennent le plus à
déterminer eux-mêmes leurs convictions et leur destin. Je vais
analyser ici ce problème délicat, puis proposer des méthodes
spécifiques pour **éviter d'être « congédié » par ses enfants** en
lien avec ces sujets.

Si la méthode sans perdant peut se révéler d'une efficacité
spectaculaire lorsque les parents possèdent les compétences
nécessaires, il existe des conflits inévitables que les parents
doivent s'attendre à ne pas pouvoir résoudre, même en utilisant correctement cette méthode, car ces conflits ne se prêtent
tout simplement pas à une résolution de problème avec la
Méthode III : il s'agit de ceux que nous qualifions de « col-
lision des valeurs ». Sur notre Fenêtre des comportements, ils
sont matérialisés de la manière suivante :

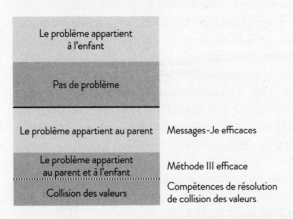

Si les parents essaient d'engager avec leurs enfants une
démarche de résolution de conflit pour ces collisions de
valeurs, l'échec est plus que probable. Dans nos Ateliers
Parents, faire comprendre et accepter cette difficulté aux
parents est ardu, car cela leur demande d'abandonner diverses

idées et convictions vieilles comme le monde sur le rôle des parents dans la société.

Lorsque surgissent des conflits familiaux sur des thèmes liés à des valeurs, convictions et goûts personnels chers à l'enfant, les parents devront les aborder différemment, car souvent, les enfants ne sont pas disposés à en débattre ni à entamer une démarche de résolution de conflit à ce sujet. Cela ne signifie pas que les parents devront renoncer à l'idée d'influencer leurs enfants en leur apprenant des valeurs. Simplement, pour être efficaces, ils devront recourir à une approche différente.

Question de valeurs

Inévitablement, des conflits surviennent entre le parent et l'enfant au sujet de comportements inextricablement liés aux convictions de l'enfant, à ses valeurs, à son style, à ses préférences et à sa philosophie de la vie. Prenons par exemple la coiffure (et la couleur des cheveux). Pour beaucoup d'enfants, la coiffure a une signification importante. Il n'est pas nécessaire pour le parent de comprendre toutes les subtilités de la signification symbolique de cette coiffure. Il est *essentiel*, en revanche, de comprendre combien il est important pour l'enfant de porter une certaine coiffure. Il lui accorde de la *valeur*. Pour lui, elle revêt une signification très importante. C'est la coiffure qu'il a *choisie* – dans un sens, il n'a pas seulement envie de porter cette coiffure, il en a *besoin*.

Toute tentative des parents de le frustrer dans ce besoin, ou tout effort entrepris pour le priver de ce qui a tant de valeur à ses yeux suscite presque immanquablement une forte résistance. À travers sa coiffure, l'adolescent exprime *qu'il trace sa voie, qu'il vit sa vie, qu'il agit selon ses valeurs et ses convictions.*

Essayez d'influencer votre fils à couper ses cheveux selon votre goût, et vous vous entendrez sans doute dire des choses comme :

« C'est mes cheveux. »

« Ça me plaît comme ça. »

« Lâche-moi. »

« J'ai le droit de me coiffer comme je veux. »

« Qu'est-ce que ça peut te faire ? »

« Je ne te dis pas comment te coiffer, alors laisse-moi tranquille. »

Si on les décrypte correctement, ces messages disent au parent : « Je considère que j'ai le droit d'avoir mes propres valeurs, à partir du moment où cela n'a pas de répercussions tangibles et concrètes pour toi. » Si mon fils me disait cela, je serais obligé de lui donner raison. Sa coiffure ne m'empêche d'aucune manière tangible et concrète de satisfaire mes besoins : ses cheveux ne vont pas me valoir un licenciement ni entraîner une baisse de mes revenus, ils ne vont pas m'empêcher de voir mes amis ni de m'en faire de nouveaux, ils ne vont pas nuire à mes résultats au golf, ils ne vont pas m'empêcher d'écrire ce livre ni d'exercer mon métier, et ils ne vont certainement pas m'empêcher de me coiffer comme je le veux. Et s'il les porte longs, cela ne me coûtera même pas d'argent.

Pourtant, la plupart des parents s'approprient divers comportements, comme la coiffure de l'adolescent, et en font des problèmes qui, à leurs yeux, leur appartiennent. Voici un échange rapporté par un parent qui a participé à nos Ateliers.

Parent. — *Je ne supporte pas cette coiffure. C'est horrible.*

Fils. — *Moi, j'aime bien.*

Parent. — *Tu n'es pas sérieux, là ? Tu as l'air négligé.*

Fils. — *Mais qu'est-ce que tu racontes ?*

Parent. — *Il va falloir trouver une solution pour résoudre ce conflit. Je ne peux pas accepter que tu sois coiffé ainsi. Qu'est-ce que nous pouvons faire ?*

Fils. — *Ce sont mes cheveux et je me coiffe comme je le veux.*

Parent. — *Est-ce que tu ne peux pas essayer de les arranger un peu, pour au moins avoir l'air soigné ?*

Fils. — *Est-ce que je te dis comment te coiffer, moi ?*

Parent. — *Non. Mais moi, je n'ai pas l'air d'un abruti.*

Fils. — *Arrête de me traiter d'abruti. Mes potes trouvent ça cool.*

Parent. — *Je m'en fiche. Moi, je trouve ça ignoble.*

Fils. — *Eh bien tu n'as qu'à pas me regarder.*

De toute évidence, cet adolescent n'est pas disposé à entreprendre une démarche de résolution de conflit au sujet de sa coiffure, parce que, comme il le dit, « Ce sont mes cheveux ». En insistant, le parent provoquerait un repli sur soi de son fils ; celui-ci couperait court à la discussion, sortirait du logement familial ou partirait dans sa chambre.

Malgré tout, les parents continuent à chercher à modifier ces comportements, et leur attitude entraîne presque invariablement des disputes, de la résistance et du ressentiment de la part des enfants, associés généralement à une forte détérioration des relations au sein de la famille.

Lorsque les enfants résistent énergiquement à ces tentatives de modifier des comportements qui, à leurs yeux, n'interfèrent pas avec les besoins des parents, ils font comme les adultes. Aucun adulte n'a envie de changer un comportement dont il sait qu'il ne fait de mal à personne. Les enfants comme les adultes se battent énergiquement pour préserver leur liberté lorsqu'ils ont le sentiment qu'on cherche à leur faire changer de comportement, alors que celui-ci n'interfère en rien avec les besoins d'autrui.

C'est l'une des erreurs les plus graves commises par les parents, et aussi l'une des raisons les plus fréquentes de leur inefficacité. Si les pères et les mères se contentaient de chercher à modifier les seuls comportements qui interfèrent avec leurs besoins, il y aurait bien moins de rébellion, bien moins de conflits, bien moins de relations détériorées au sein des familles. La plupart des parents critiquent, enjôlent et harcèlent leurs enfants pour les pousser à changer des comportements qui n'ont pas d'effet tangible et concret sur les adultes. En réaction, les enfants contre-attaquent, résistent, se rebellent ou claquent la porte.

Il n'est pas rare qu'en réaction, les enfants accentuent précisément ces comportements qu'on leur reproche, ce qu'on constate souvent en matière de coiffure, de vêtements, de tatouages ou de piercings. D'autres enfants, par peur de l'autorité parentale, cèdent à la pression, tout en nourrissant un ressentiment profond, voire de la haine, à l'égard de ces parents qui les ont contraints à changer.

De nos jours, **la rébellion des adolescents est en grande partie le fait des parents et des autres adultes qui exercent sur les jeunes une pression pour les pousser à modifier des comportements qui, aux yeux des adolescents, ne regardent qu'eux.** Les enfants ne se rebellent pas *contre les adultes*, ils se rebellent *contre la tentative des adultes de les priver de leur liberté.* Ils se rebellent contre les efforts entrepris pour les faire changer ou pour les façonner à l'image des adultes, contre le harcèlement des adultes, contre la contrainte exercée par les grandes personnes pour les amener à se comporter selon ce qu'elles jugent être bien ou mal.

Malheureusement, lorsque les parents cherchent à modifier des comportements qui n'interfèrent pas avec leur vie, ils perdent leur influence pour changer les autres comportements. Mon expérience avec des enfants de tous âges m'a permis de constater qu'en général, ils sont plutôt disposés à modifier leurs comportements lorsqu'ils voient clairement que ce qu'ils font interfère effectivement avec les besoins d'une autre personne. Lorsque les parents cantonnent leurs tentatives de modifier les comportements à ceux qui affectent effectivement autrui, ils constatent généralement que les enfants sont ouverts au changement, désireux de respecter les besoins des parents et disposés à résoudre les problèmes.

Les styles vestimentaires, tout comme les coiffures, sont chargés d'une valeur symbolique considérable pour les enfants. À mon époque, c'étaient les pantalons en velours côtelé jaune délavé et des chaussures derby sales (forcément très sales). Je me souviens que c'était un véritable rituel : après avoir acheté des chaussures, je les frottais avec de la boue avant de les porter pour la première fois. De nos jours, cela peut être différentes choses : jeans baggy, tatouages, piercings, baskets coûteuses et tout ce qui comporte un logo.

Comme je me suis battu pour avoir le droit de porter ces pantalons en velours et ces chaussures ! J'avais un fort besoin d'afficher ces symboles. Plus important encore, mes parents ne trouvaient pas d'argument démontrant que cette tenue avait un effet concret et tangible sur eux.

Dans certaines situations, l'enfant comprendra et acceptera le fait que sa tenue peut avoir un effet tangible et concret sur ses parents. C'est par exemple le cas de Jane, avec son problème de «manteau moche», dont j'ai déjà parlé à plusieurs reprises. Elle a compris qu'en parcourant le trajet jusqu'à l'arrêt de bus sans vêtement de pluie, elle pourrait tomber malade, ce qui lui ferait manquer l'école.

Un autre exemple de problème susceptible de donner lieu à une résolution sans perdant est celui concernant le souhait de ma fille d'aller seule à Newport Beach pour le week-end de Pâques. Il était clair pour elle que nous risquions de passer des nuits blanches, fous d'inquiétude, ou d'être réveillés en pleine nuit par un appel de la police, si elle se retrouvait avec un groupe de jeunes ayant commis une infraction.

Dans de rares situations, même un conflit sur la coupe de cheveux d'un adolescent peut faire l'objet d'une résolution de problème sans perdant, comme cela s'est produit dans une famille de ma connaissance. Le père, qui était proviseur d'un lycée, craignait d'avoir des problèmes dans son environnement professionnel, très conservateur, où les gens risquaient de voir dans la coiffure du fils un signe que le père était trop «cool» pour exercer sa fonction. Dans cette famille, le fils a accepté l'idée que ses cheveux pouvaient avoir un effet tangible et concret sur la vie de son père. Il a bien voulu changer de coiffure, par respect pour les besoins de son père.

Dans une autre famille, avec un contexte comparable, le résultat aurait pu être différent. L'idée, c'est que l'enfant doit accepter que son comportement a un effet tangible et concret sur le parent. Ce n'est qu'alors qu'il sera disposé à entamer la démarche de résolution de conflit sans perdant. La leçon à retenir, pour les parents, c'est qu'il vaut mieux pouvoir démontrer qu'un comportement spécifique de l'enfant a un effet tangible et concret sur leur vie, faute de quoi l'enfant ne sera pas disposé à négocier.

Parfois, les enfants sont d'accord pour cantonner leur comportement inacceptable à des moments ou à des endroits où le parent n'aura pas à les voir ou à les entendre. Et en contrepartie, l'adulte accepte de ne plus chercher à influencer l'enfant à ce sujet.

Voici d'autres comportements que des parents nous ont rapportés comme étant non négociables, leurs enfants n'ayant pas pu être convaincus qu'ils affecteraient leurs parents de manière tangible et concrète :

- Adolescente qui aime les tatouages ;
- Adolescent qui porte des jeans oversized et des chaussures très usées ;
- Adolescent qui apprécie un groupe d'amis que ses parents n'aiment pas ;
- Adolescent qui décide d'arrêter ses études universitaires pour devenir une star du rap ;
- Enfant qui traîne en faisant ses devoirs ;
- Enfant de 4 ans qui emporte son doudou partout ;
- Adolescente qui veut se faire faire un piercing sur le nez ou sur le nombril ;
- Adolescente qui aime les décolletés et les jupes très courtes ;
- Adolescent qui refuse d'aller à l'église ou au temple, etc.

Clairement, la Méthode III n'est pas destinée à façonner les enfants selon la volonté des parents. Si les parents tentent de s'en servir à cette fin, il y a fort à parier que les enfants verront clair dans leur jeu et résisteront. Les adultes risquent alors d'anéantir toute possibilité d'utiliser la Méthode III pour des problèmes qui les concernent réellement – comme les enfants qui n'accomplissent pas les tâches ménagères qui leur sont imparties, qui font trop de bruit, qui abîment des biens appartenant aux parents, qui ne respectent pas les limitations de vitesse en voiture, qui laissent traîner leurs vêtements partout, qui ne lâchent pas leur téléphone, qui monopolisent la télé ou l'ordinateur, qui ne rangent pas la cuisine après s'être préparé un en-cas, qui ne remettent pas les outils à leur place après s'en être servi, qui piétinent les plates-bandes, etc.

Question de droits civiques

Les conflits entre parents et enfants au sujet des cheveux et d'autres comportements qui, aux yeux des jeunes, n'affectent pas les adultes de façon tangible et concrète renvoient à la question des droits civiques des jeunes. Ils estiment qu'ils ont *le droit* de porter la coiffure de leur choix, les vêtements qui leur plaisent, etc. Et aujourd'hui comme par le passé, les jeunes sont prêts à batailler dur pour défendre ce droit.

Comme les adultes, les groupes ou les pays, les jeunes sont prêts à se battre pour préserver leurs droits. Ils vont mobiliser toutes leurs ressources pour résister à toute tentative d'entamer leur liberté ou leur autonomie. À leurs yeux, il s'agit d'enjeux importants, non négociables, sur lesquels ils ne sont pas disposés à faire de compromis ni à engager de démarche de résolution de problème.

Pourquoi les parents ne le voient-ils pas? Pourquoi les parents ne comprennent-ils pas que leurs fils et leurs filles sont des êtres humains, et qu'*il est dans la nature humaine de se battre pour sa liberté*, dès qu'elle est menacée par autrui? Pourquoi les parents ont-ils tant de mal à concevoir qu'il s'agit là d'une chose extrêmement basique et fondamentale, à savoir le besoin de l'individu de préserver sa liberté? Pourquoi les parents ne comprennent-ils pas que le respect des droits civiques doit commencer au sein de la famille ?

Une raison pour laquelle les parents ne considèrent que rarement leurs enfants comme des êtres humains possédant des droits civiques, c'est l'idée très répandue que les enfants « appartiennent » à leurs parents. Forts de cette certitude, ceux-ci justifient leurs efforts pour façonner leurs enfants, les modeler, les endoctriner, les modifier, les contrôler et leur faire subir des lavages de cerveau. Reconnaître aux enfants des droits civiques ou certaines libertés inaliénables présuppose qu'on les considère comme des êtres humains distincts des parents, comme des personnes indépendantes, qui ont leur vie à elles. Rares sont les parents qui envisagent leurs enfants ainsi lorsqu'ils assistent à leur premier Atelier Parents. Ils ont du mal à accepter l'idée d'accorder à leurs enfants la liberté de devenir ce qu'ils ont envie de devenir, dès lors que leur comportement n'interfère pas de manière concrète et tangible sur la possibilité du parent de satisfaire ses besoins.

« Ne puis-je pas inculquer mes valeurs à mes enfants ? »

C'est l'une des questions les plus fréquemment posées dans nos Ateliers, car la plupart des parents ressentent un impérieux besoin de transmettre à leur progéniture les valeurs qui leur tiennent le plus à cœur. À cela nous répondons : « Bien sûr. Non seulement vous pouvez leur transmettre vos valeurs, mais vous le ferez, inévitablement. » Les parents vont forcément transmettre leurs valeurs à leurs enfants, tout simplement parce que ceux-ci intégreront ces valeurs en observant ce que font leur père et leur mère, et en entendant ce qu'ils disent.

Le parent, un modèle

Les parents, comme bien d'autres adultes avec lesquels les enfants seront en contact en grandissant, sont des modèles pour eux. Les parents jouent perpétuellement le rôle d'exemple pour leurs fils et leurs filles, en montrant par leurs actes, plus encore que par leurs paroles, les valeurs qu'ils défendent et ce en quoi ils croient.

Les parents peuvent enseigner leurs valeurs et les transmettre en vivant en accord avec celles-ci. S'ils veulent que leurs enfants accordent de la valeur à l'honnêteté, les parents devront au quotidien faire preuve d'honnêteté. S'ils veulent que leurs enfants considèrent la générosité comme une valeur importante, ils devront faire preuve de générosité. Et s'ils veulent que leurs enfants adhèrent à des valeurs «chrétiennes», ils devront se comporter eux-mêmes en chrétiens. C'est la meilleure façon, et peut-être l'unique façon, pour des parents de transmettre leurs valeurs.

«Faites ce que je dis, pas ce que je fais»: voilà qui n'est pas une bonne approche pour transmettre aux enfants les valeurs parentales. Mieux vaut appliquer l'adage «Faites ce que je fais», pour accroître les chances d'influencer ou de changer un enfant.

Les parents qui aimeraient transmettre des valeurs d'honnêteté à leurs enfants n'œuvreront pas dans ce sens s'ils n'hésitent pas à mentir devant leurs enfants, par exemple si leur interlocuteur au téléphone leur lance une invitation qui ne leur dit rien: «Oh c'est dommage, nous aimerions beaucoup venir, mais nous attendons de la visite». Ou si papa raconte, à la table du dîner, comme il a été malin de gonfler ses frais déductibles en remplissant sa déclaration de revenus. Ou si la mère souffle à son fils: «Écoute, ne disons pas à papa combien j'ai dépensé pour le nouvel ordinateur». C'est le cas aussi si les deux parents ne disent pas toute la vérité à leurs enfants sur la vie, le sexe ou la religion.

Les parents qui veulent transmettre des valeurs de non-violence dans les relations humaines paraîtront hypocrites s'ils recourent aux châtiments corporels pour «éduquer». Je me souviens d'une caricature qui m'avait touchée, où on voyait un père qui donnait une fessée à son fils en hurlant: «J'espère que ça t'apprendra à ne pas taper ton petit frère!»

Les parents inculquent des valeurs à leurs enfants **en appliquant ces valeurs dans leur propre vie, pas en tentant de les leur imposer.** J'ai la ferme conviction que l'une des principales raisons qui pousse aujourd'hui les adolescents à rejeter avec véhémence quantité de valeurs de la société des adultes est qu'ils voient que *les adultes, bien souvent, n'appliquent pas eux-mêmes ce qu'ils prônent.* Déçus, ils constatent que leurs manuels scolaires ne leur disent pas toute la vérité sur leur pays et son Histoire, ou que leurs enseignants leur mentent par omission, en cachant certaines réalités de la vie.

Forcément, ils en veulent aux adultes qui prêchent des principes de morale sexuelle, alors que les films et les séries TV montrent des adultes aux comportements sexuels très éloignés des principes qu'on leur assène.

Alors oui, les parents peuvent transmettre leurs valeurs à leurs enfants, s'ils se les appliquent à eux-mêmes. Mais combien de parents le font vraiment? Oui, on peut inculquer ses valeurs à ses enfants, mais en montrant l'exemple, pas en recourant à la persuasion ou à l'autorité parentale. Inculquez-leur les valeurs qui comptent pour vous, en étant un exemple qui les met en pratique.

Les parents craignent que leurs enfants n'adhèrent pas à leurs valeurs. À juste titre : il est possible que cela se produise. Il est possible qu'ils n'aiment pas certaines idées de leurs parents, ou ils peuvent constater que certaines choses prônées par les parents produisent des effets que les jeunes n'aiment pas (c'est le cas de certains adolescents qui rejettent les choix professionnels, ultra-stressants et épuisants, de leurs parents, car ils y voient des « valeurs » qui produisent des maladies cardiovasculaires et du burn-out).

Lorsqu'ils craignent que leurs enfants n'adhèrent pas à leurs valeurs, les parents trouvent justifié d'utiliser leur pouvoir pour les imposer à leur progéniture. *« Ils sont trop jeunes pour avoir un avis sur la question » : c'est l'argument le plus souvent utilisé.*

Seulement voilà : est-il possible d'imposer des valeurs à une personne saine d'esprit, en recourant au pouvoir et à l'autorité ? Je ne le pense pas. À mon sens, il est probable que ces esprits que l'on tente d'influencer résisteront encore plus énergiquement à cette domination, souvent en défendant leurs convictions et leurs valeurs bec et ongles. Le pouvoir et l'autorité peuvent permettre de contrôler les actes d'autrui, mais ils n'influent que rarement sur les idées, les pensées et les convictions.

Le parent, un consultant

Les parents peuvent influer sur les valeurs de leurs enfants en montrant l'exemple. Ils peuvent aussi recourir à une autre approche pour leur enseigner ce qui, à leur sens, est « bon ou mauvais » : ils peuvent partager leurs idées, leurs connaissances et leurs expériences avec leurs fils et leurs filles, comme le fait un consultant sollicité par un client. Simplement, le bon consultant *partage* son savoir au lieu de prêcher, il *propose* sans imposer, il suggère mais n'exige pas. Autre élément plus important encore : le consultant qui connaît son métier partage, propose et suggère, une seule fois. L'intervenant efficace apporte à ses clients son savoir et son expérience, certes, mais il ne les harcèle pas, semaine après semaine, il ne les ridiculise pas s'ils n'adhèrent pas à ses idées, il n'insiste pas pour imposer son point de vue lorsqu'il perçoit une résistance chez son client. Le consultant efficace propose ses idées, puis *il laisse au client la responsabilité d'y adhérer ou de les rejeter*. Si un consultant se comportait comme le font la plupart des parents, ses clients mettraient rapidement fin à son contrat.

Les jeunes d'aujourd'hui «congédient» leurs parents, c'est-à-dire qu'ils les informent qu'ils n'ont pas besoin de leurs services – il est rare que les parents soient des consultants efficaces pour leurs enfants. Ils sermonnent, menacent, enjôlent, mettent en garde, persuadent, implorent, prêchent, font la morale et couvrent leurs enfants de honte, dans le but de les obliger à faire ce qui, selon eux, serait bon. Les parents reviennent à la charge, jour après jour, avec leurs messages moralisateurs ou leurs consignes. Ils ne laissent pas à l'enfant la responsabilité d'adhérer au message ou de le rejeter, mais assument eux-mêmes la responsabilité de ce que les enfants doivent apprendre. Lorsqu'ils agissent en consultants, les parents se disent, dans leur grande majorité, que leurs clients doivent suivre leurs conseils. Et quand ils ne le font pas, les parents considèrent qu'il y a échec.

Les parents se rendent coupables de «forcing». Pas étonnant, donc, que dans la plupart des familles, les enfants disent à leurs parents : «Laisse-moi tranquille», «Arrête de me harceler», «Je sais ce que tu penses, pas la peine de me le répéter

tous les jours», «Arrête de me faire la leçon», «Ça suffit» ou
«Au revoir!»

La leçon à retenir pour les parents, c'est qu'ils peuvent être
des consultants précieux pour leurs enfants, en partageant
avec eux leurs idées, leur expérience, leur sagesse, à condition
qu'ils pensent bien à adopter la posture d'un véritable consultant *efficace*, afin de ne pas se faire congédier par les clients
qu'ils souhaitent aider.

Si vous pensez posséder des connaissances utiles sur les
méfaits du tabac, parlez-en à vos enfants. Si vous considérez
que la religion a joué un rôle important dans votre vie, parta-
gez cette expérience avec vos enfants. Si vous tombez sur un
article intéressant sur les effets de la drogue chez les jeunes,
donnez l'article à vos enfants ou lisez-le à haute voix à votre
famille. Si vous avez des informations sur l'intérêt de faire des
études universitaires, partagez-les avec vos enfants. Si vous
avez appris, dans votre jeunesse, comment rendre les devoirs
moins fastidieux, faites-en profiter les intéressés. Et vous avez
des connaissances à transmettre sur les comportements sexuels
à risque, faites-en profiter vos enfants, au moment opportun.

J'aimerais faire une autre suggestion, issue de mon expérience personnelle de consultant. J'ai appris que mon outil le
plus précieux, face à mes clients, est l'écoute active. Lorsque
je propose des idées nouvelles, mes clients font presque toujours preuve, initialement, de résistance et se mettent sur la
défensive, en partie parce que ces idées sont parfois à l'opposé
de leurs convictions ou schémas habituels. Lorsque j'arrive à
écouter activement ces sentiments, ils se dissipent généralement et les idées nouvelles sont adoptées. Les parents désireux de transmettre à leurs enfants leurs convictions et leurs
valeurs doivent savoir que leurs enseignements susciteront

de la résistance et se montrer ouverts aux objections. *Lorsque vous percevez de la résistance, n'oubliez pas de pratiquer l'écoute active*, précieuse lorsque vous vous positionnerez en consultant auprès de vos enfants.

Aux parents qui participent à nos Ateliers et à eux qui lisent ce livre, nous disons ceci : « Oui, vous pouvez essayer de transmettre vos valeurs à vos enfants, mais cessez donc de faire le forcing ! » Énoncez-les clairement, mais arrêtez de les asséner à vos enfants. Partagez-les généreusement, mais ne prêchez pas. Offrez-les, en confiance, mais ne les imposez pas. Puis mettez-vous en retrait, avec élégance, et laissez vos « clients » décider s'ils vont adhérer à vos idées ou les rejeter. Et n'oubliez pas de pratiquer l'écoute active ! Si vous faites tout cela, vos enfants pourraient bien recourir de nouveau à vos services. Ils pourraient bien trouver en vous un interlocuteur précieux et un consultant utile, qu'ils n'auront pas envie de congédier.

« Accepter ce que je ne peux changer »

Les lecteurs se souviennent peut-être de la prière de Reinhold Niebuhr, souvent citée. La voici, de mémoire :

> *« Mon Dieu, donnez-moi le courage de changer les choses que je peux changer, la sérénité d'accepter celles que je ne peux pas changer, et la sagesse de les distinguer les unes des autres. »*

« La sérénité d'accepter celles que je ne peux changer » : voilà qui illustre parfaitement mon propos. Car il y a de nombreux comportements de vos enfants que vous ne pourrez tout simplement pas changer. C'est un fait, qu'il faut accepter.

De nombreux parents opposent une vive résistance à l'idée d'être relégués au rang de consultants pour leurs enfants. Ils nous disent :

> *« Mais il est de ma responsabilité de veiller à ce que mon enfant ne fume pas. »*
>
> *« Je dois utiliser mon autorité pour l'empêcher d'avoir des comportements à risque. »*
>
> *« Pas d'accord pour intervenir simplement comme un consultant sur la question du haschisch. Je dois tout faire pour empêcher mon fils d'en consommer. »*
>
> *« Je n'ai pas envie de laisser mon enfant faire l'impasse sur ses devoirs tous les soirs. »*

De manière compréhensible, certains comportements suscitent chez beaucoup de parents des sentiments si forts qu'ils ne veulent pas renoncer à l'idée d'essayer d'influencer leurs enfants. Cependant, un regard plus objectif sur la question les convainc généralement qu'ils n'ont pas d'autre choix que de renoncer, d'accepter ce qu'on ne peut changer.

Prenons la cigarette. Imaginons que les parents aient fourni toutes les informations nécessaires à leur fille adolescente (leur propre mauvaise expérience avec le tabac, les mises en garde des organismes officiels, des articles de magazine) et que l'adolescente décide malgré tout de continuer à fumer. Que peuvent faire les parents ? S'ils essaient de lui interdire de fumer dans la maison, elle le fera sans doute à l'extérieur (et aussi certainement à la maison, en l'absence des parents). De toute évidence, ils ne peuvent pas suivre leur fille partout dès qu'elle sort, ni rester toujours avec elle quand elle est à la maison. Même s'ils la surprennent une cigarette à la main, que peuvent-ils faire ? S'ils la punissent en la privant de sorties, elle attendra la fin de la punition et recommencera à fumer dès qu'elle pourra de nouveau sortir. En théorie, ils peuvent menacer de l'expulser du logement, mais rares sont les parents disposés à brandir pareille menace, conscients qu'ils risquent de devoir la mettre à exécution. Par conséquent, les parents n'ont pas d'autre choix que d'accepter qu'ils ne peuvent pas empêcher leur enfant de fumer. Une mère a très bien résumé son dilemme : «La seule façon d'empêcher ma fille de fumer serait de l'enfermer dans sa chambre.»

Les devoirs, sources de conflit dans bien des familles, constituent un autre exemple. Que peuvent faire les parents si l'enfant ne fait pas ses devoirs? S'ils l'envoient dans sa chambre, il va probablement écouter de la musique, chatter avec ses amis ou faire mille autres choses que ses devoirs. Le fait est qu'on ne peut obliger quelqu'un à apprendre ou à étudier. «On peut conduire le cheval à la rivière, mais on ne peut l'obliger à boire.» Ce proverbe s'applique aussi aux devoirs.

Et qu'en est-il des relations sexuelles? Le même principe s'applique. Il est impossible pour les parents de surveiller leurs enfants en permanence. Dans l'un de mes Ateliers Parents, un père a dit : «Autant renoncer à l'idée d'empêcher ma fille d'avoir une vie sexuelle, parce que je ne peux pas m'installer sur la banquette arrière de la voiture à chaque fois qu'elle sort!»

D'autres comportements peuvent être ajoutés à la liste des choses sur lesquelles les parents n'ont pas de prise : tenues vestimentaires provocantes, alcool, comportement à l'école, fréquentations, consommation de cannabis, etc. La seule chose que le parent puisse faire, c'est d'essayer d'influencer l'enfant en montrant l'exemple, en intervenant comme un consultant et en développant avec lui une relation «thérapeutique».

Ensuite, que peut-il faire d'autre ? À mon sens, rien, hormis
d'accepter le fait qu'au fond, il ne peut empêcher ces comportements si l'enfant est déterminé à les adopter.

Peut-être est-ce là le prix à payer pour être parent. On
peut faire de son mieux, puis espérer que tout se passe pour le
mieux. Mais sur le long terme, on prend le risque de constater
que tous les efforts déployés n'ont pas été suffisants. Alors,
vous aussi pourriez bien implorer : « Seigneur, donnez-moi la
sérénité d'accepter ce qui ne peut être changé. »

15

Comment les parents peuvent éviter les conflits en changeant

Voici le dernier concept que nous soumettons aux parents : ils pourront empêcher bien des conflits entre leurs enfants et eux en changeant certaines de leurs attitudes. Si nous présentons cette idée à la fin de cet ouvrage, c'est parce que les parents peuvent percevoir comme une menace le fait de s'entendre dire que parfois, ce sont eux qui devraient changer, et non leurs enfants. Il est bien plus facile pour les parents d'accepter de nouvelles méthodes pour faire changer leurs enfants et de nouvelles méthodes pour modifier l'environnement que d'accepter l'idée de procéder à des changements en eux-mêmes.

Dans notre société, la parentalité est davantage envisagée comme une manière d'influer sur la croissance et le développement des enfants que sur la croissance et le développement des parents. Trop souvent, être parent signifie « élever » des enfants : ce sont eux qui doivent s'adapter aux parents. On parle d'enfants difficiles, mais jamais de parents difficiles. Ni même de relations parent-enfant difficiles.

Pourtant, tous les parents le savent : dans leurs relations avec un conjoint, un ami, un parent, un supérieur hiérarchique ou un collègue, il y a des situations où il faut évoluer pour éviter des conflits graves ou pour préserver la qualité de la relation. Nous avons tous déjà changé d'attitude au sujet du comportement d'une autre personne – pour mieux accepter la façon d'être de l'autre en changeant notre propre attitude face à ce comportement. Peut-être avez-vous été très contrarié par l'attitude d'un ami, qui arrive systématiquement en retard aux rendez-vous ? Puis au fil des ans, vous vous êtes fait une raison, peut-être même avez-vous commencé à en rire et à le taquiner à ce sujet ; vous acceptez ces retards comme une caractéristique de cette personne. Son comportement n'a pas changé. C'est votre attitude qui a évolué. Vous vous êtes adapté. Vous avez changé.

Les parents, eux aussi, peuvent changer d'attitude face aux comportements de leurs enfants.

La mère de Dana a commencé à mieux accepter le besoin de sa fille de porter des jupes très courtes en repensant à la période de sa propre vie où elle-même avait adopté la mode des minijupes et des grandes bottes, à la consternation de sa propre mère.

Le père de Ricky, 3 ans, s'est mis à mieux accepter l'hyperactivité de son fils en découvrant, dans un groupe de discussion réunissant d'autres parents, que ce type de comportement était très courant chez les garçons de cet âge.

Les parents seront bien avisés de comprendre qu'ils peuvent réduire le nombre de comportements qu'ils trouvent inacceptables en changeant eux-mêmes, afin de mieux accepter le comportement de leurs enfants, ou des enfants en général.

Changer dans ce sens n'est pas aussi difficile qu'on pourrait le croire. Beaucoup de parents deviennent beaucoup plus indulgents après leur premier enfant, et parfois même encore plus indulgents après le deuxième et le troisième. Ils peuvent aussi mieux accepter les comportements de leur progéniture après avoir lu un livre sur l'éducation, après avoir assisté à une conférence sur l'éducation des parents ou après avoir eu une expérience de l'encadrement de jeunes. L'exposition directe aux enfants, ou même les connaissances acquises grâce à l'expérience d'autres personnes peut considérablement influer sur l'attitude des parents. Il existe encore bien d'autres façons de changer pour mieux accepter les comportements des enfants.

Pourrez-vous mieux vous accepter vous-même?

Des études montrent qu'il existe un lien direct entre l'acceptation d'autrui et l'acceptation de soi. Une personne qui s'accepte elle-même sera plus encline à faire preuve d'une forte acceptation vis-à-vis des autres. En revanche, les gens qui ne sont pas tolérants avec eux-mêmes ont généralement du mal à l'être avec les autres.

Tout parent devra se poser une question fondamentale : « Est-ce que j'aime ce que je suis ? »

Si la réponse sincère révèle un manque d'acceptation de l'individu qu'il est, ce parent gagnera à réexaminer sa propre vie afin de trouver des moyens de se sentir plus épanoui grâce à ses accomplissements. Les individus qui ont une forte acceptation de soi et une bonne estime de soi sont généralement des personnalités productives qui mettent à profit leurs talents, qui valorisent leur potentiel, qui accomplissent des choses et qui sont dans l'action.

Les parents qui parviennent à satisfaire leurs besoins grâce à leurs propres actions productives, non seulement s'acceptent mieux eux-mêmes, mais ils ne cherchent pas à satisfaire leurs besoins à travers le comportement de leurs enfants. Ils n'ont pas besoin que leurs enfants évoluent dans une certaine direction. Les personnalités qui ont une bonne estime de soi, construite sur le socle solide de leurs propres accomplissements indépendamment de leurs enfants, sont plus tolérantes avec leurs enfants et le comportement de ceux-ci.

Si en revanche un parent n'a que peu, voire pas du tout, de sources de satisfaction et d'estime de soi dans sa propre vie et s'il est fortement tributaire, pour cela, du regard que les autres portent sur ses enfants, il n'aura sans doute pas un fort degré d'acceptation vis-à-vis de ses enfants – notamment des comportements susceptibles à ses yeux de le faire passer pour un mauvais parent.

Tributaire de cette «acceptation de soi indirecte», ce parent ressentira le besoin de voir ses enfants adopter certains comportements spécifiques. Et il sera plus enclin à ressentir de l'inacceptation à leur égard et à être fâché avec eux s'ils s'écartent de ce qu'il attend.

Produire des «enfants réussis» – avec d'excellents résultats scolaires, une vie sociale bien remplie, des performances sportives, etc. – est devenu un signe extérieur de réussite pour bien des parents. Ils éprouvent le «besoin» d'être fiers de leurs enfants. **Ils ont besoin de voir leurs enfants se comporter d'une manière qui fera d'eux de bons parents aux yeux des autres.** Dans un sens, bien des gens se servent de leurs enfants pour se valoriser et booster leur estime de soi. Si un père ou une mère n'a pas d'autre source d'estime de soi et de sentiment d'avoir de la valeur, ce qui est malheureusement le cas de beaucoup de parents dont la vie se limite à l'éducation d'«enfants réussis», le décor est planté pour une dépendance à l'égard des enfants. Or ceci rend les parents excessivement anxieux et extrêmement tributaires du fait de voir leurs enfants adopter certains comportements.

À qui appartiennent nos enfants ?

Beaucoup de parents justifient leurs tentatives énergiques de façonner leurs enfants selon des schémas prédéfinis en disant : « Après tout, ce sont mes enfants, non ? » ou « Est-ce les parents n'ont pas le droit d'influencer leurs enfants pour qu'ils fassent ce qui est souhaitable à leurs yeux ? »

Un parent qui considère que son enfant lui appartient, et qu'il a donc le droit de le façonner d'une certaine manière, sera bien plus enclin à ne pas accepter un comportement qui s'écarte du schéma prédéfini. Le parent qui envisage son enfant comme un être humain distinct et même différent de lui – un individu qui n'appartient pas à ses parents – fera preuve d'une plus grande acceptation vis-à-vis de l'enfant, car il n'y a pas de moule, pas de schéma prédéterminé pour lui. Ce parent pourra plus facilement accepter le caractère unique de cet enfant, plus facilement l'autoriser à devenir ce dont il est génétiquement capable.

Un parent avec un fort degré d'acceptation sera disposé à laisser l'enfant choisir son propre chemin de vie ; un parent avec une acceptation moindre, quant à lui, ressentira le besoin de régenter la vie de l'enfant.

Nombre de parents envisagent leurs enfants comme des « prolongements d'eux-mêmes », ce qui les amène souvent à faire leur possible pour les influencer à devenir ce qui, à leurs yeux, définit de « bons enfants » ou ce qu'ils n'ont pas pu devenir eux-mêmes, à leur grand regret. Les spécialistes de psychologie humaniste parlent volontiers de « personne distincte ». De nombreux témoignages montrent que, dans une relation saine, chacun permet à l'autre d'être un individu « distinct ». Plus cette attitude est marquée, moins on ressent le besoin de changer l'autre et d'être intolérant quant à son individualité et aux différences de comportement.

Dans mon travail de clinicien auprès des familles et dans les Ateliers Parents, je suis souvent amené à rappeler la chose suivante aux parents : «Vous avez créé une vie, maintenant confiez-la à votre enfant. Laissez-le décider de ce qu'il veut faire de cette vie que vous lui avez donnée.» Khalil Gibran a magnifiquement exprimé ce principe dans son livre *Le prophète*:

> «*Vos enfants ne vous appartiennent pas.*
> *Ils sont les fils et les filles de l'appel de la vie à elle-même,*
> *Ils viennent à travers vous, mais pas de vous.*
> *Et bien qu'ils soient avec vous, ils ne vous appartiennent point.*
> *Vous pouvez leur donner votre amour, mais pas vos pensées,*
> *Car vos enfants ont leurs propres pensées...*
> *Vous pouvez tenter d'être comme eux, mais pas de les faire comme vous.*
> *Car la vie ne s'écoule pas en arrière, et elle ne s'attarde pas sur hier.*»

Les parents peuvent évoluer et réduire le nombre de comportements qui leur semblent inacceptables **en admettant l'idée que leurs enfants ne leur appartiennent pas, qu'ils ne sont pas des prolongements d'eux-mêmes, mais des êtres distincts, uniques.** Un enfant a le droit de devenir ce qu'il est capable d'être, fût-ce très différent de ce qu'est le parent et des projets qu'il avait nourris pour l'enfant. C'est un droit *inaliénable*.

Aimez-vous vraiment les enfants?
Ou seulement un certain type d'enfants?

Je connais des parents qui affirment aimer les enfants mais qui, par leur comportement, montrent clairement qu'ils n'aiment que certains types d'enfants. Les pères qui valorisent le sport rejettent souvent, de façon tragique, un fils dont les centres d'intérêt et les talents sont éloignés du sport. Les mères qui valorisent la beauté physique peuvent rejeter une fille qui n'est pas conforme au stéréotype culturel de la beauté féminine. Les parents dont la vie a été enrichie par la musique font souvent sentir à un enfant peu porté sur cet art combien ils le trouvent décevant. Les parents qui valorisent la réussite scolaire et universitaire pourront provoquer des dommages émotionnels irréparables chez un enfant qui ne possède pas ce type spécifique d'intelligence.

Les parents jugeront moins de comportements inacceptables s'ils prennent conscience qu'il existe une infinie diversité d'enfants qui viennent au monde, et une infinie diversité de voies pour ceux-ci à emprunter. La beauté de la nature et le miracle de la vie résident dans l'infinie diversité du vivant.

Je dis souvent aux parents: **« N'attendez pas de votre enfant qu'il devienne quelque chose en particulier, attendez simplement de lui qu'il devienne. »** Cette attitude permettra inévitablement de ressentir de plus en plus d'acceptation pour chaque enfant et d'éprouver de la joie et de l'exaltation en observant chacun d'eux « devenir ».

Vos valeurs et vos convictions sont-elles les seules justes?

Indéniablement, les parents sont plus âgés et plus expérimentés que leurs enfants. Ce qui est beaucoup moins indéniable, c'est que leur expérience ou leur savoir spécifiques leur ont donné un accès exclusif à la vérité ou leur ont apporté une sagesse suffisante pour savoir en toutes circonstances ce qui est bon ou mauvais. « L'expérience est un bon maître », dit-on. Cependant, elle n'enseigne pas toujours ce qui est bon. Le savoir est préférable à l'ignorance, mais le savoir ne va pas toujours de pair avec la sagesse.

J'ai été saisi de constater que bien souvent, les parents qui ont de graves problèmes dans leur relation avec leurs enfants ont aussi des idées très tranchées et très rigides sur ce qui est bien ou mal. *Plus ces parents sont convaincus de la justesse de leurs valeurs et de leurs convictions, plus ils ont tendance à les imposer à leurs enfants* (et généralement aussi à autrui). Par conséquent, ces parents vont ressentir de l'inacceptation face à des comportements qui s'éloignent de leurs valeurs et de leurs convictions.

Les parents ayant un système de valeurs et des convictions plus souples, plus perméables, plus ouverts au changement, moins manichéens, seront beaucoup plus enclins à accepter des comportements éloignés de leurs valeurs et de leurs convictions. Ici aussi, j'ai observé que ces parents ont moins tendance à imposer des schémas prédéfinis à leurs enfants ou à vouloir les façonner pour les faire entrer dans des cases. Ces parents auront plus de facilités à accepter que leur fils se rase les cheveux, même s'il s'agit d'un choix qu'ils ne feraient pas eux-mêmes; à accepter des comportements sexuels différents, des styles vestimentaires moins conformistes ou une attitude de rébellion face à l'autorité scolaire. Ces parents parviennent à accepter l'idée que le changement est inéluctable, «que la vie ne s'écoule pas vers l'arrière et ne s'accroche pas au passé», que les valeurs et les convictions d'une génération ne sont pas nécessairement celles de la suivante, que notre société a besoin d'améliorations, qu'il y a des choses contre lesquelles il est bon de protester énergiquement, et que l'autorité irrationnelle synonyme de répression mérite souvent qu'on lui oppose de la résistance. Les parents ayant une telle attitude trouveront plus souvent les comportements de la jeunesse compréhensibles, justifiés et réellement acceptables.

Votre relation avec votre conjoint est-elle votre priorité ?

Beaucoup de parents se tournent vers leurs enfants pour vivre une relation privilégiée, et non vers leur conjoint. Les mères, en particulier, comptent beaucoup sur leurs enfants pour leur apporter des satisfactions et des bonheurs qu'elles devraient tirer de leur couple. Souvent, cela conduit à «faire passer les enfants d'abord», à «se sacrifier pour les enfants» ou à compter énormément sur «la réussite» des enfants, en raison du fort investissement des parents dans la relation avec ceux-ci. Pour ces adultes, le comportement de leurs enfants revêt alors une importance excessive, il devient par trop crucial. Ces pères et ces mères considèrent qu'il faut perpétuellement surveiller, diriger, guider, suivre et évaluer les enfants. Ils ont bien du mal à les laisser commettre des erreurs ou des faux pas, considérant qu'il est de leur devoir de les protéger de ces expériences de l'échec, de les préserver de tous les dangers.

Les parents efficaces parviennent à avoir une relation beaucoup plus détendue avec leurs enfants. Car leur relation privilégiée, c'est avec leur conjoint qu'ils l'entretiennent. Les enfants occupent une place importante dans leurs vies, mais une place presque secondaire – si ce n'est secondaire, du moins pas aussi primordiale que celle du couple. Ces parents accordent à leurs enfants bien plus de libertés et d'indépendance. Ils aiment leur consacrer du temps, mais pour des périodes limitées ; ils aiment aussi passer du temps seuls en couple. Leur investissement affectif ne porte pas seulement sur les enfants mais aussi sur le couple. Le comportement ou la réussite des enfants, par conséquent, ne leur apparaissent donc pas d'une importance aussi cruciale. Ils sont davantage en mesure de considérer que leurs enfants vivent leur vie et qu'il est bon de leur accorder davantage de liberté pour se construire. Ces parents, semble-t-il, corrigent leurs enfants moins souvent et surveillent moins leurs activités. Ils peuvent être présents en cas de besoin, mais ils ne ressentent pas un besoin irrépressible d'intervenir ou de s'immiscer dans la vie des enfants sans y avoir été invités. En général, ils ne négligent pas leurs fils et leurs filles. Ils sont concernés, mais sans anxiété. Ils s'intéressent à eux, sans les étouffer. « Les enfants sont des enfants », telle est leur devise, qui leur permet de mieux accepter ce qu'ils sont – à savoir des enfants. Les parents efficaces s'amusent souvent de l'immaturité ou des travers de leurs fils et de leurs filles, au lieu d'en être anéantis.

Les parents de cette deuxième catégorie, de toute évidence, tendent à avoir une acceptation beaucoup plus forte ; les comportements qui les contrarient sont plus rares. Ces parents ont moins besoin de contrôler, de limiter, d'ordonner, de restreindre, de réprimander, de sermonner. Ils peuvent octroyer à leurs enfants davantage de liberté – davantage de « séparation ». Les parents du premier groupe, eux, ont besoin de contrôler, de limiter, d'ordonner, de restreindre, etc. Comme c'est avec l'enfant qu'ils entretiennent une relation privilégiée, et non avec leur conjoint, ces personnes éprouvent un besoin puissant de surveiller le comportement de leurs fils et de leurs filles, et de programmer leur vie.

Je comprends mieux maintenant pourquoi **les parents qui entretiennent une relation peu satisfaisante avec leur conjoint ont tant de mal à faire preuve d'acceptation avec leurs enfants : ils ont trop besoin que ceux-ci leur apportent les joies et les satisfactions que leur couple ne leur procure pas.**

Les parents peuvent-ils changer d'attitude ?

La lecture de ce livre ou la participation à un Atelier Parents peuvent-elles amener des changements d'attitude chez les parents ? Peut-on apprendre à mieux accepter ses enfants ?

Auparavant, j'aurais été sceptique. Comme la plupart des professionnels de l'aide, j'avais certaines idées préconçues qui me venaient de ma formation académique. La plupart d'entre nous se sont vu enseigner l'idée que les individus ne changent guère, à moins d'entreprendre une psychothérapie intensive aux côtés d'un thérapeute professionnel, pendant six mois à un an, voire davantage.

Ces dernières années, un changement radical est intervenu dans la pensée des « agents d'aide » professionnels. Nous avons quasiment tous pu observer des changements considérables d'attitude et de comportement chez des personnes ayant eu l'expérience d'une thérapie individuelle ou familiale, d'un suivi par un conseiller conjugal et familial, des séminaires de développement personnel, des livres, des vidéos et des podcasts. La plupart des professionnels (ainsi que de nombreux parents) acceptent désormais l'idée qu'un individu peut changer, considérablement même, lorsqu'il a la possibilité d'apprendre et de mettre en pratique des compétences en matière de communication et de résolution de conflit.

Quasiment tous les participants à nos Ateliers Parents (aux États-Unis et partout dans le monde) se rendent compte au cours de la formation que leurs attitudes et méthodes actuelles dans l'exercice de leur parentalité laissent à désirer. Nombre d'entre eux ont constaté leur inefficacité avec un ou plusieurs enfants ; d'autres craignent les conséquences à terme de leurs méthodes actuelles ; tous ont parfaitement conscience qu'à l'entrée des enfants dans l'adolescence, ils sont nombreux à rencontrer des problèmes et que tant de relations parent-enfant se détériorent.

Par conséquent, la plupart des participants à nos Ateliers Parents sont disposés à changer, c'est-à-dire à apprendre des méthodes nouvelles, plus efficaces, à éviter les erreurs des autres parents (ou les leurs) et à découvrir toute technique susceptible de leur faciliter la tâche. Jamais nous n'avons rencontré de parents ne souhaitant pas s'améliorer dans la façon d'élever leurs enfants.

Compte tenu de tous ces éléments, il n'est pas étonnant que les Ateliers Parents induisent des changements d'attitude et de comportement considérables chez les participants. Voici un aperçu de ce que nous disent les parents, par e-mail ou sur les fiches d'évaluation que nous faisons remplir à l'issue des formations :

> « *Si seulement nous avions pu suivre cette formation voici des années, avant que nos enfants deviennent adolescents…* »

> « *Nous traitons désormais nos enfants avec le même respect que nos amis.* »

« Je me dis que j'ai de la chance d'avoir pu suivre cette formation. Plus que cela, le regard que je porte sur le genre humain en général s'est élargi et désormais, j'accepte mieux les gens pour ce qu'ils sont, je les considère différemment. »

« J'ai toujours aimé les enfants. Mais maintenant, j'apprends à les respecter aussi. Les Ateliers Parents ne sont pas simplement des formations à la communication avec les enfants. Pour moi, c'est toute une philosophie de la vie. »

« J'ai compris à quel point j'avais sous-estimé mes enfants et combien je les avais affaiblis en les surprotégeant et en leur accordant une attention excessive. J'ai suivi diverses formations pour parents, qui n'ont fait que renforcer mon sentiment de culpabilité et m'inciter à poursuivre mes tentatives d'être une "maman parfaite". »

« Rétrospectivement, j'ai du mal à croire que j'aie été tellement sceptique et que j'aie eu si peu foi en mes enfants. En découvrant qu'ils géraient leurs émotions et leurs problèmes bien mieux que je ne l'avais jamais fait, j'ai senti un poids immense déchargé de mes épaules et j'ai commencé à vivre pour moi. J'ai repris des études et je suis devenue beaucoup plus heureuse et épanouie, ce qui a fait de moi un meilleur parent. »

Les parents ne sont pas tous capables de réussir le changement d'attitude nécessaire pour mieux accepter leurs enfants. Certains se rendent compte que leur couple n'est pas une source d'épanouissement, de sorte que l'un d'eux, voire les deux, ne peuvent être un parent efficace. Soit ils ont du mal à trouver le temps et l'énergie nécessaires à consacrer aux enfants, trop accaparés qu'ils sont par les conflits au sein du couple, soit ils constatent qu'ils n'arrivent pas à éprouver de l'acceptation pour leurs enfants, car ils ne s'acceptent pas comme mari et femme.

D'autres parents ont du mal à renoncer à un système de valeurs reposant sur l'oppression, transmis par leurs propres parents, et qui les pousse désormais à être excessivement critiques face à leurs enfants, pour qui ils peinent à ressentir de l'acceptation. D'autres encore ne parviennent pas à modifier leur attitude de « propriétaire » face à leurs enfants ou leur engagement corps et âme pour faire entrer leur progéniture dans un moule prédéfini – une attitude qu'on retrouve essentiellement chez les parents fortement influencés par les dogmes de diverses sectes religieuses, qui inculquent aux parents qu'il est de leur devoir de rendre leurs enfants croyants, même s'il faut pour cela recourir au pouvoir et à l'autorité des parents ou utiliser des méthodes proches du lavage de cerveau et de l'endoctrinement.

Pour certains parents qui ont du mal à modifier leurs attitudes fondamentales, l'expérience de nos formations, pour diverses raisons, ouvre cependant la porte à la recherche d'autres formes d'aide : thérapies de groupe, conjugale, familiale ou individuelle. Un certain nombre d'entre eux disent qu'avant les Ateliers Parents, ils ne seraient jamais allés consulter un psychologue ou un psychiatre pour obtenir de l'aide. Manifestement, les Ateliers Parents améliorent la conscience de soi et apportent la motivation et le désir de changer, même quand nos Ateliers à eux seuls ne suffisent pas à induire un changement significatif.

Après avoir participé aux Ateliers Parents, certaines personnes expriment le souhait de continuer à se réunir en groupes plus réduits pour obtenir de l'aide dans leur travail sur eux et surmonter les attitudes et les difficultés qui les empêchent d'utiliser efficacement les nouvelles méthodes qu'ils ont apprises. Dans ces « groupes avancés », les participants parlent essentiellement du couple, de leurs relations avec leurs propres parents ou de considérations fondamentales sur leur personne. Ce n'est qu'après leur expérience dans ces groupes thérapeutiques approfondis que ces parents ont des prises de conscience et parviennent à des changements d'attitude qui leur permettront d'utiliser nos méthodes efficacement. Par conséquent, pour certains participants, les Ateliers Parents à eux seuls n'amènent pas un changement d'attitude suffisant, mais ils amorcent un processus ou bien ils encouragent les participants à s'engager sur la voie qui conduira à une plus grande efficacité en tant qu'individu et parent.

La lecture de ce livre n'est pas comparable à la participation à un Atelier Parents. Il n'empêche, me semble-t-il, que la plupart des parents gagneront une bonne compréhension de cette philosophie par la lecture et l'étude approfondie de cet ouvrage. Ils sont nombreux à acquérir, grâce à ce livre, un bon niveau de compétence dans les savoir-faire spécifiques nécessaires à la mise en œuvre de cette philosophie dans leur famille. Le lecteur pourra mettre en pratique ces compétences régulièrement, et longtemps après avoir terminé la lecture de ce livre, dans ses relations avec ses enfants, mais aussi avec son conjoint, ses associés, ses parents et ses amis.

Notre expérience nous l'a montré : gagner en efficacité dans l'éducation d'enfants responsables demande du travail – un travail assidu –, que ce soit par la participation à des Ateliers Parents, par la lecture de livres ou les deux. Mais au final, tout job demande du travail, n'est-ce pas ?

16

Les autres parents de vos enfants

Tout au long de leur existence, vos enfants seront exposés à l'influence d'autres adultes, à qui vous déléguez certaines responsabilités parentales. Ils auront, eux aussi, une forte influence sur l'épanouissement et le développement de vos enfants. Je pense bien évidemment aux grands-parents, aux membres de la famille, aux baby-sitters et aux assistantes maternelles ; aux enseignants, directeurs d'école et conseillers d'éducation, aux entraîneurs sportifs, éducateurs et moniteurs de colonies de vacances ; à toutes les personnes qui encadrent les activités de loisirs, culturelles ou religieuses ; et aux assistants sociaux.

Lorsque vous confiez vos enfants à ces parents de substitution, quelles assurances avez-vous quant à leur efficacité ? Ces adultes vont-ils nouer avec vos fils et vos filles des relations « thérapeutiques » et constructives ? Ou des relations « non-thérapeutiques » et destructrices ? Quelle sera leur efficacité comme agents d'aide auprès des jeunes ? Pourrez-vous confier vos enfants à ces professionnels, en ayant l'assurance qu'ils ne provoqueront pas de dommages ?

Il s'agit là de questions importantes, car tous les adultes avec lesquels vos enfants noueront des relations auront une forte influence sur eux.

Nombre de ces parents de substitution se forment en participant à des Ateliers Parents. Nous avons également des formations spécifiques qui leur sont destinées : Ateliers Enseignants, Ateliers Professionnels de l'enfance et Efficacité relationnelle – formation niveau II, ainsi que d'autres programmes. Nous avons constaté que la plupart de ces professionnels ont face aux enfants une attitude et des méthodes très proches de celles des parents. Eux aussi, en général, n'écoutent pas les enfants. Eux aussi parlent aux enfants d'une façon qui les rabaisse et qui nuit à leur estime de soi. Eux aussi recourent abondamment à l'autorité et au pouvoir pour manipuler les plus jeunes et contrôler leur comportement ; eux aussi sont prisonniers des deux méthodes de résolution de conflit gagnant-perdant ; eux aussi harcèlent, sermonnent et grondent, couvrent les enfants de honte dans le but de leur inculquer des valeurs et des convictions, et de les façonner à leur propre image.

Bien évidemment, il y a des exceptions. Tout comme il y a des exceptions chez les parents. Mais dans l'ensemble, les adultes qui ont une influence sur la vie des enfants n'ont pas les attitudes et les compétences fondamentales pour être des agents d'aide efficaces. Tout comme les parents, ils n'ont pas été formés correctement pour être des « agents thérapeutiques » efficaces dans leurs relations interpersonnelles avec un enfant ou un adolescent. Ce qui, malheureusement, peut les amener à faire souffrir vos fils et vos filles.

Permettez-moi de prendre les enseignants et le personnel de direction des écoles comme exemples – ce qui ne signifie pas qu'il s'agit de la catégorie de personnes la plus inefficace ou ayant le plus besoin d'être formée. Simplement, comme ils passent beaucoup de temps avec vos enfants, ce sont eux qui ont la plus grande influence potentielle, positive ou négative, sur eux. Mon expérience dans de nombreuses écoles m'a permis de constater qu'il s'agit, à de très rares exceptions près, d'institutions fondamentalement autoritaires, dont la structure organisationnelle et la philosophie de la discipline sont d'inspiration militaire.

Les règles et les règlements régissant le comportement des élèves sont presque invariablement déterminés de manière unilatérale par les adultes placés au sommet de la hiérarchie, sans la participation des élèves qui vont pourtant devoir s'y conformer. Toute infraction à ces règles fait l'objet de **sanctions**. Même les enseignants n'ont pas voix au chapitre dans la définition des règles qu'ils sont censés faire respecter. Et pourtant, ces enseignants sont souvent davantage jugés sur leur capacité à faire régner l'ordre dans la classe que sur leur efficacité à favoriser l'apprentissage.

De plus, les écoles imposent aussi aux élèves un programme scolaire que la plupart d'entre eux jugent inintéressant et non pertinent par rapport à ce qui se passe dans leur vie. Ensuite, face au constat que ce programme ne motive pas les élèves par son intérêt et par sa pertinence, les écoles recourent presque toutes à un système de récompenses et de punitions – les fameuses notes – qui garantissent quasi mécaniquement qu'un pourcentage élevé d'enfants sera étiqueté comme « ayant des performances inférieures à la moyenne ».

Dans la classe, les élèves sont fréquemment grondés et rabaissés par leurs professeurs. Ils sont évalués en fonction de leur capacité à restituer ce qu'on leur a demandé de lire, et sont souvent punis lorsqu'ils manifestent leur désaccord ou une divergence d'opinion. De manière presque universelle, du moins dans les grandes classes de l'école élémentaire, au collège et au lycée, les enseignants peinent à faire participer leurs

élèves à des discussions de groupe riches de sens, parce que de
nombreux professeurs opposent habituellement aux contributions de leurs élèves les 12 obstacles à la communication. Par
conséquent, quasiment tous les enseignants, à quelques rares
exceptions près, découragent une communication ouverte et
sincère de la part des élèves.

Lorsque les élèves «se tiennent mal» en cours, ce qui est
inévitable dans un environnement aussi peu «thérapeutique»
et aussi inintéressant, les conflits sont généralement gérés
par la Méthode I, parfois par la Méthode II. L'enseignant
envoie alors les trublions chez le directeur de l'école ou chez
le conseiller principal d'éducation, censé résoudre ces conflits
entre élèves et professeurs – *et ce en l'absence de l'un des pro-*
tagonistes du conflit, à savoir le professeur. Par conséquent, *le*
directeur ou le conseiller d'éducation part généralement du prin-
cipe que c'est l'enfant qui est coupable et le punit, le sermonne ou
lui extorque la promesse de cesser et de ne pas recommencer.

Dans la plupart des écoles, les droits civiques des élèves
sont bafoués, de manière flagrante: ils sont privés du droit
de s'exprimer, du droit de se coiffer comme ils l'entendent,
du droit de porter les vêtements de leur choix, du droit à la
divergence d'opinion. Les écoles refusent aussi aux élèves le
droit de refuser de témoigner les uns contre les autres. Et si
les enfants ont des ennuis, il est rare que la direction de l'école
mette en œuvre les procédures inscrites dans la loi et qui s'appliquent à tous les citoyens.

Est-ce que le tableau que je dépeins là donne une image
fausse de nos écoles? Je ne le pense pas. Beaucoup d'obser-
vateurs du système scolaire font le même constat. De plus,
il suffit de demander aux élèves ce qu'ils pensent de l'école
et de leurs professeurs. Ils sont nombreux à répondre qu'ils

détestent l'école et que leurs enseignants sont injustes et ne les respectent pas. La plupart des enfants en viennent à considérer l'école comme un lieu où ils sont obligés d'aller. L'apprentissage est rarement jugé agréable ou amusant. Apprendre devient une contrainte. Et ils considèrent leurs enseignants comme des policiers désagréables.

Lorsque les enfants sont confiés à des adultes qui les traitent de manière à susciter des réactions aussi négatives, les parents ne peuvent pas porter toute la responsabilité du devenir de ces enfants. Certes, les parents ont une part de responsabilité, mais d'autres adultes aussi.

Que peuvent faire les parents lorsque leurs enfants sont traités de manière injuste, irrespectueuse et dommageable par des professeurs et des directeurs d'établissement ? Peuvent-ils avoir une influence constructive sur les autres parents de leurs enfants ? Peuvent-ils avoir leur mot à dire sur la manière dont d'autres adultes vont s'adresser à leurs enfants et les traiter ? Je pense que non seulement ils le peuvent, mais qu'ils le doivent. Cependant, pour cela, ils vont devoir se montrer moins passifs et moins soumis qu'ils l'ont été.

Tout d'abord, ils doivent s'employer à repérer, dans toutes les institutions accueillant des jeunes, des signes indiquant que les enfants y sont contrôlés et réprimés par des adultes exerçant du pouvoir et de l'autorité de manière arbitraire. Les parents doivent s'opposer à tous ceux qui prônent « la méthode forte » avec les enfants, qui justifient le recours au pouvoir face aux jeunes au motif de faire respecter l'ordre, qui appliquent des méthodes autoritaires sous prétexte qu'on ne peut pas faire confiance aux enfants pour se montrer responsables et autodisciplinés.

Les parents doivent monter au créneau et se battre pour préserver les droits civiques de leurs enfants lorsqu'ils sont bafoués par des adultes qui considèrent que les plus jeunes ne méritent pas de jouir de ces droits.

Les parents peuvent aussi défendre et soutenir des programmes qui proposent des idées et des méthodes innovantes pour réformer l'école – comme celles qui revoient le programme scolaire, qui suppriment les notes, qui introduisent de nouvelles méthodes pédagogiques, qui accordent aux élèves davantage de liberté pour apprendre seuls et à leur rythme, qui proposent des consignes personnalisées, qui donnent aux enfants la possibilité de participer avec les adultes à la gestion de l'école ou qui forment les enseignants à avoir une approche plus humaniste et plus thérapeutique dans leurs relations avec les enfants.

Des programmes de ce type existent d'ores et déjà dans certains environnements désireux d'améliorer leurs établissements scolaires. D'autres en sont au stade de projet. Les parents ne doivent pas craindre ces nouveaux programmes pédagogiques ; ils doivent au contraire se féliciter de leur mise en place, encourager la direction de l'école à les essayer et à tester leurs effets.

Le programme que je connais le mieux est bien sûr le nôtre : les Ateliers Enseignants. Cette formation a été dispensée dans des centaines d'écoles, aux États-Unis et ailleurs. Les résultats recueillis sont encourageants.

Dans un lycée de Cupertino, en Californie, notre formation a amené le proviseur à faire participer les enseignants et les élèves à un projet visant à réécrire entièrement le règlement intérieur. Ce groupe composé d'élèves et d'adultes, désireux de permettre la résolution de problème sur le mode participatif, a jeté à la poubelle l'ancien règlement intérieur, un document épais, et l'a remplacé par deux règles très simples :

1. Nul n'a le droit d'interférer sur l'apprentissage d'autrui ;
2. Nul n'a le droit de s'en prendre physiquement à autrui.

Le proviseur a rapporté ce qui suit : « La baisse du recours au pouvoir et à l'autorité face à tous les élèves a eu pour conséquence de les rendre plus autonomes et de les inciter à assumer davantage la responsabilité de leurs comportements ainsi que des comportements d'autrui. »

Dans une autre école, située à Palo Alto en Californie, un enseignant a pratiqué la résolution de conflit par la Méthode III dans une classe en rupture totale en raison d'un manque de discipline. Cela lui a permis de réduire le nombre d'« actes inacceptables et perturbateurs », qui sont passés de 30 par heure de cours à environ 4,5 par heure. Un questionnaire distribué ensuite aux élèves a révélé que 76 % d'entre eux trouvaient que la classe avait accompli plus de travail depuis les séances de résolution de problème et 95 % d'entre eux ont trouvé que l'ambiance dans la classe s'était « améliorée » ou « beaucoup améliorée ».

Le proviseur de la Apollo High School à Simi Valley a écrit ceci concernant les effets de l'Atelier Enseignants sur lui et sur son établissement :

> *« Les problèmes de discipline ont diminué d'au moins 50 %. Cette méthode me paraît satisfaisante et efficace pour gérer des problèmes de comportement sans exclure des élèves. J'ai découvert que l'exclusion n'agit pas sur les causes du comportement. Les compétences que j'ai acquises dans l'Atelier Enseignants*

facilitent la résolution des problèmes entre les élèves, entre les enseignants et l'administration, et entre les élèves et les enseignants.

Nous avons instauré des réunions d'école, qui nous permettent, nous semble-t-il, de prévenir l'apparition de conflits. Nous utilisons la méthode de résolution de problème du Dr Gordon, qui a permis d'éviter que les conflits débouchent sur des problèmes de comportement.

Mes relations avec les élèves se sont considérablement améliorées, du fait que nous leur permettons d'assumer la responsabilité de leurs actes et de leurs comportements et de gérer eux-mêmes leurs problèmes. »

Le directeur d'une école élémentaire de La Mesa a écrit ceci lors de son évaluation de l'Atelier Enseignants :

« En tant que directeur d'une école élémentaire dont de nombreux professeurs ont participé à des Ateliers Enseignants (16 enseignants sur 23), j'ai constaté des changements de comportements, à la fois chez les élèves et chez les professeurs, qui sont directement liés à cette formation.

1. Les enseignants ont confiance en leur capacité à gérer des problèmes de comportement difficiles.

2. L'atmosphère émotionnelle dans les classes est beaucoup plus détendue et plus saine.

3. Les enfants sont impliqués dans la définition des règles qui régissent leur expérience scolaire. Ils s'engagent donc personnellement à respecter ces règles.

4. Les enfants apprennent à résoudre des problèmes relationnels sans recourir à la force ou à la manipulation.

5. Le nombre de «problèmes de discipline» qu'on me soumet a considérablement diminué.

6. Les enseignants ont un comportement beaucoup plus approprié. Par exemple, ils font intervenir le psychologue lorsque l'élève a un problème, et non quand il pose un problème à l'enseignant.

7. Les enseignants ont considérablement gagné en efficacité pour résoudre leurs problèmes sans faire usage de la force face aux enfants.

8. La capacité des enseignants à mener des réunions parents-professeurs riches de sens s'est améliorée.»

Il est possible de faire évoluer les choses dans les écoles en formant les enseignants et le personnel de direction aux mêmes compétences que nous transmettons aux pères et aux mères dans les Ateliers Parents. Cependant, nous avons constaté que les écoles ne sont pas ouvertes au changement dans certains environnements où les parents restent majoritairement attachés au maintien du *status quo*, ont peur du changement ou tiennent à la tradition d'une approche autoritaire de l'éducation.

J'ai l'espoir que nous pourrons inciter davantage de parents encore à écouter leurs enfants lorsqu'ils se plaignent de la manière dont les traitent quantité de professeurs, entraîneurs, responsables religieux et animateurs. Ils commenceront alors à faire confiance à la validité des sentiments de leurs enfants lorsque ceux-ci déclarent qu'ils détestent l'école ou qu'ils n'aiment pas la manière dont les traitent les adultes. Les parents pourront découvrir ce qui ne va pas avec ces institutions en écoutant leurs enfants, sans prendre systématiquement la défense de ces structures.

Ce n'est qu'à l'instigation des parents que ces institutions évolueront pour devenir plus démocratiques, plus humanistes, plus thérapeutiques. Ce dont nous avons besoin, plus que tout, c'est d'une philosophie totalement nouvelle en matière d'éducation des enfants et des adolescents, d'une nouvelle déclaration des droits de la jeunesse. La société ne peut tout simplement plus traiter les enfants comme elle le faisait voici deux millénaires, tout comme elle ne peut plus continuer à traiter les minorités comme elle l'a fait par le passé.

J'ai résumé ma philosophie des relations entre parents et enfants dans un *credo*, une profession de foi sur laquelle reposent nos Ateliers Parents. Il a été écrit voici des années pour résumer la philosophie des Ateliers Parents dans un document succinct facile à comprendre. Nous le distribuons aux participants de nos ateliers et nous le soumettons ici à la réflexion de tous les adultes.

Un credo pour mes relations

Toi et moi vivons une relation que j'apprécie et que je veux à préserver. Cependant, chacun de nous demeure une personne distincte, ayant des valeurs et des besoins spécifiques, et le droit de les satisfaire.

Pour nous permettre de mieux connaître et comprendre les valeurs et les besoins de l'autre, communiquons toujours avec franchise et sincérité.

Lorsque tu éprouveras des problèmes à satisfaire tes besoins, j'essaierai de t'écouter, de t'accepter véritablement, de façon à te faciliter la découverte de tes propres solutions plutôt que de te donner les miennes. Je respecterai aussi ton droit de choisir tes propres croyances et de développer tes propres valeurs, si différentes soient-elles des miennes.

Quand ton comportement m'empêchera de satisfaire mes besoins, je te dirai ouvertement et franchement comment ton comportement m'affecte, car j'ai confiance dans le fait que tu respectes suffisamment mes besoins et mes sentiments pour essayer de changer ce comportement qui m'est inacceptable. Aussi, lorsque mon comportement te sera inacceptable je t'encourage à me le dire ouvertement et franchement pour que je puisse essayer de le changer.

Quand aucun de nous ne pourra changer son comportement pour satisfaire les besoins de l'autre, reconnaissons que nous avons un conflit; engageons-nous à le résoudre sans recourir au pouvoir ou à l'autorité pour gagner aux dépens de l'autre qui perdrait. Je respecte tes besoins et je dois aussi respecter les miens. Efforçons-nous de toujours trouver à nos inévitables conflits des solutions acceptables pour chacun de nous. Ainsi tes besoins seront satisfaits, et les miens aussi. Personne ne perdra, nous y gagnerons tous les deux.

De cette façon, en satisfaisant tes besoins tu pourras t'épanouir en tant que personne et moi de même. Nous créerons ainsi une relation saine où chacun pourra devenir ce qu'il est capable d'être. Et nous pourrons poursuivre notre relation dans le respect et l'amour mutuels et dans la paix.

Annexes

1. Savoir écouter les sentiments (exercice)

Les enfants communiquent à leurs parents bien plus que des mots et des idées. Derrière leurs mots se cachent souvent des sentiments et des émotions. Vous allez découvrir plus bas quelques « messages » caractéristiques formulés par les enfants.

Lisez-les un par un, attentivement, en vous efforçant de percevoir les sentiments et les émotions qu'ils expriment.

Ensuite, dans la colonne de droite, notez ce que vous avez entendu. Laissez de côté le contenu factuel et notez-y uniquement le ou les sentiments, de préférence en un ou quelques mots. Certaines phrases de l'enfant peuvent en exprimer plusieurs ; notez tous les sentiments principaux que vous entendez, en les numérotant.

Lorsque vous aurez terminé, comparez votre liste à celle des réponses et notez le nombre de points que vous avez obtenus, à l'aide du barème.

L'ENFANT DIT...	L'ENFANT SE SENT...
Exemple : Je ne sais pas ce qui ne va pas. Je n'arrive pas à comprendre pourquoi ça ne marche pas. Peut-être que je ferais mieux d'arrêter d'essayer...	a) Perplexe. b) Découragé. c) Tenté de jeter l'éponge.
1. Ouf, plus que dix jours et l'école est finie.	
2. Regarde, papa, j'ai construit un avion avec mes nouveaux outils !	

3. Tu me donneras la main quand nous entrerons dans le jardin d'enfants ?

4. Je m'ennuie. Je ne sais pas quoi faire.

5. Je ne serai jamais aussi bon que Tony. Je n'arrête pas de m'entraîner, mais il est toujours meilleur que moi.

6. Mon nouveau prof nous donne beaucoup trop de devoirs. Je n'arriverai jamais à tout faire. Comment vais-je faire ?

7. Tout le monde est parti à la plage, je n'ai plus personne avec qui jouer.

8. Les parents de James le laissent aller à l'école à vélo. Et pourtant, je fais beaucoup mieux du vélo que lui.

9. Je n'aurais pas dû être aussi méchante avec Nicolas. C'est pas sympa de faire ça avec un petit.

10. J'ai envie de me coiffer comme ça. C'est mes cheveux, non ?

11. Tu crois que je m'y prends bien pour mon compte rendu ? Tu penses que je vais avoir une bonne note ?

12. Pourquoi est-ce que la prof m'a gardée en retenue, d'abord ? Je n'étais pas la seule à bavarder. Ça me donne envie de la gifler.

13. Je peux le faire tout seul, pas la peine de m'aider. Je suis assez grand pour le faire moi-même.

14. Les maths, c'est trop dur. Je suis nul, je ne comprends rien.

15. Va-t'en, laisse-moi tranquille. Je ne veux parler à personne, ni à toi ni à personne. De toute façon, tu n'en as rien à faire de ce qui m'arrive.

16. Pendant un moment, j'avais de bons résultats, mais maintenant, c'est pire qu'avant. Je fais de mon mieux, mais ça ne sert à rien. Alors à quoi bon ?

17. J'aimerais vraiment y aller avec elle, mais je n'ose pas l'appeler... Et si elle se moquait de moi ?

18. Je ne veux plus jamais jouer avec Emma. Elle est méchante.

19. Je suis contente de vous avoir comme parents, papa et toi, plutôt que d'autres personnes.

20. Je pense que je sais quoi faire, mais peut-être que ce n'est pas la bonne solution. J'ai l'impression que je prends toujours les mauvaises décisions. Qu'est-ce que tu en penses, papa ? Je devrais aller à la fac ou chercher du travail ?

Maintenant, voyez les réponses à la page suivante et comptez le nombre de points obtenus.

1. Notez le nombre de points obtenus à gauche de chaque réponse.
2. Faites le total des points.

Barème de l'exercice 1

Vous obtenez 4 points lorsque vos réponses correspondent à celles indiquées, 2 points si vos choix ne correspondent que partiellement ou si vous êtes passé à côté d'un sentiment spécifique. Comptez 0 si vous êtes passé complètement à côté.

Réponses

1. (a) Content.
    (b) Soulagé.
2. (a) Fier.
    (b) Satisfait.
3. (a) Effrayé, craintif.
4. (a) Ennuyé.
    (b) Perplexe.
5. (a) Sentiment d'être nul.
    (b) Découragé.
6. (a) Sentiment d'être dépassé.
    (b) Inquiet.
7. (a) Délaissé.
    (b) Seul.
8. (a) Se sent injustement traité par ses parents.
    (b) Se sent compétent.
9. (a) Se sent coupable.
    (b) Regrette ce qu'il a fait.
10. (a) Agacé par l'ingérence des parents.
11. (a) Doute.
    (b) Incertitude.
12. (a) Colère, haine.
    (b) Sentiment d'injustice.

13. (a) Se sent compétent.

(b) Ne veut pas d'aide.

14. (a) Frustration.

(b) Se sent incapable.

15. (a) Blessé.

(b) En colère.

(c) Se sent mal-aimé.

16. (a) Découragé.

(b) A envie d'abandonner.

17. (a) Envie d'y aller.

(b) Peur.

18. (a) En colère.

19. (a) Reconnaissant, content.

(b) Apprécie ses parents.

20. (a) Indécis, incertain.

Votre score total _____

Votre capacité à reconnaître sentiments et émotions

- Entre 61 et 80 points : excellente perception.
- Entre 41 et 60 points : perception supérieure à la moyenne.
- Entre 21 et 40 points : perception inférieure à la moyenne.
- Entre 0 et 20 points : mauvaise perception.

2. Reconnaître des messages inefficaces (exercice)

Lisez la description de chaque situation et le message formulé par le parent. Dans la colonne « Message inapproprié car… », notez pourquoi le message du parent n'était pas efficace, en vous servant de la liste des « erreurs d'émission » :

- Message atténué.
- Message contenant des solutions, des ordres.
- Message de reproche ou culpabilisant.
- Message prétexte à l'évacuation de sentiments secondaires.
- Message indirect.
- Insulte.
- Sarcasme.
- Attaque.

SITUATION ET MESSAGE	MESSAGE INAPPROPRIÉ CAR...
Exemple : l'enfant de 10 ans a laissé son couteau de poche ouvert, par terre dans la chambre du bébé : « C'était stupide de ta part. Le bébé aurait pu se blesser. »	Message de reproche ou culpabilisant.
1. Les enfants se disputent au sujet du jeu vidéo auquel ils vont jouer : « Arrêtez de vous disputer et éteignez-moi cette console, tout de suite. »	
2. Une adolescente rentre à 1 h 30, alors qu'il était convenu qu'elle serait de retour à minuit. Le parent était inquiet. Il est soulagé de la voir rentrer : « Je constate qu'on ne peut pas te faire confiance. Je suis furieux. Tu es privée de sortie pendant un mois. »	

3. L'enfant de 12 ans a laissé ouvert le portail de la barrière qui entoure la piscine, mettant en danger son frère de 2 ans : « Tu cherches à noyer ton petit frère ? Je suis hors de moi ! »

4. Un professeur a écrit aux parents pour dire que leur enfant de 11 ans chahute en classe et utilise des termes « inappropriés » : « Dis-nous pourquoi tu veux faire honte à tes parents en utilisant un vocabulaire pareil. »

5. La mère est en colère et très frustrée parce que l'enfant traîne et la met en retard pour un rendez-vous : « Maman aimerait bien que tu aies un peu plus de considération pour elle. »

6. À son retour à la maison, la mère découvre que le séjour est en désordre total, alors qu'elle avait demandé aux enfants de le laisser bien rangé, parce qu'elle attend de la visite : « J'espère que tous les deux, vous vous êtes bien amusés à mes dépens cet après-midi. »

7. Le père trouve dégoûtantes la vue et l'odeur des pieds de sa fille, qui sont sales : « Jamais tu ne te laves les pieds, comme un être humain normal ? Va prendre une douche, immédiatement. »

8. L'enfant gêne sa mère parce qu'il attire l'attention des invités en faisant des sauts périlleux. La mère dit : « Quel frimeur ! »

9. La mère est en colère contre l'enfant parce qu'il n'a pas rangé les assiettes après avoir fait la vaisselle. Alors que l'enfant court pour attraper le bus de ramassage scolaire, la mère crie : « Je suis très en colère contre toi, tu sais ! »

Comparez vos réponses à celles-ci :

1. Message contenant des solutions, des ordres.
2. Message de reproche ou culpabilisant. Message prétexte à l'évacuation de sentiments secondaires. Message contenant une solution.
3. Message de reproche ou culpabilisant. Message prétexte à l'évacuation de sentiments secondaires.
4. Message de reproche ou culpabilisant.
5. Message de reproche ou culpabilisant. Message atténué.
6. Message indirect.
7. Message indirect. Message contenant une solution. Message de reproche ou culpabilisant.
8. Insulte.
9. Attaque.

(Pour la suite de l'exercice, voir page suivante.)

Notez ici des Messages-Je adaptés, pour toutes les situations décrites plus haut, en évitant les «erreurs d'émission».

1. ....
....
....

2. ....
....
....

3. ....
....
....

4. ....
....
....

5. ....
....
....

6. ....
....
....

7. ....
....
....

8. ....
....
....

9. ....
....
....

3. Formuler des Messages-Je (exercice)

Lisez la description de chaque situation, lisez le Message-Tu de la deuxième colonne, puis écrivez un Message-Je adapté à la situation dans la troisième colonne. Lorsque vous aurez terminé, comparez vos Messages-Je à la liste des suggestions, p. 420.

SITUATION	MESSAGE-TU	MESSAGE-JE
1. La mère veut regarder le journal télévisé. L'enfant ne cesse de lui grimper sur les genoux. La mère est agacée.	« Tu ne peux pas déranger les gens quand ils regardent les informations. »	
2. Le père passe l'aspirateur. L'enfant s'amuse à le débrancher. Or le père est pressé.	« Tu n'es pas sage. »	
3. L'enfant arrive à table, ses mains et son visage sont très sales.	« Tu ne te comportes pas en grand garçon responsable. Ça, c'est ce que ferait un bébé. »	
4. L'enfant ne cesse de repousser le moment d'aller au lit. Le père et la mère veulent discuter d'un problème privé qui les préoccupe. L'enfant reste avec eux, les empêchant d'avoir leur discussion.	« Tu sais bien que tu devrais être au lit à cette heure. Tu cherches juste à nous énerver. Tu as besoin d'avoir tes heures de sommeil. »	

SITUATION	MESSAGE-TU	MESSAGE-JE
5. L'enfant ne cesse de demander à ses parents de le conduire au cinéma, mais cela fait plusieurs jours qu'il n'a pas rangé sa chambre, ce qu'il s'était engagé à faire.	« Tu ne mérites pas d'aller au cinéma, tu as fait preuve d'égoïsme et d'un manque de considération. »	
6. L'enfant a boudé et eu l'air triste toute la journée. La mère ne sait pas pourquoi.	« Allez, arrête de bouder. Soit tu arrêtes de faire la tête, soit tu vas bouder ailleurs. Tu prends tout trop à cœur. »	
7. L'enfant écoute sa musique tellement fort que cela empêche les parents de discuter dans la pièce à côté.	« Tu ne peux pas faire preuve d'un peu de respect ? Pourquoi est-ce que tu écoutes ta musique aussi fort ? »	
8. L'enfant s'est engagé à faire le ménage dans la salle de bains un jour où la famille reçoit des invités au dîner. Il n'a rien fait de la journée. Les invités vont arriver dans une heure et il n'a toujours pas commencé.	« Tu as traîné toute la journée et tu n'as pas fait ce qu'on t'avait demandé. Comment peux-tu être aussi égoïste et irresponsable ? »	
9. La fille oublie de rentrer à l'heure convenue pour aller acheter des vêtements pour elle avec sa mère. La mère est pressée.	« Tu devrais avoir honte. Je prends sur mon temps pour aller faire des courses avec toi et toi, tu arrives en retard. »	

Suggestions de Message-Je

1. «Je ne peux pas à la fois regarder la télé et jouer avec toi. Je suis vraiment irrité quand je ne peux pas avoir un peu de temps pour moi pour me détendre et regarder les infos.»

2. «Je suis très pressé et ça me met vraiment en colère de devoir rebrancher l'aspirateur, ce qui me ralentit dans ma tâche. Quand j'ai quelque chose à faire, je n'ai pas envie de jouer.»

3. «Je ne peux pas profiter de mon dîner quand je te vois tout sale. Ça me dégoûte et ça me coupe l'appétit.»

4. «Maman et moi avons besoin de discuter d'une chose vraiment importante. Nous ne pouvons pas en parler quand tu es là et nous n'avons pas envie d'attendre que tu ailles finalement te coucher.»

5. «Je n'ai pas beaucoup envie de faire quelque chose pour toi quand tu ne respectes pas ce que nous avions convenu au sujet du rangement de ta chambre.»

6. «Je suis désolé de te voir aussi malheureux, mais je ne sais pas comment t'aider, parce que je ne sais pas ce qui ne va pas.»

7. «J'ai vraiment le sentiment de me faire avoir. J'aimerais passer un peu de temps avec papa et le bruit nous rend dingues.»

8. «J'ai le sentiment qu'on m'a laissée tomber. Je me suis activée toute la journée pour que tout soit prêt pour notre dîner et maintenant, il faut que je me préoccupe de cette salle de bains qui n'a pas été nettoyée.»

9. «Je n'aime pas ça: j'organise avec attention toute ma journée pour que nous puissions aller t'acheter des vêtements, et toi, tu ne rentres pas à l'heure convenue.»

4. Recours à l'autoritarisme parentale (exercice)

Voici une liste de choses que les parents font souvent dans leur relation avec leurs enfants. Soyez objectif et honnête avec vous-même en accomplissant cet exercice. Vous en apprendrez davantage sur un aspect important de votre rôle de parent, à savoir comment vous utilisez votre autorité parentale.

Lisez chaque affirmation, puis indiquez sur la fiche réponse s'il est probable ou peu probable que vous fassiez ce qui est indiqué (exactement cela ou quelque chose de comparable). Si vous n'avez pas encore d'enfants ou si la situation concerne un enfant plus jeune ou plus âgé que le vôtre, ou d'un sexe différent, dites comment vous vous comporteriez. Entourez une seule réponse. Répondez «?» uniquement si vous ne comprenez pas la question ou si vous ne savez absolument pas quoi répondre.

- PP = Peu probable que vous agissiez ainsi ou de manière comparable.

- P = Probable que vous agissiez ainsi ou de manière comparable.

- ? = Ne sait pas ou ne comprend pas.

Exemple : pour l'affirmation «Exiger de votre enfant de 10 ans qu'il demande la permission de parler quand il est avec des adultes», entourer le PP signifie qu'il est peu probable que vous fassiez cela.

Voici quelques définitions, pour vous permettre de bien comprendre le sens précis des termes utilisés dans cet exercice.

- **Punir :** infliger quelque chose de désagréable à l'enfant, en le privant d'une chose qu'il veut, ou lui faire mal, physiquement ou psychologiquement.

- **Réprimander :** le critiquer énergiquement, le «gronder» ou le disputer, faire une évaluation négative.

- **Menacer :** avertir l'enfant d'une punition possible.

- **Récompenser :** faire plaisir à l'enfant en lui donnant quelque chose qu'il veut.

- **Féliciter :** émettre un jugement positif sur l'enfant ; dire quelque chose de valorisant sur sa personne.

Affirmations

Notez vos réponses sur la fiche réponse (page 426).

1. Éloigner l'enfant du piano, en le soulevant, s'il refuse d'arrêter de s'amuser dessus, après que vous lui avez dit que c'était insupportable pour vous.

2. Féliciter votre enfant parce qu'il rentre toujours à l'heure pour le dîner.

3. Gronder votre enfant de 6 ans s'il se tient mal à table devant des invités.

4. Féliciter votre fils adolescent lorsque vous le voyez lire de la «bonne» littérature.

5. Punir votre fille lorsqu'elle utilise des gros mots.

6. Donner une récompense à votre fils quand la grille sur laquelle il note quand il se lave les dents montre qu'il n'a pas oublié une seule fois.

7. Demander à votre fille de s'excuser auprès d'un autre enfant avec qui elle a été très impolie.

8. Féliciter votre fille lorsqu'elle vous attend bien à l'endroit convenu à l'école, où vous passez la chercher en voiture.

9. Demander à votre enfant de terminer son assiette avant de pouvoir se lever de table.

10. Exiger que votre fille prenne un bain tous les jours et lui donner une récompense si elle l'a fait systématiquement tous les jours du mois.

11. Punir votre enfant ou le priver de quelque chose si vous le prenez à mentir.

12. Donner à votre fils adolescent une récompense ou lui accorder un privilège s'il accepte de changer de coiffure.

13. Punir ou réprimander votre enfant qui a volé de l'argent dans votre porte-monnaie.

14. Promettre à votre fille de lui offrir quelque chose qu'elle convoite si elle renonce à se maquiller autant.

15. Insister pour que votre enfant joue un morceau sur son instrument de musique quand vous le lui demandez, devant des invités ou des membres de la famille.

16. Promettre à votre enfant une chose qu'il aimerait avoir s'il fait ses exercices au piano pendant un certain temps, tous les jours.

17. Laissez votre fille de deux ans sur les toilettes jusqu'à ce qu'elle ait fait ce qu'elle avait à faire, quand vous savez qu'elle a besoin d'aller aux toilettes.

18. Mettre en place un système qui permet à l'enfant d'obtenir une récompense, s'il accomplit régulièrement les tâches ménagères qui lui sont imparties.

19. Punir l'enfant ou menacer de le faire s'il mange entre les repas, alors que vous lui avez demandé de ne pas le faire.

20. Promettre une récompense à votre fille si elle rentre toujours à l'heure convenue lorsqu'elle sort.

21. Punir ou gronder votre enfant s'il ne range pas sa chambre après y avoir mis du désordre.

22. Mettre en place un système de récompenses pour motiver votre fille à limiter le nombre de SMS qu'elle envoie.

23. Gronder votre enfant parce qu'il a cassé ou abîmé un de ses jouets coûteux en se montrant peu soigneux.

24. Promettre une récompense à votre fille de 15 ans si elle ne fume pas.

25. Punir ou gronder votre enfant parce qu'il s'est montré irrespectueux vis-à-vis de vous dans ses propos.

26. Promettre une récompense à votre fille si elle se tient à son programme de révision pour améliorer ses résultats scolaires.

27. Empêcher votre enfant d'apporter ses jouets dans le séjour lorsqu'il y a trop de désordre.

28. Dire à votre fille que vous êtes fier d'elle ou content parce qu'elle a choisi un petit ami que vous approuvez.

29. Demander à votre enfant de nettoyer lui-même la moquette lorsqu'il renverse de la nourriture dessus.

30. Dire à votre fille qu'elle est sage ou la récompenser lorsqu'elle ne bouge pas pendant que vous la coiffez.

31. Punir votre fille parce qu'elle a continué à jouer dans sa chambre alors que vous pensiez qu'elle était allée dormir, le soir.

32. Mettre en place un système pour récompenser votre fils s'il se lave bien les mains avant de venir à table.

33. Demander à votre enfant d'arrêter ou le punir lorsque vous le surprenez à toucher ses « parties intimes. »

34. Mettre en place un système pour récompenser votre enfant s'il est prêt à l'heure pour partir à l'école.

35. Punir ou réprimander vos enfants lorsqu'ils se disputent bruyamment pour un jouet.

36. Féliciter ou récompenser votre fils parce qu'il ne pleure pas lorsqu'il n'a pas ce qu'il veut ou lorsqu'il a été blessé dans ses sentiments.

37. Menacer votre enfant de le punir ou le réprimander lorsqu'il refuse d'aller faire une course pour vous, alors que vous le lui avez demandé plusieurs fois.

38. Dire à votre fille que vous lui achèterez quelque chose qu'elle aimerait avoir si ses vêtements restent bien propres jusqu'à ce que vous sortiez dîner, quelques heures plus tard.

39. Punir ou réprimander votre fils si vous le voyez soulever la jupe de la petite voisine et la mettre mal à l'aise.

40. Donner une récompense sous forme d'argent à votre enfant pour chaque matière dans laquelle il aura amélioré ses notes sur son prochain bulletin.

Fiche réponse

Voici votre fiche réponse. Les instructions pour déterminer
votre score se trouvent à la page ci-contre.

1	PP	P	?	21	PP	P	?
2	PP	P	?	22	PP	P	?
3	PP	P	?	23	PP	P	?
4	PP	P	?	24	PP	P	?
5	PP	P	?	25	PP	P	?
6	PP	P	?	26	PP	P	?
7	PP	P	?	27	PP	P	?
8	PP	P	?	28	PP	P	?
9	PP	P	?	29	PP	P	?
10	PP	P	?	30	PP	P	?
11	PP	P	?	31	PP	P	?
12	PP	P	?	32	PP	P	?
13	PP	P	?	33	PP	P	?
14	PP	P	?	34	PP	P	?
15	PP	P	?	35	PP	P	?
16	PP	P	?	36	PP	P	?
17	PP	P	?	37	PP	P	?
18	PP	P	?	38	PP	P	?
19	PP	P	?	39	PP	P	?
20	PP	P	?	40	PP	P	?

Instructions pour déterminer votre score

1. Commencez par compter tous les P que vous avez entourés après les nombres impairs (1, 3, 5, 7, etc.).
2. Ensuite, comptez tous les P entourés après les nombres pairs (2, 4, 6, 8, etc.).
3. Reportez ces deux nombres dans le tableau ci-dessous et notez le total de tous les P.

	NOMBRE	INTERPRÉTATION
P impairs		Ce nombre indique votre niveau de recours aux punitions ou aux menaces de punition pour contrôler votre enfant ou pour imposer vos solutions aux problèmes.
P pairs		Ce nombre indique votre niveau de recours aux récompenses et aux motivations externes pour contrôler votre enfant ou pour imposer vos solutions aux problèmes.
Total P		Ce nombre indique votre niveau de recours aux deux sources de pouvoir parental pour contrôler votre enfant.

RECOURS AUX PUNITIONS		RECOURS AUX RÉCOMPENSES		RECOURS AUX DEUX TYPES DE POUVOIR	
Score	Résultat	Score	Résultat	Score	Résultat
0-5	Très peu	0-5	Très peu	0-10	Anti-autoritaire
6-10	À l'occasion	6-10	À l'occasion	11-20	Modérément autoritaire
11-15	Souvent	11-15	Souvent	21-30	Autoritaire
16-20	Très souvent	16-20	Très souvent	31-40	Très autoritaire

5. Les 12 obstacles à la communication : les effets des réactions typiques des parents

Donner des ordres, des instructions, commander

Ces messages disent à l'enfant que ses sentiments, ses émotions et ses besoins ne sont pas importants. Il doit se conformer aux sentiments, aux émotions et aux besoins de son parent. («Je me moque de ce que tu as envie de faire ; rentre à la maison, tout de suite !»)

Ils expriment une inacceptation de l'enfant tel qu'il est en ce moment. («Arrête de t'agiter.»)

Ils produisent une peur du pouvoir parental. L'enfant entend une menace, celle qu'une personne plus grande et plus forte que lui le malmène. («Va dans ta chambre. Si tu ne le fais pas, tu vas voir ce que tu vas voir.»)

Ils provoquent de la rancune ou de la colère chez l'enfant, ce qui le pousse souvent à exprimer de l'hostilité, à faire une colère, à contre-attaquer, à résister, à mettre la volonté du parent à l'épreuve.

Ils peuvent dire à l'enfant que le parent ne fait pas confiance à son appréciation ou à ses compétences («Ne touche pas à cette assiette.» «Ne t'approche pas du bébé.»)

Avertir, mettre en garde, menacer

Ces messages peuvent rendre l'enfant craintif et soumis. («Si tu fais ça, tu vas le regretter.»)

Ils peuvent susciter du ressentiment et de l'hostilité, comme le font les ordres et les instructions. («Si tu ne vas pas tout de suite au lit, tu vas avoir une fessée.»)

Ils peuvent communiquer à l'enfant que le parent n'a aucun respect pour ses besoins et ses souhaits. («Si tu n'arrêtes pas de taper sur ce tambour, je vais vraiment me fâcher.»)

Les enfants réagissent parfois aux avertissements ou aux menaces en décrétant: «Je me fiche de ce qui va se passer, ça ne changera pas ce que je ressens.»

Ces messages incitent également l'enfant à mettre à l'épreuve la réalité de la menace du parent. Il est parfois tenté de faire ce qu'on lui a interdit, juste pour voir si le parent va vraiment mettre sa menace à exécution.

Exhorter, sermonner, faire la morale

Ces messages font peser sur l'enfant le pouvoir d'une autorité, du devoir ou d'une obligation extérieure. Il peut y réagir en résistant et en défendant encore plus énergiquement sa position.

Ils peuvent donner à l'enfant l'impression que le parent n'a pas confiance en son jugement, que l'enfant ferait mieux d'accepter ce que les «autres» jugent bon. («Tu devrais faire ceci ou cela.»)

Ils risquent aussi de provoquer un sentiment de culpabilité chez l'enfant, lui donner le sentiment qu'il est «nul». («Tu ne devrais pas penser comme ça.»)

Ils peuvent lui donner l'impression que le parent n'a pas confiance en sa capacité à évaluer la validité des projets ou des valeurs d'autrui. («Tu dois toujours respecter tes professeurs.»)

Conseiller, fournir des suggestions ou des solutions

Ces messages sont souvent perçus par l'enfant comme la preuve que les parents n'ont pas confiance dans son jugement ou dans sa capacité à trouver sa propre solution.

Ils peuvent mettre l'enfant dans une situation de dépendance vis-à-vis de ses parents et l'amener à cesser de réfléchir par lui-même. («Qu'est-ce que je dois faire, papa?»)

Parfois, les enfants s'opposent énergiquement aux idées ou aux conseils des parents. («Laisse-moi me débrouiller tout seul.» «Je ne veux pas qu'on me dise ce que j'ai à faire.»)

Il se peut que les conseils véhiculent une attitude de supériorité de l'adulte. («Ta mère et moi savons ce qui est bon pour toi.») Les enfants peuvent aussi avoir un sentiment d'infériorité. («Pourquoi n'y ai-je pas pensé tout seul?» «Tu sais toujours mieux que moi ce qu'il faut faire.»)

Les conseils donnent parfois à l'enfant le sentiment que ses parents ne l'ont absolument pas compris. («Tu ne proposerais pas ça si tu savais ce que je ressens vraiment.»)

Les conseils peuvent aussi le pousser à consacrer tout son temps à réagir aux idées des parents, au lieu de penser par lui-même.

Donner des leçons, persuader par la logique, argumenter

En essayant d'enseigner quelque chose à quelqu'un, on peut donner à l'«élève» un sentiment d'infériorité et de subordination et le mettre mal à l'aise. («Tu as toujours l'impression de tout savoir.»)

L'enfant à qui on expose des faits et des arguments logiques se met sur la défensive et il en veut à l'adulte. («Tu crois que je ne le sais pas?»)

Les enfants, comme les adultes, n'aiment pas qu'on leur démontre qu'ils ont tort.

Par conséquent, ils défendent leur position, bec et ongles. («Tu as tort, j'ai raison.» «Tu n'arriveras pas à me convaincre.»)

Les enfants détestent généralement les cours magistraux tenus par les parents. («Ils parlent sans s'arrêter, et moi, je dois rester là à les écouter.»)

Parfois, les enfants considèrent que tous les coups sont permis pour contredire leurs parents. («Tu es trop vieux pour comprendre.» «Tes idées sont complètement ringardes.» «Tu es carrément à côté de la plaque».)

Souvent, ils savent déjà ce que les parents tiennent absolument à leur expliquer, et cela les agace qu'on sous-entende qu'ils ne le savent pas. («Tout ça, je le sais déjà, pas la peine de me l'expliquer.»)

Il arrive aussi que les enfants ne veuillent pas entendre certaines choses. («Je m'en fiche.» «Et alors?» «Ça ne m'arrivera pas.»)

Juger, critiquer, désapprouver, blâmer

Ces messages, sans doute plus que tous les autres, donnent à l'enfant le sentiment d'être inférieur, inadapté, stupide, dépourvu de valeur, nul. Or l'image de soi d'un enfant est façonnée par le jugement et les évaluations des parents.

L'enfant se jugera lui-même comme il a été jugé par ses parents. («On m'a tellement répété que j'étais nul que j'ai commencé à intégrer cette idée.»)

Les critiques négatives suscitent des critiques en retour. («Je t'ai vu faire la même chose, d'abord.» «Tu n'es pas si génial que ça.»)

Le jugement incite fortement l'enfant à garder ses émotions pour lui et à cacher des choses à ses parents. («Si je leur en parlais, ils me critiqueraient, c'est tout.»)

Les enfants, comme les adultes, détestent être l'objet de jugements négatifs. En réaction, ils se mettent sur la défensive, pour préserver leur image de soi. Souvent, ils éprouvent de la colère et de la haine pour le parent qui les a jugés, même si c'était justifié.

Les évaluations et les critiques fréquentes donnent à certains enfants le sentiment d'être dépourvus d'intérêt et ils se disent que leurs parents ne les aiment pas.

Complimenter, approuver

Contrairement à une idée courante, selon laquelle les félicitations seraient toujours bénéfiques pour l'enfant, elles ont souvent des effets très négatifs. Une évaluation positive qui ne correspond pas à l'image de soi de l'enfant peut susciter de l'hostilité («Je ne suis pas jolie, je suis moche.» «Je déteste mes cheveux.» «Je n'ai pas bien joué, j'ai été nul.»)

Les enfants se disent que si un parent porte sur eux un jugement positif, il pourra aussi avoir des jugements négatifs à d'autres moments. De plus, l'absence de félicitations dans une famille qui félicite beaucoup peut être interprétée par l'enfant comme une critique. («Tu n'as rien dit au sujet de mes cheveux, c'est donc que ma coiffure ne te plaît pas.»)

Les félicitations sont souvent perçues par l'enfant comme une tentative de manipulation, un moyen de l'influencer à faire ce que le parent souhaite. («Tu dis ça juste pour que je révise davantage.»)

Les enfants se disent parfois que les parents ne les comprennent pas quand ils les félicitent. («Tu ne dirais pas cela si tu savais comment je me sens vraiment.»)

Les félicitations mettent souvent les enfants mal à l'aise et les gênent, surtout devant leurs amis. («Oh mais papa, ça n'est pas vrai!»)

Il se peut que les enfants qu'on félicite beaucoup deviennent dépendants des félicitations et même les solliciter. («J'ai rangé ma chambre, mais tu n'as rien dit.» «Je suis bien comme ça, maman?» «J'ai été sage, hein?» «Il est beau, mon dessin?»)

Humilier, ridiculiser, coller des étiquettes

Ces messages ont des effets potentiellement dévastateurs pour l'image de soi de l'enfant, qui a le sentiment d'être dépourvu de valeur, nul, mal-aimé.

La réaction la plus courante est de rendre la pareille au parent. («Et toi, tu es casse-pieds.» «Ça te va bien, de me traiter de paresseux.»)

Lorsqu'un enfant reçoit un message de ce type de la part d'un parent qui cherche à l'influencer, il est peu probable qu'il porte sur lui-même un regard objectif. Au contraire. Il va se focaliser sur le message injuste du parent et se trouver des excuses. («Non, je ne suis pas vulgaire. C'est ridicule et injuste de me dire ça.»)

Interpréter, diagnostiquer, psychanalyser

Ces messages communiquent à l'enfant l'idée que le parent l'a «percé à jour», a compris ses motivations ou sait pourquoi il se comporte comme il le fait. Cette «psychanalyse» parentale peut constituer une menace pour l'enfant et être source de frustration.

Si l'analyse ou l'interprétation du parent est juste, l'enfant sera gêné d'avoir été mis à nu. («Tu n'as pas de petite copine parce que tu es trop timide.» «Tu te comportes ainsi pour attirer l'attention.»)

Et si l'analyse ou l'interprétation du parent est fausse, ce qui est le cas de figure le plus courant, l'enfant sera en colère d'avoir été injustement accusé. («Je ne suis pas jaloux, c'est ridicule.»)

Les enfants perçoivent fréquemment dans ces messages une attitude de supériorité de la part du parent. («Tu crois tout savoir.») Les adultes qui analysent régulièrement l'attitude de leur enfant lui transmettent le message qu'ils se sentent supérieurs, plus sages, plus intelligents.

Les messages du type «Je sais pourquoi ceci ou cela» et «Je sais ce qui se passe en toi» entraînent généralement une rupture de la communication du côté de l'enfant, sur-le-champ. Il se dit qu'il est préférable de ne pas partager ses problèmes avec ses parents.

Rassurer, compatir, consoler, épauler

Ces messages n'aident pas l'enfant autant que le croient souvent les parents. Rassurer un enfant qui est perturbé par quelque chose peut lui donner le sentiment que vous ne le comprenez pas. («Tu ne dirais pas ça si tu savais à quel point j'ai peur.»)

Si les parents rassurent et consolent, c'est parce qu'ils ne sont pas à l'aise avec le fait que l'enfant se sente blessé, contrarié, découragé, etc.

Ces messages disent à l'enfant que vous souhaitez qu'il cesse de ressentir ce qu'il ressent. («Ne sois pas abattu, ça va s'arranger.») IL'enfant peut ressentir que le parent, en le rassurant, tente de le changer et du coup, il peut perdre confiance dans son parent. («Tu dis ça simplement pour que ça aille mieux.»)

Minimiser les choses ou compatir interrompt souvent la communication, l'enfant en déduisant que vous voulez qu'il cesse de ressentir ce qu'il ressent.

Enquêter, questionner, interroger

Vos questions peuvent être interprétées par l'enfant comme un manque de confiance de votre part, de la suspicion ou un doute. («Tu t'es lavé les mains comme je te l'ai demandé?»)

Les enfants perçoivent aussi certaines questions comme des pièges. («Combien de temps tu as révisé? Ah, une heure seulement. Alors, ta mauvaise note est méritée.»)

Les enfants se sentent souvent menacés par les questions, surtout lorsqu'ils ne comprennent pas pourquoi le parent la pose. Remarquez comme les enfants disent fréquemment des choses comme «Pourquoi tu demandes ça?» et «Où tu veux en venir?»

Si vous interrogez un enfant qui vous fait part d'un problème, il pourra se dire que vous recueillez des informations pour résoudre ce problème à sa place, au lieu de le laisser trouver sa propre solution. («Quand as-tu commencé à ressentir cela? Est-ce que ça a un rapport avec l'école? Comment ça se passe, à l'école?»)

Souvent, les enfants n'ont pas envie que leurs parents trouvent des solutions à leurs problèmes: «Si j'en parle à mes parents, ils vont me dire ce que je devrais faire.»

Lorsque vous posez des questions à un interlocuteur qui vous confie un problème, vous restreignez, avec chaque question, sa liberté à évoquer ce qu'il souhaite – d'une certaine manière, chaque question dicte le message suivant qu'il formulera. Si vous demandez «Quand as-tu remarqué que tu ressentais cela?» vous dites à la personne de vous parler exclusivement du moment où ce sentiment est apparu, et de rien d'autre. C'est pourquoi les interrogatoires sont si désagréables: on a le sentiment de devoir faire un récit dicté par les questions de l'autre. Interroger n'est donc pas une bonne méthode pour favoriser la communication. Au contraire. Cela peut fortement restreindre la liberté de votre interlocuteur.

Se mettre en retrait, distraire, faire de l'humour, faire diversion

Ces messages peuvent communiquer à l'enfant que vous ne vous intéressez pas à lui ou que vous ne respectez pas ses sentiments, voire que vous le rejetez.

Un enfant qui a besoin de parler d'un problème est généralement sérieux et concentré. Réagir en plaisantant le blessera et provoquera un sentiment de rejet.

Faire diversion ou éviter le sujet peut sembler régler le problème temporairement, mais cela ne fait pas disparaître les sentiments de la personne. Souvent, ils rejaillissent plus tard. Un problème ignoré est rarement un problème résolu.

Comme les adultes, les enfants ont envie d'être écoutés et compris, avec respect. Si leurs parents ne les écoutent pas, ils en déduiront très vite qu'il vaut mieux confier à d'autres leurs sentiments et leurs problèmes importants.

Index

Acceptation
  communication verbale
    de l' 47-56
  communiquer son acceptation
    de façon non-verbale 42-47
  concept 15-21
  de soi des parents 311-312
  écoute passive et 44-47
  feinte 23-27
  Fenêtre des Comportements
    15-22, 29, 30, 33, 34, 119
  langage de l' 36-70
  manifester son 41-42
  non-intervention et 43-44
  parentale des enfants 15-70,
    314
Activité de substitution, 164-165
Acton, Lord, 214
Adolescents
  environnement 165-167
  faire une croix sur ses parents
    7-8, 293-308
  planifier 165-167
  pouvoir parental 195
  rébellion 2-3, 195, 297-298
  résolution de conflit sans
    perdant 273
Amour, acceptation et 40
Approches gagnant-perdant
  175-186

Ateliers Enseignant.es 326-329
Attitude parentale, prévenir les
  conflits en changeant l' 309-321
Autodiscipline 181
Autodiscipline 181
Autorité parentale 10, 181,
  187-217
  définition 188-192

Bébés et tout-petits
  écoute active 106-113
  Messages-Je non verbaux
    150-151
  méthode de résolution de
    conflit sans perdant 255-257
Burke, Edmund, 214

Cigarette 307-308
Coiffures 295-296
Colère 143-146
Communication
  avec les nourrissons et les tout-
    petits 109-112
  méthodes efficaces 126-129
  méthodes inefficaces 119-126
  obstacles à la communication
    53-56, 324
  problèmes rencontrés avec
    l'écoute active 96-98

thérapeutique 42
Voir aussi Écoute active ;
   Messages-Je ; Écoute ;
   Messages non verbaux ;
   Dialoguer ; Messages-Tu
Compétences d'écoute 32-33
Comportement, acceptable et non
   acceptable 15-29
   effets sur les parents 131-134
   efficacité des Messages-Je
      134-137
   et propriété du problème 30-34
Conflit des besoins, situation de
   159
Conflits
   méthode de résolution de
      conflit sans perdant 218-292
   prévenir les conflits en
      changeant l'attitude des
      parents 309-321
   résoudre 170-186
Constance et pouvoir parental
   212-213
Consultants, parents se position-
   nant comme 304-306
Couple 316-317
Credo pour mes relations 330-331

Décodage 59-64, 108-110
Devoirs scolaires 308
Dialoguer, 114-137
   obstacles à la communication
      53-56
   ouverture de porte 56-57

réponse verbale aux messages
   des enfants 47-53
Voir aussi Acceptation ;
   Communication
Discipline 174
Droits civiques 300-301, 325

École, les autres parents de votre
   enfant à l' 323-325
Écoute
   empathie 99-102
   passive pour montrer
      l'acceptation 44-47
   Voir aussi Écoute active
Écoute active 7, 58-105
   attitudes nécessaires pour y
      recourir 68-69
   bébés et 106-13
   emploi inadapaté 102-105
   erreurs commises en recourant
      à l' 93-105
   intérêt d'apprendre à y recourir
      65-68
   méthode de résolution de
      conflit « sans perdant » et 233,
      270-271
   processus de décodage 59-64
   propriété du problème et 34,
      72-78, 116-119
   quand y recourir 87-93
   risques 69-70
   utilisation des compétences
      79-87
Écoute passive 44-47
Empathie et écoute 99-102

Engagements non tenus 277-279

Enseignants, influence des 323-325

Environnement
adolescents 165-167
appauvrir 162
changer l'environnement pour modifier les comportements inacceptables 160-169
enrichir 161-162
préparer l'enfant à des changements dans son environnement 165
restreindre 163
sécuriser 164
simplifier 162-163

Êtres humains, parents comme 13-35

Faiblesse des parents 245-248

Félicitations, Message-Je comme alternative aux 154-157

Fenêtre des Comportements 15-22, 29, 30, 33, 34, 119
Messages-Je, y recourir pour décrire les comportements 130
modifier l'environnement 160-169
prévenir les problèmes avec des Messages-Je 157-158
sentiments du parent au sujet du 130-131
Voir aussi Messages-Je ; Messages-Tu

Front commun des parents 22-23

Gibran, Khalil 313
Guider l'enfant, pour mieux le manipuler 93-96

Heirens, William 181
Hostilité, méthode sans perdant pour réduire l' 228-229

Inacceptation, langage de l'38-39
Inconstance des parents 20-22
Insatisfaction, l'exprimer face à l'enfant
compétences nécessaires 33-34
méthodes efficaces 126-129
méthodes inefficaces 119-126

Juger le comportement 15

Kennedy, John F. 246

Liberté, parents qui donnent trop de 10
Limites, fixer des 10, 163, 209-212
Lutte de pouvoir entre le parent et l'enfant 173-186

Maier, Norman, 213
Manipuler, guider l'enfant pour le 93-96
Mécanisme d'adaptation des enfants au pouvoir parental 199-209
Messages de solution 121-124

Messages dévalorisants 124-126

Messages non verbaux 24-25,
42-47, 150-151
bébés et 106-113, 150-151

Messages-Je 127-159
atténués 141-143
colère et 143-146
confrontation et 127-129
effet d'un Message-Je efficace
147-150
éléments essentiels 129-137
félicitations comme alternative
aux 154-157
méthode de résolution de
conflit sans perdant et
270-271
non verbaux pour les enfants de
moins de 2 ans 150-151
présentés comme des
Messages-Tu 138-140
prévenir l'apparition de
problèmes grâce aux 157-158
problèmes rencontrés 151-154
résolution de problèmes
158-159
s'en servir 138-159
sentiments négatifs transmis
par les parents 140-141

Messages-Tu 130
colère et 143-146
déguisés 138-140
exprimer son insatisfaction
127-129

Modèles, les parents comme
302-304

Niebuhr, Reinhold, 306

Obstacles à la communication
53-56, 324

Ouverture de porte 56-57

Parents
autorité 10, 181, 187-217
autres parents de votre enfant
322-331
catégories 10
changement d'attitude 309-321
comme consultants 304-306
comme modèles 302-304
êtres humains 13-35
faiblesse 245-248
faire une croix sur ses 7-8,
293-308
front commun 22-23
manque de constance 20-22
permissifs 5-6, 10, 11, 24, 26,
27
réponses verbales 49-53
taille psychologique 188-190
Voir aussi Acceptation; Pouvoir
parental

Parents, les autres parents de votre
enfant 322-331

Parents-perroquets 98-99

Participation 225

Permissivité 5-6, 10, 11, 24, 26, 27

Pouvoir parental, 10, 181, 187-217
effets sur l'enfant 198-209
limites du 193-198
problèmes 209-217

Prière de la sérénité 306

Principe de la participation, 225

Prise de décision en famille 249-250

Prise de décision en groupe 249-250

Problème, propriété du 30-34, 72-78, 116-119, 171, 281-282

Prophète, le (Gibran), 313

Punition 3, 10, 191-198, 275-276

Rébellion de l'adolescent 2-3, 195, 297-298

Récompenses 191-198

Relations sexuelles 308

Résolution de problème
bébés et 112-113
écoute active et 58-105
Messages-Je et 158-159
méthode sans perdant 218-292

Respect 260-261

Responsabilité de soi 181

Sans perdant, méthode de résolution de conflit 11-12, 218-292
avantages 225-241
conflits entre enfants 280-285
description 218-225
échec des parents avec la méthode 291-292
étapes 263-269
implication des deux parents dans le conflit avec l'enfant 285-289
peurs et préoccupations des parents 242-261
première utilisation 271-272
problèmes rencontrés avec 273-280
utilisation 262-292

Sécuriser l'environnement de l'enfant 164

Sentiment de valeur 40

Sentiments, les écouter sans empathie 99-102

Shelley, Percy 214

Spock, Benjamin 108

Styles vestimentaires 298

Taille psychologique des parents 188-190

Valeurs 295-300, 301-308, 315-316

Vêtements 298

Remerciements

J'aimerais remercier en premier lieu le docteur Carl Rogers, qui a profondément marqué ma vie et mon travail, d'abord comme professeur, ensuite comme collègue et ami. Ses idées, qui ont fait école, ont joué un rôle fondateur dans la conception de mes Ateliers Parents. C'est lui qui a formulé l'idée, étayée par la suite par de nombreux travaux de recherche, que les individus vont mieux lorsqu'on leur fournit un environnement thérapeutique fait d'empathie, d'acceptation, de congruence et de considération positive inconditionnelle.

Je tiens à remercier ma fille aînée, Judy Gordon Verret. C'est elle qui m'a permis de tester et de valider l'efficacité de la méthode au sein de ma propre famille. Plus tard, alors qu'elle était jeune adulte, elle a mené des entretiens avec d'innombrables parents qui avaient participé à nos Ateliers Parents. Ses comptes rendus m'ont fourni de nombreux exemples de l'application réussie, dans les familles, des compétences acquises dans nos formations. C'est aussi grâce à Judy que j'ai le bonheur, aujourd'hui, d'être grand-père de deux formidables enfants débordant d'amour, élevés selon notre méthode.

J'adresse aussi tous mes remerciements à ma fille cadette, Michelle Adams, qui a assuré en grande partie la mise à jour de l'édition publiée pour le trentième anniversaire du livre original : *Parents efficaces*. Elle aussi a été élevée selon la méthode Parents efficaces, et elle a validé les compétences de communication positive et de résolution de conflit que l'approche propose. Comme Judy, Michelle n'a jamais été punie. Souvent, ses amis lui demandaient comment ça se passait dans notre famille, et elle répondait : «Chez nous, il n'y a pas de chef. Nous définissons les règles ensemble.» Pour le parent que je suis, c'est extrêmement gratifiant de voir qu'elle a tant d'amitiés proches et durables.

J'aimerais également remercier mon épouse, Linda. Bien qu'issue d'une famille recourant abondamment aux punitions, Linda a adopté l'approche d'éducation non basée sur le pouvoir parental préconisée dans les Ateliers Parents, et elle a une écoute formidable. Michelle et moi l'adorons, tout comme ses nombreux amis.

Linda est l'auteure de deux livres : l'un qui montre aux femmes comment prendre en main leur destin et un autre, intitulé *Be Your Best*, qui transpose le modèle des Parents efficaces à l'ensemble des relations humaines.

Pour terminer, je tiens à exprimer ma profonde gratitude à tous les formateurs des Ateliers Parents, aux États-Unis et ailleurs, qui aident les parents à apprendre cette méthode sereine, démocratique et non punitive pour élever leurs enfants.

À propos de l'auteur

Le docteur Thomas Gordon est un psychologue de renom-
mée mondiale qui, toute sa vie durant, a aidé les individus à
améliorer leurs relations, que ce soit à la maison, au travail ou
à l'école. Son modèle pour des relations efficaces – aussi connu
sous le nom de modèle Gordon – a fait connaître au grand
public des compétences comme l'écoute active, les Messages-
Je et la résolution de conflit sans perdant.

Le docteur Gordon a été proposé trois fois pour le prix
Nobel de la Paix, en 1997, 1998 et 1999. En 1999, il a reçu
la Médaille d'or de l'American Psychological Foundation,
qui récompense des contributions durables d'un psychologue
bénéficiant au grand public. En 2000, il s'est vu décerner un
prix pour l'ensemble de son travail par la California Psychological Association.

Il est le fondateur de Gordon Training International, un
organisme de formation présent aux quatre coins du monde,
qui enseigne ces compétences aux parents, aux dirigeants
d'entreprises et aux enseignants depuis 1962.

Vous souhaitez mettre en pratique la méthode Gordon, participer à l'un de nos ateliers ou organiser une formation ? Contactez-nous :

France

L'Association Les Ateliers Gordon propose des ateliers pour les Parents, Enseignants, Jeunes, Professionnels de l'Enfance

    55, rue Lauriston – 75116 Paris
    Tél. : 09 65 19 43 26
    E-mail : contact@lesateliersgordon.org
    Site : www.lesateliersgordon.org
    Facebook : Les Ateliers Gordon France
    LinkedIn : Les Ateliers Gordon France

GORDON CROSSINGS propose des formations Communication Efficace GORDON© en entreprise :

    55, rue Lauriston – 75116 Paris
    Tél. : 01 45 53 60 55
    E-mail : contact@gordoncrossings.com
    Site : www.gordon-crossings.com

Île Maurice

    Françoise Labelle, Gordon Training (Mauritius)
    9 Boodhun Lane, Rue Sir Virgile Naz
    Rose Hill – Mauritius
    Tél. : +230 4648965
    E-mail : francoiselabelle2212@gmail.com ;
      frabel@intnet.mu

Facebook : Gordon Training Mauritius

Programme proposé : Parents Efficaces

Madagascar

Centre d'Éducation Permanente des Adultes (C.E.P.A)

Lot IVT, 15 Tsaramasay – Antananarivo, 101

Madagascar

Tél. : 24 250 44

E-mail : cepamic2016@gmail.com

Facebook : CEPA Tsaramasay

Programmes proposés : Parents, Enseignants, Jeunes et Leaders Efficaces

Achevé d'imprimer en Espagne
en décembre 2019 chez Liberdúplex
Pour le compte des Éditions Marabout (Hachette Livre)
58, rue Jean Bleuzen – 92178 Vanves Cedex
Dépôt légal : janvier 2020
ISBN: 978-2-501-14728-6
2821514 – Ed. 01